湖北大学法学学科建设·卓越法律人才建设项目资助

法治城市研究

（第三辑）

Research on Rule of Law of City

主　编　陈焱光　邹爱华
副主编　刘　祎　夏　雨

WUHAN UNIVERSITY PRESS
武汉大学出版社

图书在版编目(CIP)数据

法治城市研究.第三辑/陈焱光,邹爱华主编.—武汉：武汉大学出版社,2020.9

ISBN 978-7-307-21711-9

Ⅰ.法…　Ⅱ.①陈…　②邹…　Ⅲ.城市—社会主义法治—建设—研究—中国　Ⅳ.D920.0

中国版本图书馆 CIP 数据核字(2020)第 151894 号

责任编辑:胡　荣　　责任校对:李孟潇　　整体设计：马　佳

出版发行：**武汉大学出版社**　(430072　武昌　珞珈山)

(电子邮箱：cbs22@ whu.edu.cn　网址：www.wdp. com.cn)

印刷:广东虎彩云印刷有限公司

开本:720×1000　1/16　印张:18.25　字数:253 千字　插页:1

版次:2020 年 9 月第 1 版　2020 年 9 月第 1 次印刷

ISBN 978-7-307-21711-9　定价:58.00 元

前　言

中国共产党第十九届中央委员会第四次全体会议，审议通过了《中共中央关于坚持和完善中国特色社会主义制度　推进国家治理体系和治理能力现代化若干重大问题的决定》，全会指出，中国特色社会主义制度和国家治理体系是以马克思主义为指导、植根中国大地、具有深厚中华文化根基、深得人民拥护的制度和治理体系，是具有强大生命力和巨大优越性的制度和治理体系。全会强调，我国国家制度和国家治理体系具有多方面的显著优势，从法治方面看，坚持全面依法治国，建设社会主义法治国家，切实保障社会公平正义和人民权利的显著优势。强调要构建系统完备、科学规范、运行有效的制度体系，加强系统治理、依法治理、综合治理、源头治理，把我国制度优势更好转化为国家治理效能。全会提出，坚持和完善中国特色社会主义法治体系，提高党依法治国、依法执政能力。坚持和完善中国特色社会主义行政体制，构建职责明确、依法行政的政府治理体系。必须坚持一切行政机关为人民服务、对人民负责、受人民监督，创新行政方式，提高行政效能，建设人民满意的服务型政府。坚持和完善统筹城乡的民生保障制度，满足人民日益增长的美好生活需要。坚持和完善共建共治共享的社会治理制度，保持社会稳定、维护国家安全。完善党委领导、政府负责、民主协商、社会协同、公众参与、法治保障、科技支撑的社会治理体系，建设人人有责、人人尽责、人人享有的社会治理共同体，确保人民安居乐业、社会安定有序，建设更高水平的平安中国。要完善正确处理新形势下人民内部矛盾有效机制，完善社会治安防控体系，健全公共安全体制机制，构建基层社会治理新格局，完善国家安全体系。

坚持和完善生态文明制度体系，促进人与自然和谐共生。坚持和完善党和国家监督体系，强化对权力运行的制约和监督等重大决定和总体要求。这些既是对新中国70年来探索出的中国国家治理道路和经验的科学总结，更是对当前和今后推进国家治理体系和治理能力现代化的重大战略任务的系统论述，为城市治理现代化提供了根本遵循和明确指引。为城市治理现代化的法治保障指明了方向。

2018年11月6日，习近平视察上海浦东新区时强调指出，城市治理是国家治理体系和治理能力现代化的重要内容。一流城市要有一流治理。法治是国家治理体系和治理能力现代化的最重要保障，也是完善的国家治理体系的构成部分。国家治理能力主要是运用法治思维和法律制度治理国家和社会各方面事务的能力。现代化的城市治理体系是以法治为基础建构的，更加强调对城市管理的公共权力的合理配置和依法制约，把治理纳入法治轨道，按照法定权限和法定程序进行治理。城市治理能力主要是运用法治思维和法律制度治理城市各方面事务的能力。城市治理现代化的法治保障是一个系统工程，主要涉及以下方面：

一、完备的城市治理法规体系

“法者，天下之程式，万事之仪表”，治理的前提是规则，只有良法才能导致善治。城市作为一个国家最重要的政治、经济、社会、教育和文化的中心区与各种职业和身份的人员高度集聚的密集区，城市的这一特点决定了城市治理必须充分发挥国家法律和城市管理法规的协同作用。在完善相关法律法规上，城市治理现代化必须处理好两个根本问题：一是在法律的实施上高度重视针对本市具体实际的法律实施办法的制定；二是在城市管理法规的制定上，充分利用《立法法》赋予给设区的市的立法权，在城市治理现代化方面形成完善的法规体系。要防止在制定上位法的实施办法方面的条款复制和外地实施办法的简单模仿，要在充分理解上位法的立法原意和规范内涵基础上，结合本市实施过程中存在的突出问题，全面问诊，做好强化、细化和可操作性的办法制定工作。在自主（需要省人大审批）立法的城市管理领域，应该结合国家统筹推进"五位一体"总体布局和协调推进"四个全面"战略布局，在全面充分调研城市治理存在的问题的基础上，充分听取广大市民意见，结合城市发展定位和规划建设目标，既要针对长期以来城市管理中存在的突出问题和薄弱环节加强法规的完善，也要积极预判城市发展过程中即将面临的各种风险和趋势，主动立法应对，可以采取定期召开专家和主要行业精英的务虚会，研判城市即将发生的变化及由此带来的治理问题，做到适度的未雨绸缪，发挥立法对城市治理的引领作用。近几年来，由于共享经济的迅猛和无序发展，几乎所有城市都经历过城市管理法规应对能力的短板，导致大量的共享单车由萌发时的解决市民出行"最后一公里"演变成堵塞市民出行的"最后一公里"，还有快递行业所带来的交通秩序、居住安全和环境污染等一系列城市治理的难题。此类教训，必须通过适度超前立法，确保城市治理的任何领域不在"脱法"和"无法"的状态下运行。

二、政府依法进行城市治理，以法治政府主导城市治理现代化进程

城市治理从根本上讲，是多方主体参与共治的过程。但从实际运行看，必须由政府主导才能实现多方力量的协调和整合。因此，必须严格按照党的十九届四中全会要求，坚持和完善中国特色社会主义行政体制，构建职责明确、依法行政的政府治理体系，将其落实到城市治理过程中。坚持一切行政机关为人民服务、对人民负责、受人民监督，建设人民满意的服务型政府。因此，要结合市民的愿望和根本利益及城市实际，始终以人民为中心进行各项决策，接受市民的监督和社会各界的监

督。政府是城市治理主导和最核心的主体，政府的每一项决策既深刻地影响着城市居民日常生活和各类市场主体及组织的生产和发展，又在很大程度上决定着城市的品位和未来。尤其是重大事项决策，涉及面广，影响更为深远。城市治理现代化迫切需要解决的问题之一是如何在赋予城市决策者巨大自由裁量权力的同时又能很好地制约、防止这些权力被滥用。解决这一问题必须从程序和实体两个方面进行规制。从程序上看，决策的民主化、透明化是总体要求，更为规范性的规制是严格执行国务院 2019 年 5 月颁布的《重大行政决策程序暂行条例》，对城市治理中的重大决策依据法定程序作出，确保科学、民主、依法决策机制贯穿城市治理现代的全过程。防止重大决策决策失误造成的巨大或不可挽回的损失。在实体上，进一步完善权力清单制度和严格追责制度。传统上强调法无授权不可为，但在城市治理日趋复杂的当下，更应该强调法有授权必须为。防止因担心执法瑕疵而被追责导致的唯唯诺诺、瞻前顾后、懒政庸政的现象。

三、城市治理执法权的规范化

行政执法规范的程度是法治政府建设状况的最重要表征。作为观念形态“法治政府”必须通过具体的城市治理的每个执法环节体现出来，通过每一次执法将公民对政府的认知明晰起来，累积而形成对政府的整体评价。从一定意义上讲，城市治理现代化就是城市执法的现代化。再良善再完备的城市治理法规体系都是静态的、纸面的，只有通过执法才能产生实际的生命力，从而对城市治理产生实际的影响。党的十八大报告明确提出，要推进依法行政，切实做到严格规范公正文明执法。十八大以来，习近平总书记反复强调必须坚持严格执法，切实维护公共利益、人民权益和社会秩序。行政执法机关担负着贯彻实施宪法和法律的重要职责，是依法治国方略的实施者、推进者、捍卫者。行政执法机关的执法能力和执法水平如何，很大程度上反映着政府法治形象，体现着国家法治文明程度，影响着法治中国建设进程。城市是各种职业和各种利益最为集中的区域，也是人口最为集中、各种生产和生活活动最为频繁、矛盾最为错综复杂的地方，如果执法不严、执法不公或者选择性执法，该处罚的不处罚或者同事不同罚，甚至办“关系案”“人情案”“金钱案”，城市管理就失去了最起码的公平公正，就会引发大量矛盾，在互联网时代，与城市人口聚集的便利性、信息渠道的畅通性等叠加，会迅速发酵成群体性事件或舆情热点，导致城市秩序的失控和政府形象的毁损。近年来，国务院及各部门不断推进执法规范化改革，如何彻底落实到城市治理的过程中，是一项重大的实践课题。2018 年 12 月正式实施的《国务院办公厅关于全面推行行政执法公示制度执法全过程记录制度重大执法决定法制审核制度的指导意见》（以下简称《意见》）既是对此前行政执法规范化试行和经验的总结，也是对执法问题的反思和纠正，更是对新时代，实现全面依法治国在执法领域的新要求的积极回应。按照《意见》所指，要聚焦行政执法的源头、过程、结果等关键环节，推进行政执法透明、规范、合法、公正，从而切实维护人民群众合法权益，为落实全面依法治国基本方略、推进法治政府建设奠定坚实基础。尽管《意见》确立了坚持依法规范、执法为民、务实高效、改革创新、统筹协调五项原则，但最关键和基础的是规范执法。只有执法规范了，其他的价值和目标才能实现。当前城市治理中执法难题很多，但至为关键的是执法者是否依法依规充分履行了权力和职责。近年来，为推进执法权的法治化，各级各类行政职能部门都在推行权力清单制度，确保权力清晰、充分运行和接受监督，对推进法治大有裨益，但也必须看到这是法治处于较低水平时期的权宜之计，城市治理现代化对执法权提出了更高要求，既要严格恪守权力的边界和执法的程序，将每项执法权置于明确的程序规制和监督之下，同时，又应当在法治的框架下，既合法又合理地行使执法权，贯彻以人民为中心的执法理念，做到为民、便民与亲民的统一。要合理地行使法律法规赋予的自由裁量权，及时妥善处理城市治理过程中的各种复杂的特别是突发或严重影响市民出行、工作等生活的情形，合理使用智慧城市管理的现代工具和手段。在坚持人性化执法的同时，也要对恣意违法、使用各种硬性和软性手段抗拒执法的行为进行“教科书式”执法，不让蓄意破坏城市治理和秩序的不法分子有挑战执法权威的机会。将执法除奸与执法为民结合起来，对黑恶势力露头就打、毫不留情的严格公正规范的执法，也是城市治理现代化对执法权要求的应有之义。当然，需要克服机械的教条式的执法行为。

四、加强城市规划的法治规制

好的城市规划有利于形成良善的城市治理，减少不必要的治理成本，确保城市各区域功能设置合理，市民生活和工作便利。因此，规划是城市治理智慧和能力的集中体现。2014 年 2 月，习近平考察古都北京，强调指出，考察一个城市首先要看规划，“规划科学是最大的效益，规划失误是最大的浪费，规划折腾是最大的忌讳”。规划先行的理念一直贯穿于总书记的思路中。2013 年 12 月召开的中央城镇化工作会议提出：要保持连续性，不能政府一换届、规划就换届。要多听取群众意见、尊重专家意见。要实事求是确定城市定位，科学规划和务实行动，避免走弯路；要体现尊重自然、顺应自然、天人合一的理念，依托现有山水脉络等独特风光，让城市融入大自然，让居民望得见山、看得见水、记得住乡愁；要融入现代元素，更要保护和弘扬传统优秀文化，延续城市历史文脉；要融入让群众生活更舒适的理念，体现在每一个细节中。2018 年 10 月 24 日，习近平总书记考察广州市荔湾区时指出，城市规划和建设要高度重视历史文化保护，不急功近利，不大拆大建。要突出地方特色，注重人居环境改善，更多采用微改造这种“绣花”功夫，注重文明传承、文化延续，让城市留下记忆，让人们记住乡愁。中央高度对城市规划的重要指示精神既是各级城市制定规划时的指导准则，更是进行城市规划法治化的基本原则。城市规划是共时性和历时性的统一，在既定区域内，兼顾历史文化传承与现代生产生活和审美，还寄托着居民的一种空间正义理念。城市之所以是城市，很大程度上在于其空间的有限性和人们活动的集中性、生活的便利性等特征。早期的城市是基于防卫和集市贸易，带有自然演进的特质，进入近代以后，城市的发展更多依赖于规划的推动。规划从形式上看是对不同空间的功能划分。由于城市具有的多重功能和相对于农村的优越性的累积，城市承载了许多人类的文明印迹，因此，城市的规划需要考虑的因素越来越多，其地位也与日俱增。新中国城市建设走过 70 年的道路，经验和教训并存，规划问题越来越受到党中央的重视。习近平总书记多次强调城市规划的重要性。因此，城市治理从时空分布的合理性视角观之，实质是空间正义的外化及其实现过程。总体而言，一定时期的城市空间主要由私人空间和公共空间两大部分组成。城市治理就是要将私人空间与公共空间协调起来，完成城市居民公平、便捷地实现公私域之间的转换。在公共服务均等化和共享发展的新时代，在城市空间合理配置公共资源是实现城市治理县现代化的重要内容。生活区、生产区、公共服务区和公共活动区的空间布局是现代城市规划的最核心和最有价值的内容。在市民的居家生活之外，能否公平、便捷地享有城市公共服务和发展成果，诸如公园、绿地、文化娱乐设置及场所，往往构成了人们评价其居住小区是否良好的重要标准，同样也深刻影响着市民当下及子孙未来的发展。实践证明，居住在贫困、破旧、周边环境不佳的小区的居民家庭，其自身的生活状况和子女的未来就业质量普遍不如小区各方面更优越的家庭。因此，做好城市公共活动空间的规划是未来城市规划的重点之一。城市公共活动空间是城市居民日常社会生活行为的重要场所，在空间上表现为人群集中活动的区域，很大程度上，也是为居民提供日常社会生活交流与文化融合的平台。随着社会经济水平的提高，日常化的休闲娱乐、健身会友等活动越来越受到重视，个性化、多层次、群体性的城市居民的日常社会生活活动逐步聚集在城市公共空间中，城市公共空间的资源属性和资源稀缺性愈发突出。在共享经济形式鱼龙混杂、泥沙俱下的情势下，做好城市规划，堵塞管理制度的漏洞，确保公共资源的公共性，杜绝恣意占用城市公共道路、广场、公园、校园等公共资源的行为。依法合理设置居民居住区，教育、医疗、商业娱乐、公共资源配套休闲区与工作区的空间配比关系，实现规划正义。

五、完善城市基层的法治化治理

“基层不牢，地动山摇”，无论是党和国家政策、法律法规，还是政府的规章及城市文明规约等，都只有在基层得到实施和实现，治理才能取得实效，同时城市治理中最广泛和复杂、最容易诱发群体性事件的因素也主要集中在基层，对市民的所有公共服务和基层群众性自治事务都需要经过基层程序或在基层解决，而基层治理又是融合法治、德治和自治的主要领域。基层治理在一定程度上决定了城市治理的优劣，基层法治是城市治理现代化的基础性工程。习近平总书记强调指出：“基层是一切工作的落脚点，社会治理的重心必须落实到城乡、社区。”① 城市社区安定、有序、和谐是城市稳定和发展的前提，也是城市发展、文明和居民幸福的重要表征。习近平总书记指出：“平安是老百姓解决温饱后的第一需求，是极重要的民生，也是最基本的发展环境。”② “人民安居乐业，国家才能安定有序。”③ 当下中国正处于社会转型和城市化迅猛发展的时期，城市社区日益成为各种社会群体日常生活的集聚区、各种生活居住矛盾的交织处、各种基层社会组织的落脚点、各种城市基层管理任务的承载体，同时，人口的流动性，居民的异质性，工作、生活和居住区域的分离，行为的交错和无序也为基层治理带来巨大的挑

---

① 《党的十九大报告辅导读本》，人民出版社 2017 年版，第 369 页。

② 《习近平总书记系列重要讲话读本（2016 年版）》，学习出版社、人民出版社 2016 年版，第 223 页。

③ 中共中央文献研究室编：《习近平关于社会主义社会建设论述摘编》，中央文献出版社 2017 年版，第 148 页。

战，也蕴藏着社会治理的诸多风险。因此，城市社区既是城市治理也是中国治理最复杂、最困难、最关键的区域。然而，当下城市的迅猛发展尤其是规模的急剧扩张与法律规制和治理机制、方式等供给不足的矛盾导致了诸多治理问题，严重制约了城市政治、经济、社会、文化等的可持续发展，也对市民人身和财产安全、个人生活和公共生活等带来诸多风险和牵制等负面影响。因此，确保城市社区治理的法治化，不仅有利于城市基层治理中诸多风险的防控，形成妥善解决社区生活和交往而产生的纠纷的长效法律机制，形成居民自治与政府管理服务的良性互动，推进整个城市治理目标的力量整合和优势互补，建构适应现代城市发展的城市秩序，保障在城市工作和生活的居民的各项正当权利，为每个城市居民的自我发展、自我实现、家庭幸福和社会和谐等提供最有力、充分的保障。同时，还有利于提高城市治理水平，提升城市的软实力，完成城市治理现代化转型和升级。

六、推进创新创业政策法规激励的制度化和法治化

城市治理是多方主体参与的治理，治理主体的素质决定着治理现代化的实现水平。高素质的市民与现代化的治理之间存在正相关的关系。城市的发展史告诉我们，要保持一个城市的生命力和吸引力，在城市发展的早期阶段，依靠自然资源和交通生活便利条件尚能维系，但在现代社会，科学技术已成为第一生产力，城市的魅力和生命更多依赖于好的制度对人才和产业的吸引力，来源于法律制度保障的生活、公共服务和营商环境的塑造。一个没有好的创新创业政策和法规环境的城市，要实现城市治理的现代化必然是十分困难的，深圳的发展经验告诉我们，其支持大众创新创业的政策和法规为其推进城市治理现代化提供了重要制度环境保障。许多历史悠久的城市都经历过现代化转型的阵痛，一些历史悠久却怠于为创新创业提供政策法规支持的城市都衰落下去，更遑论城市治理的现代化。所以，城市特别是历史悠久的城市既承载具有区域

特色的文明和文化传统的责任，更承载着当下和未来更加进步和繁荣发展的使命。如果说自然资源可以让一个城市短期内迅速崛起，那么人力资源则是一个城市永葆活力、竞争性和先进性的根本。这种人力资源不仅是拥有标签的高学历人员，还包括所有怀揣城市梦想，愿意在城市通过自己的努力建设城市、创造未来的有理想的公民。近年来，随着国家创新创业战略的提出，几乎每个城市都出台了留住和吸引人才的政策、鼓励创新创业和投资的政策等，这些政策在短期内的确起到了城市发展的强心剂的作用，但仅仅停留在政策和规章的层面，对人才的定位也有偏差，难以形成对人才、资本和高科技企业持久可靠的心理预期和权益保障，也容易出现政策随领导人的改变或领导人注意力的改变而改变的负面作用。因此，在城市间竞争日趋激烈的时代，唯有将引进人才、资金和科技的政策上升为一系列完备的地方性法规，将创新创业政策制度化法律化，才能为城市治理现代化及其持久发展竞争力提供可靠的法治保障。

七、完善城市治理重大风险防范化解的法规制度

中国的城市（镇）化用四十多年的时间走过了西方城市化几百年的历程，在快速城市化的过程中，也累积了诸多风险，加之国际国内因素影响和新技术的叠加，社会已然变成高风险的社会，如何防范化解风险既考验党的执政能力，更考验政府的治理能力。2019 年 1 月 21 日，习近平总书记在省部级主要领导干部坚持底线思维着力防范化解重大风险专题研讨班开班式上的重要讲话中指出，要完善风险防控机制，建立健全风险研判机制、决策风险评估机制、风险防控协同机制、风险防控责任机制，主动加强协调配合，坚持一级抓一级、层层抓落实。城市作为社会治理最复杂，人类活动最密集，风险范围最广泛、最集中，灾害后果最严重的区域，如何做好社会治理重大风险防范化解既是各级城市党和政府的一项长期而重大的政治责任和义务，也是城市治理最基础性

的工作，要通过制定系统的法规和规章，通过完备细密的程序和严格的责任确保城市治理的风险防范化解法治化。近平总书记指出，防范化解重大风险，是各级党委、政府和领导干部的政治职责，要坚持守土有责、守土尽责，把防范化解重大风险工作做实做细做好。只有通过完备而严格的程序，才能实现“实”“细”“好”，才能见微知著，防患于未然。对于防范和化解风险程序不到位的，也要严格追责，因为风险之所以演变成灾害和事故往往体现为小的瑕疵或疏忽的未及时处理。从风险隐患防范是否到位切入，铁面问责、刚性约束、严格执纪，从制度和机制上根除亡羊补牢的救济思维和做法。

八、市民参与城市治理和权利诉求的法治化

市民是城市建设、城市发展的主体，更是城市治理最广泛、最直接的参与主体。习近平总书记强调，城市是人民的，城市建设要坚持以人民为中心的发展理念，让群众过得更幸福。“城市的核心是人……城市工作做得好不好，老百姓满意不满意，生活方便不方便，城市管理和服务状况是重要评判标准。”① 在城市规划上“要多听取群众意见”，2014年2月，习近平总书记在北京考察时强调，首都规划务必坚持以人为本。要以北京市民最关心的问题为导向，以解决人口过多、交通拥堵、房价高涨、大气污染等问题为突破口，提出解决问题的综合方略，不断增强人民的获得感。一切为了市民幸福应该成为城市治理和发展的目的。但这种理念、价值追求和目标的实现，不能仅仅依赖于中央的强调、领导人的重视和城市管理者的单方表态，更不能奢求其自动实现，必须要落实到制度和法规中去，必须通过赋予市民充分的参与城市治理的相关权利加以保障。基于此，城市治理现代化的过程也是市民参与权

① 中共中央文献研究室编：《习近平关于社会主义社会建设论述摘编》，中央文献出版社2017年版，第131页。

利获得法治保障和充分实现的过程，要尊重市民对城市发展决策的知情权、参与权、表达权和监督权，鼓励企业和市民通过各种方式参与城市规划、建设和管理，真正实现市民就是城市的主人，市民人人参与、人人负责、人人贡献、人人享有，形成共建共治共享的良好格局。每个公民都要自觉遵守法律，依法行使权利、表达诉求、解决纠纷；都要自觉遵守市民公约、乡规民约、行业规章、团体章程等社会规范，都要依法理性有序地参与城市治理和公共服务，自觉维护和谐稳定的城市秩序。市民参与城市治理和理性表达、维护权利有赖于其法律素养和依法参与城市治理能力的提高，为此，政府应当建立法治宣传、法律培训和实务训练的常态化机制，可以通过职能部门“谁执法谁普法”的定期和不定期宣传活动，将执法与普法相结合、购买社会服务、鼓励社会组织参与普法和护法等方式加以实现，只有这样，城市才能真正实现共治共管、共建共享，发挥广大市民的积极性和主人翁精神，共同推进城市治理现代化。

九、打造一批合格的城市治理现代化的法治工作队伍

“工欲善其事必先利其器”，制度一旦确立，其效能的高低就取决于执行者的能力和素质。城市治理现代化的法治保障除了完善的制度和多方参与共治的基本要求外，更为重要的是要有一大批高素质的法治人才，为城市治理及时制定法规、执行法规和裁决纠纷。在制度相对完备的前提下，合格的法治队伍决定着城市治理的成败，一个充斥着部门立法、少数利益集团控制立法、执法犯法和选择性执法或执法不作为、枉法裁判的城市治理即使有最良善和完备的法规体系，也不可能实现治理的现代化，所以，制度与实施制度的人缺一不可，在一定意义上讲，人起着更加具有决定性的作用。清朝修律大臣、法学家沈家本遍考中国历代法制后感言：“夫法之善者，仍在有用法之人，苟非其人，徒法而

已……有其法者尤贵有其人矣。大抵用法者得其人，法即严厉亦能施其仁于法之中。用法者失其人，法即宽平亦能逞其暴于法之外。”城市治理能力现代化的最突出特点是城市治理队伍普遍具有依法治市的能力。法治工作队伍包括法治专门队伍和社会法律服务队伍，处于城市治理实践的最前沿。他们的素质如何，直接影响和制约着城市治理现代化的进程。没有一支高素质的法治工作队伍，就不可能提高城市治理所需的立法、执法、司法的质量和效率，再完备的法规体系也难以变为依法治理的实践行动，实现城市治理体系和治理能力现代化就将是一句空话。做好城市治理的立法工作，为城市治理立规矩、定方圆，需要建设一支具备遵循城市治理规律、发扬民主、善于协调、凝聚共识能力的立法工作者队伍。正如马克思所说：“立法者应该把自己看作一个自然科学家。他不是在创造法律，不是在发明法律，而仅仅是在表述法律，他用有意识的实在法把精神关系的内在规律表现出来。如果一个立法者用自己的臆想来代替事情的本质，那么人们就应该责备他极端任性。”① 所以，城市治理法规的制定者，应当具备的民主品格、理性精神、专业技能和战略眼光，决定着城市的蓝图和愿景，引领着执法和司法。执法与市民每天生活息息相关，执法队伍的素质和效能直接决定了治理的水准和公众的评价，只有建设好一支忠于法律、捍卫法律，严格执法、善于执法、敢于担当的执法工作者队伍，城市治理现代化才能从纸面的“应然”变成市民可感知、可享用的“实然”。而一支信仰法律、坚守法律、秉公司法的司法工作者队伍，不仅能为当事人实现个案的正义，更能为整个城市营造公平正义的良好法治环境。因为司法是社会正义的最后一道防线。市民对正义的感知往往借助一个个案件的判决来管窥整个城市的法治状况。普法和法律服务是城市治理现代化的基础性、长期性工程，引导和帮助公民学法知法、用法守法，需要建设一支弘扬法治精神、恪守职业道德、热心服务群众的社会法律服务者队伍。这些法治工

① 《马克思恩格斯全集》第1卷，人民出版社1995年版，第347页。

作者，尽管具体工作职责有不同之处，但都应该是党和人民完全可以信赖与依靠的有战斗力的队伍。因此，只有建设一支思想政治素质好、业务工作能力强、职业道德水准高、社会责任感强的法治工作队伍，才能保证城市治理现代化的各项政策法规和目标落到实处。

十、加强党对城市治理现代化法治保障的总体领导

习近平总书记强调："党政军民学，东西南北中，党是领导一切的。"① 在国家治理体系大棋局中，党中央是坐镇中军帐的"帅"，在推进城市治理现代化过程中，坚持党的领导，是一切治理工作的前提，也是城市治理法治保障措施顺利实施的根本保证。首先，城市治理的重大决策是在党委领导下的民主决策，是对党中央关于城市发展的方针政策的具体执行。其次，城市治理现代化的推进需要遵循严格的纪律约束和法律法规正确实施，每个领域的主导者几乎都是党员干部，只有对党员干部的行为进行了很好的规范，才能实现以上率下、上行下效的实施效果；只有依据法律和党内法规对党员干部进行严格的执纪问责，把纪律挺在前面，才能敢保证城市治理的各项政策和法规执行不走样，工作不懈怠，办事不折腾，困难不回避，从而有效克服城市治理中的各种难题。再次，发挥党密切联系群众的工作作风和优良传统，坚持一切为了人民的执政理念，坚信人民群众是创造历史的主体，使党的政策方针与市民的迫切需要紧密先联系在一起，休戚与共。保证城市的各项政策和法规源自市民积极参与，反映了市民的根本利益和核心诉求，其实施得到市民的积极支持，其成果为所有市民共享。最后，只有坚持党的领导，城市治理的各项政策和法规才能充分、正确实施。正如习近平总书记指出的，党领导人民制定宪法和法律，党领导人民执行宪法和法律，党自身必须在宪法和法律范围内活动，真正做到党领导立法、保证执

① 《习近平谈治国理政》第二卷，人民出版社 2017 年版，第 21 页。

法、带头守法。所以，只有坚持党的领导，城市治理现代化的法治保障的各项制度才能顺利实施，并取得预期的效能。

改革开放以来，中国的城市化迅猛发展，已经由当初的规模扩展和资源比拼逐渐走向治理制度和人才的对决，中国城市的未来将受到世界的格局变动的影响，更受到内在因素的制约，要实现自身的华丽转身和升级，治理的现代化是不二选择，唯有能保障城市安全、激发创新活力的政策和法规制度、高素质的法治工作队伍、拥有广泛市民权利又积极参与的市民和坚强的党组织保障，才能拥抱和拥有现代化。

本辑的文章以城市治理法治化建设的目标为导向，重点关注社会治理理论、城市风险防范化解和安全保障、互联网时代城市治理、城市改造、住房制度改革、城市医疗、城市立法保障等领域的问题，既有立法和制度完善等较宏观层面的探讨，也有具体问题的对策建议。不同的视角都聚焦于城市治理的法治主题和前沿问题，希望为我国城市法治的进一步深入产生积极推动作用。

陈焱光

2019 年 12 月 9 日于武昌琴园

目　　录

【城市房地产管理研究】

【城市治理法治化研究】

【城市治理基础理论研究】

论市域社会治理与国家治理、县域社会治理和基层社会治理的界分

叶　强*

【摘要】 党的十九大四中全会明确提出了“推进社会治理现代化”的目标，实现这一目标就需要在理论上首先回答什么是“市域社会治理现代化”，这就涉及市域社会治理与国家治理、县域社会治理和基层社会治理的界分问题。合理界分市域社会治理与国家治理、县域社会治理和基层社会治理的区别和联系，可以科学认识市域社会治理的内容，进而在此基础上探究市域社会治理现代化的新体系。

【关键词】 市域社会治理　县域社会治理　基层社会治理

2018年6月4日，在延安干部学院新任地市级党委政法委书记培训示范班开班式上，中央政法委秘书长陈一新首次正式提出“市域社会治理现代化”的概念。市域社会治理现代化的提出，是贯彻落实习近平总书记关于社会治理的系列重要论述精神的最新成果。党的十九大四中全会明确提出了“推进社会治理现代化”的目标，如何回答这一时代课题，就需要在理论上首先回答什么是“市域社会治理现代化”，这就涉及市域社会治理与国家治理、县域社会治理和基层社会治理的界分问题。

---

* 叶强，中南财经政法大学法治发展与司法改革研究中心讲师，硕士生导师。

一、市域社会治理的内涵及特点

（一）市域社会治理的内涵

明确市域社会治理的内涵，须采取逐级定义的方法，即先后明晰“市”“市域”“市域社会”“社会治理”，最终确定“市域社会治理”的概念。

何谓市？市，在这里应该理解为行政区划概念。根据《中华人民共和国宪法》（2018 年修正）第 30 条的规定，中国行政区划分为省级行政区、县级行政区、乡级行政区三个级别。中国现行的行政区划实行如下：一级省级行政区，包括省、自治区、直辖市、特别行政区；二级地级行政区，包括地级市、地区、自治州、盟；三级县级行政区，包括市辖区、县级市、县、自治县、旗、自治旗、林区、特区；四级乡级行政区，包括街道、镇、乡、民族乡、苏木、民族苏木、县辖区公所。据此，我们可以发现，中国的市有四种不同层级：直辖市、计划单列市、地级市和县级市。由于地级市具有一定规模，在中国的市中具有典型性和普遍性，是一个比较特定的行政层级。为此，本文认为应该从地级市这个层面理解市域社会治理中的“市”，即市管县体制下的地级市。截至 2019 年 1 月 10 日，我国总计有 333 个地级行政区，其中有 293 个地级市、30 个自治州、7 个地区、3 个盟。

何谓市域？对于市域的具体理解，目前有两种比较典型的观点：一是认为“市域”是一个城市概念。由于市域与县域相对，而县域包括了农村部分，“市域”则是指市级政府所辖区域内除了县域之外的部分，也就是城市区域。二是认为“市域”是一个地域概念。它是指以地级市为行政区划所确定的区域范围，包含市、县、乡、村在内的所有区域范围。我们认为，市域不仅是一个城市概念，而且是一个地域概念，其主要是在行政区划范围基础上所确定的地域范围，包含地级市管辖范围内的所有地域范围，既包含城市，也包含县域。

何谓市域社会？市域社会，是指以市为行政区划的这样一个地域社会，它是一个具有区域性、层次性、综合性、集聚性和扩散性等特征的社会系统，是一个功能比较完备和健全的社会系统单元。依据市域的地域范围，我们可以将市域社会总体上划分为两个系统，即城区社会和县域社会。

何谓社会治理？目前对于社会治理的理解呈现多元化的局面。结合政法机关的职能及工作实际，本文认为，这里的社会治理主要是中国共产党、政府、社会组织、公民等多元主体维护社会稳定、进行社会治安防控、预防和化解社会矛盾、保障公共安全、提供公共法律服务等具体的社会治理活动，其核心宗旨在于维护社会秩序与保障人权。

综上，我们认为，市域社会治理是社会治理在市域范围内的自然延伸与实践场域，其主要指市委、市政府、社会组织以及公民等多元主体在市域范围内所开展的维护社会稳定、防控社会治安、预防和化解社会矛盾、保障公共安全、提供公共法律服务等具体的社会治理活动。

市域社会治理的要素包括：(1)治理的核心是凸显“红色引擎”。彰显党“统领全局、协调各方”，推进社会治理现代化的统领地位。(2)治理的格局是“共建共治、共管共享”。最终形成“党委领导、政府主导、社会组织担当、公众参与、基层响应、科技支撑、法治保障”的体制机制。(3)治理方式是“五治融合”(政治、自治、法治、德治、智治)。形成“政治统领、自治为基、法治为本、德治为先、智治支撑”的协调互动的治理规则体系，有效预防和化解市域政治风险、经济风险、金融风险、生态环境风险以及境外敌对势力颠覆破坏风险。(4)治理的目标是推进“五个现代化”。① 须以人的现代化为核心，加快城乡融合、城乡一体，走出一条中国特色市域治理与基层治理衔接，城市发展与市域治

① “五个现代化”是指工业现代化、农业现代化、国防现代化、科学技术现代化以及推进国家治理体系和治理能力现代化。

理协调，和谐社会现代化与经济、政治、文化、生态现代化同步，市域、县域、基层共治共管、共建共享，加速推进市域“五个现代化”的新路子。

(二)市域社会治理的特征

本文认为，市域社会治理具有如下特征：

1. 治理结构具有层级传递性、相对单独性、对外开放性

市域社会治理处在与国家治理、县域治理及其基层治理的中枢承接地位，其职能体系与上下层级结构构成密不可分的传递效应；其自身区域范围、制度结构、资源禀赋及其治理空间确定性使得对自身治理事务的决策权、执行权、监督权具有相对独立运行的特点，因而表现出治理决策过程的“游刃有余”与治理效能由中心点向边缘传递辐射并形成同频共振的效果。市域社会治理具有层级结构运行特点，还兼有层级范围内的扁平化的开放性，使得市域社会治理能够获得更多的治理信息，分享外部传递的治理经验、政策、方法乃至立法经验以弥补自身治理资源禀赋的不足。这三个特性的交织互动使其能够获得更多治理资源的投入，能够有效分散治理过程中潜在的或正在滋生爆发的治理风险，节省治理投入成本，减少因治理层级、区域空间相对狭小、治理空间封闭性导致治理效能的执行成本、协调成本、监督成本。

2. 治理资源禀赋独特性、可相容性、效用放大性

从区位论①的观点来看，要素资源禀赋不仅决定了区域经济发展的方向、质量和可持续性，而且影响和制约市域社会治理的方向、重点、规划、行动、政策及其效能的实现。任何违背治理资源禀赋独特性规

---

① 包括杜能的农业区位论、韦伯的工业区位论、克里斯泰勒的中心地理论和廖什的市场区位论。

律、人为放大治理的主观设想，只会受到治理规律的惩罚。在现阶段国家治理、社会治理阶段性同质化的条件下，各市域治理单元要破解的是从实际出发，形成市域各具特色的“民呼我应”治理方案及治理行动，回答自身治理难题，提高社会治理四化水平。比如：武汉因水资源禀赋而引发社会治理难题及突发事件风险是个常在问题，因此，其“民呼我应”的治理方案应与城市规划、公共设施、公共安全统筹谋划，才能破解武汉的水资源治理难题。

3. 治理空间的多维性、治理区域的叠加性、治理效度的互动性

市域范围内聚集了政治、经济、文化、产业、金融、商贸、人流、物流等各类治理要素，具有完备的党委、政府、企业、社区、社会组织等治理主体，同时兼具城市与乡村两个系统，是一个相对完整、开放互动、相互依存、相互制约的社会治理生态大系统，因而在空间上是多维的。其居住空间、生产空间、生活空间、街头空间治理事务的独特性与交织性增加了市域城区治理的难度。

4. 治理规则融合性、政策引导性、地方立法的创新性

一方面，市域层面拥有有效解决社会治理中重大问题的政治、经济、社会、文化等资源体系与动员能力，具有地方立法、主导发展规划以及灵活选择治理模式的政策空间。另一方面，其直接面向基层，对社区治理需求信号、治理难点及治理隐患反应敏捷，因而出手的治理政策、规划、方案、措施及后发式发展路径使其治理的针对性、及时性、效能性能够协调平衡，防止顾此失彼；在探索“五治融合”治理体系的创新方面，更具有国家法实施，地方法跟进，社会自治法规范，行业规章协调，城市公约、社区公约、道德规范融合的条件及其优势。

5. 治理目标的坚定性、治理方式的适度性、治理谋略的灵活性

当前中国社会在城市化进程中所面临的各类问题，诸如政治安全、

公共安全、环境保护、企业改制、征地拆迁、就业养老、教育医疗引发的社会问题和突发事件等在市域范围内持续呈现，反映了当前中国社会的主要矛盾及其解决动因。面对这些层出不穷的新情况、新问题、新挑战，没有现成经验可循，对治理机制创新有着极高的现实需求。这需要坚定治理目标，聚焦人民群众反映强烈的“五最”问题出实招、见实效。与此同时，市域相对于国家层面，在政策的试错性上具有更大的容错空间和转圜余地，应当鼓励解放思想、先行先试，为推进市域社会治理现代化，促进国家治理现代化提供可复制可推广的新鲜经验。

二、市域社会治理与相关概念的辨析

（一）市域社会治理与国家治理

根据党的十八届三中全会全面深化改革的总目标，国家治理体系是指党领导人民管理国家的制度体系，包括经济、政治、文化、社会、生态文明和党的建设等各领域的体制、机制和法律法规安排，也就是一整套紧密相连、相互协调的国家制度。国家治理能力，是运用国家制度管理社会各方面事务的能力，包括改革发展稳定、内政外交国防、治党治国治军等各个方面的能力。推进国家治理体系和治理能力的现代化，就是使国家治理体系制度化、科学化、规范化、程序化，使国家治理者善于运用法治思维和法律制度治理国家，从而把中国特色社会主义各方面的制度优势转化为治理国家的效能。

市域社会治理与国家治理的关系：(1)内容上交叉性。社会治理是国家治理的子系统，而市域社会治理则是社会治理在市域层面的逻辑延伸和实践展开。因此，市域社会治理是国家治理的子范畴和子体系。(2)功能上的强关联性。国家治理从整体上规定和引领市域社会治理空间范围、治理事项、路径选择、治理效度以及市域社会治理的整体面貌；而市域社会治理则是国家治理在市域范围内的具体实施，是国家治理在纵向层面的重要治理层级，承载着体现国家治理本质、价值取向、承上启下的枢纽作用。(3)制度的同质性。制度意义上的国家治理和市域社会治理从本质上都属于中国特色社会主义治理制度体系的重要组成部分，都是党领导下的中国特色社会主义道路、制度、文化、实践的生动体现和有机组成部分。

国家治理与市域社会治理的区别是：(1)事权属性层面。国家治理属于中央的事权范围，市域社会治理属于地方的事权范围。(2)治理向度层面。国家治理侧重于从总体层面概括和表达治理的内容，市域社会治理属于中观层面，即在市域层面实现国家治理的要求与价值，体现国家治理的水平与能力。(3)治理内容层面。国家治理不仅包括政治、经济、法律、社会、文化、生态、军事、国防，还涉及国际政治、经济、金融、贸易等，内容涵盖十分广泛。而市域社会治理主要是市域层面的社会治理关系，主要涉及市域范围内的社会公共服务、社会安全、社会保障、社会福利、社会组织管理、社区管理、街道管理、社会自治等，而事关中央事权如国家统一、军事布局、国防安全、外交事务，则市域社会治理不能擅权染指。

(二)市域社会治理与县域社会治理

县域社会治理是指党、政府、企业、社会组织、公民等多元主体对县域公共事务的治理。(1)两者联系。县域社会治理与市域社会治理有两种形态，即一种形态是在实行市管县的模式下，县域社会治理是市域社会治理的有机组成部分；另一种形态是在传统区域治理状态下，县域社会治理不直接属于市域管理，其县域治理与市域社会治理具有相对独立性。(2)两者区别：一是两者的治理对象不同，传统县域社会治理主要包括乡村治理兼有城镇治理。二是治理涵盖内容不同，市域社会治理一般囊括公共安全、社会治安、社会矛盾化解、基本公共服务保障、社区和谐等，同时把政治治理、经济治理、文化治理、生态治理纳入其中、统筹规划、协调行动。三是治理资源禀赋不同，市域社会治理拥有的要素资源是县域社会难以比拟的，其治理往往运用立法、规划、公共政策与城市公约协调推进，而县域治理无立法权，则主要靠政策、乡规民约、传统文化与乡贤、礼仪规范和家训等治理规则的聚合。

(三) 市域社会治理与基层社会治理

基层社会治理是指基层党委、政府、企业、社会组织、公民等多元主体对城乡社区以及乡镇区域的治理。(1) 两者联系。在市管县的体制下，市域社会治理包含县域社会治理、基层社会治理与乡村治理。(2) 两者的区别。一是治理主体构成不同。基层治理末梢主体有街道办事处与乡镇政府，村委会和居民委员会及其他社会组织等多元主体构成；在公权力系统则有层级的党政、执法、司法及人民团体等主体构成。二是治理对象不同。城市基层社会治理所涉对象一般有居住区、工业商贸文教区、街头区间所形成的人财物流变管理等在大中城市因少数民族成员向城市流动，寻求谋生发展引发相关社会问题，城市民族问题成为一个不容忽视的问题；随着对外开放，境外人员的无序流入使国家安全守卫成为治理突出问题，而村居、社区所涉治理对象则关乎乡村产业生态、乡风文明、生产生活、邻里关系等乡村事务。

综上，合理界分市域社会治理与国家治理、县域社会治理和基层社会治理的区别和联系，可以科学认识市域社会治理的内容，进而在此基础上探究市域社会治理现代化的新鲜体系，为推进市域社会治理体系和治理能力现代化贡献智慧。

【城市治理前沿问题研究】

城市治理现代化视角下的仲裁机构公信力提升

宫步坦　刘文昭*

【摘要】 2018年12月31日《两办意见》的出台以及2019年10月31日《十九届四中全会决定》的通过促使笔者思考在推进国家治理体系和治理能力现代化的时代背景下如何促进仲裁尤其是仲裁机构公信力的提升。当前我国仲裁机构之发展受制于一定的因素，公信力有待进一步增强。而作为由市级政府组建的提供公益性服务的非营利法人，仲裁机构对于城市治理现代化有重要作用，抓住机遇，在城市治理现代化中找准提升公信力的路径，对于仲裁机构未来之发展意义重大。

【关键词】 仲裁机构　公信力　城市治理现代化　社会基层治理　国际竞争力

2018年12月31日，中共中央办公厅、国务院办公厅印发《关于完善仲裁制度提高仲裁公信力的若干意见》(中办发〔2018〕76号，以下简称《两办意见》)，对当前制约仲裁事业健康快速发展的主要问题作出回应，也提出了进一步完善仲裁制度、提高仲裁公信力的若干举措。《两办意见》的发布引发了仲裁学界、实务界对提升仲裁以及仲裁机构公信

---

* 宫步坦，武汉市法学会社会纠纷多元化解研究会会长，湖北省人大代表。刘文昭，武汉市法学会社会纠纷多元化解研究会会长助理，澳门大学法学院英文法(国际法)硕士。

力的广泛关注与热烈讨论。[①] 2019 年 10 月 31 日，党的十九届四中全会通过了《中共中央关于坚持和完善中国特色社会主义制度　推进国家治理体系和治理能力现代化若干重大问题的决定》(以下简称《十九届四中全会决定》)，全面梳理和概括了一整套中国特色社会主义制度和国家治理体系，为中华民族迈向伟大复兴提供了制度保证。因此，对于仲裁机构公信力提升之探讨应置于推进国家治理体系和治理能力现代化的时代背景之下；而城市治理作为推进国家治理体系和治理能力现代化的重要内容，在城市治理现代化的视角下探讨仲裁机构公信力之提升有其现实意义。

一、当前制约我国仲裁机构公信力进一步提升的主要因素

仲裁公信力评估报告称被调研的 50 家代表仲裁机构仲裁公信力平均得分 73. 5 分，最低为 60 分，其中有 27 家机构的分数超过平均分，这表明我国仲裁公信力整体在合格以上，但仍存在进一步提高的空间。[②] 当前我国仲裁机构的发展主要存在以下两个方面的问题，制约了其公信力的提升。

(一)挥之不去的行政化色彩

《仲裁法》规定了仲裁委员会由直辖市和省、自治区人民政府所在地的市，或者根据需要由其他设区的市的人民政府组织有关部门和商会统一组建，但未对仲裁机构作出明确定位，这对我国仲裁行业以及仲裁机构的发展产生了深刻影响。《仲裁法》第 14 条规定，仲裁委员会独立

---

① 本文所称“仲裁机构”指根据《仲裁法》第二章组建的仲裁委员会，但不包括《仲裁法》第七章规定的“涉外仲裁委员会”。

② 张维：《我国首份仲裁公信力评估报告出炉第三方评估标准体系已建立：仲裁公信力取决于服务质量》，载《法制日报》2019 年 6 月 6 日，第 4 版。

于行政机关，与行政机关没有隶属关系，有学者据此认为，1994年《仲裁法》的颁布是“我国国内仲裁制度由原来的行政仲裁向统一的民间性仲裁过渡的里程碑”。[①] 然而，我国境内仲裁机构最初设立时多是由行政机关主导，而且基本参照事业单位的规定解决仲裁机构的人员编制、经费、用房，[②] 而事业单位作为中国特色，没有对应的国外机构，最早是行政管理体制改革的产物，后来全国事业单位数量越来越多，人员越来越庞大，这都决定了仲裁机构与生俱来的行政化色彩。有学者甚至认为，境内仲裁机构行政化色彩仍然较浓厚，追溯于中华人民共和国成立后仲裁之发展，是以参照苏联行政仲裁制度模式建立的。[③]

近年来，虽然深国仲、海国仲等沿海仲裁机构都选择以弱化管理体制的行政化色彩为改制方向，也取得了明显成效，但从仲裁行业的整体走向来看，仲裁行业的行政化色彩并未褪去。根据《仲裁法》的规定，仲裁委员会没有行政级别，不少地方为加强对仲裁机构的体制内管理，改为对仲裁委员会办事机构实行定级、定编、定岗甚至参公管理。大部分仲裁机构经费来源的主要途径仍然是政府资助，在人事、财务、薪酬等方面皆缺乏相应的自主权。

2014年2月开始在国内仲裁界试点“案件受理多样化、纠纷处理多元化”(以下简称“两化”)，将仲裁服务范围逐步扩展到众多领域；2016年10月，时任国务院法制办政府法制协调司司长赵振华明确将“两化”定位为“引领我国仲裁事业发展的总战略”“促进我国仲裁事业发展的总

---

① 杨荣新：《仲裁法理论与适用》，中国经济出版社1998年版，第7页。

② 《仲裁法》第10条第2款规定：仲裁委员会由前款规定的市的人民政府组织有关部门和商会统一组建；国务院1995年7月28日发布的《重新组建仲裁机构方案》第4条规定：仲裁委员会成立初期，其所在地的市人民政府应当参照有关事业单位的规定，解决仲裁委员会的人员编制、经费、用房等。仲裁委员会应当逐步做到自收自支。

③ 龚政、吴文星：《民商事仲裁运行机制对仲裁公信力的影响》，载《法制博览》2015年第2期。

策略”。[①] 此即我国仲裁发展史上的“两化”发展时期。[②]《两办意见》将仲裁委员会定义为“提供公益性服务的非营利法人”，并支持将仲裁服务延伸至基层，积极参与基层社会治理，积极参与基层社会纠纷解决。可以预见，大量仲裁机构未来作为政府购买服务的乙方，将配合政府做好化解基层矛盾纠纷、完善社会基层治理工作，行政化色彩可能还会增强。

客观上说，《仲裁法》颁布至今，经过二十多年发展，仍然大量存在政府部门对仲裁机构的行政化管理、仲裁机构内部行政化管理等问题，譬如由国家机关的在职领导或转非领导兼任仲裁机构领导、秘书管理与考核的行政化、财务制度缺乏自主权，不一而足。仲裁机构的行政化必然冲击仲裁制度具有的快捷性、灵活性、独立性等天然特质，进而损害仲裁公信力，故长期以来为仲裁理论界与实务界所诟病。

（二）仲裁机构的独立性不足

仲裁机构甚至仲裁行业出现的行政化、司法化或过度商业化的倾向，都会扭曲甚至摧毁仲裁制度培养自由意志、契约精神和社会自治理念的初衷。[③] 当年《仲裁法》起草小组采纳专家意见，没有选择司法部等政府部门作为主管部门，而是确定政府内设机构法制办作为联系单位，某种意义上说就是为了实现商事仲裁机构与行政主管部门脱钩，推动实现仲裁机构的独立性。

走在行业前列的仲裁机构一直在为增加仲裁独立性而努力。北仲办

---

① 宫步坦：《中国临时仲裁肇端的政策背景与未来走向》，载《民主与法制时报》2017 年 4 月 27 日，第 7 版。

② 湖北省法学会仲裁法研究会编：《中国仲裁史稿——〈中华人民共和国仲裁法〉颁布后》，法律出版社 2018 年版，第 12 页。

③ 宫步坦：《中国临时仲裁肇端的政策背景与未来走向》，载《民主与法制时报》2017 年 4 月 27 日，第 7 版。

公室在2002年即实行“事业单位企业化”管理模式。① 在深圳，2012年深圳市人民政府发布《深圳国际仲裁院管理规定(试行)》(以下简称《深国仲管理规定(试行)》)，将华南国际经济贸易仲裁委员会(深圳国际仲裁院)定位为事业单位法人独立运作，实行以理事会为核心的法人治理结构；2017年深圳市人民政府又发布《深圳仲裁委员会管理办法》，明确深圳仲裁委员会实行以理事会核心的法人治理机构；2017年，华南国际经济贸易仲裁委员会(深圳国际仲裁院)与深圳仲裁委员会合并，合并后的深圳国际仲裁院作为事业单位法人独立运作，实行以理事会为核心的法人治理结构。2019年海南省委全面深化改革委员会第5次会议审议通过了《海南国际仲裁院(海南仲裁委员会)管理办法》，明确海国仲将作为非营利法人独立运作，实行以理事会为核心的法人治理机制。②

然而，仲裁机构之独立性远未能与仲裁发展的现实需求相匹配，要真正实现《两办意见》提出的“仲裁要依法独立进行，不受行政机关、社会团队和个人的干涉”，绝非一日之功。2018年12月24日，湖南省娄底市中级人民法院作出〔2018〕湘13执异129号裁定，不予执行娄底仲裁委员会娄仲星〔2016〕12号仲裁裁决。

该案本为业主与开发商之间因逾期交房而引起的商品房买卖合同纠纷，法律关系并不复杂，在娄底仲裁委员会作出仲裁裁决后，因开发商未履行裁决确定的义务，业主向娄底市中级人民法院申请强制执行，但因案外人中国华融资产管理股份有限公司湖南省分公司申请不予执行仲裁裁决，娄底市中级人民法院遂以“裁决结果损害了案外人华融公司在维权委员会所作出的前述承诺下对华剑首郡项目进行融资中的合法权益，同时不利于华剑首郡项目后续建设的完成和当地经济发展及社会稳

---

① 王红松：《仲裁机构在事业单位分类改革中的困境及建议——以北京仲裁委员会为例》，载《北京行政学院学报》2012年第3期。

② 见《海南国际仲裁院(海南仲裁委员会)管理办法》第3条。

定，不符合业主的整体利益和申请执行人的长远利益”为由，裁定不予执行。姑且不论上述“维权委员会”并非法定概念，亦不论上述“融资中的合法权益”究竟为何，可以确定的是：娄底市中级人民法院裁定不予执行的关键理由“同时不利于华剑首郡项目后续建设的完成和当地经济发展及社会稳定，不符合业主的整体利益和申请执行人的长远利益”，并非《最高人民法院关于人民法院办理仲裁裁决执行案件若干问题的规定》第18条所规定的法院应当支持案外人申请不予执行仲裁裁决的事由。该案在一定程度上反映出仲裁机构难以摆脱地方维稳因素影响之现状，其典型性在于：即使仲裁机构能够依法独立作出仲裁裁决，也可能会因为不符合地方利益而被法院裁定不予执行，最终受损的还是仲裁机构的独立性和公信力。

二、仲裁机构公信力提升对城市治理现代化的影响

2019年5月31日，中国仲裁公信力评估报告会暨第二届仲裁公信力论坛在北京举行，并发布了国内首份仲裁公信力评估报告。报告明确，仲裁公信力是社会公众对仲裁制度实施的信任和信心，具体表现为当事人选择仲裁作为解决纠纷方式的意愿。我国实施机构仲裁制度，仲裁公信力主要体现为仲裁机构的公信力。① 仲裁机构公信力提升对城市治理现代化的影响主要表现为以下两个方面。

（一）仲裁是化解社会矛盾纠纷的主要方式

仲裁是我国法律规定的纠纷解决制度，也是国际通行的纠纷解决方式。因具有独立、高效、快捷、灵活等特性和优势，日益成为解决民商事纠纷的主要渠道之一。自1995年《中华人民共和国仲裁法》（以下简

---

① 张维：《我国首份仲裁公信力评估报告出炉第三方评估标准体系已建立：仲裁公信力取决于服务质量》，载《法制日报》2019年6月6日，第4版。

称《仲裁法》)实施以来，我国仲裁机构受案量保持了连续23年高速增长的发展势头，国内仲裁行业有了长足发展。据统计，2018年我国255家仲裁机构共处理案件54万多件，比2017年增长127%；案件标的总额近7000亿元，比2017年增长30%。[①] 从上述数据可以看出仲裁机构通过仲裁方式化解了众多社会矛盾纠纷。

(二)仲裁机构是城市治理的重要参与力量

《十九届四中全会决定》指出“坚持和完善共建共治共享的社会治理制度……建设人人有责、人人尽责、人人享有的社会治理共同体……”即共建共享共治的社会治理格局意味着充分发掘有利于提升社会治理品质的主体性要素，并构建有效的机制实现各治理主体之间的联动，进而在“共建”“共享”的维度上实现协同治理。[②] 就城市治理而言，现代化的城市治理理念主要包括“政府、公共机构、组织和个人要形成‘我们’的理念”。[③] 该理念要求各方力量应以主体之角色积极融入城市治理，形成多元共治的城市治理格局，仲裁机构则是多元共治城市治理格局中的重要主体，从其设立及性质可窥一斑。

从仲裁机构的设立而言，我国《仲裁法》第10条规定，“仲裁委员会可以在直辖市和省、自治区人民政府所在地的市设立，也可以根据需要在其他设区的市设立，不按行政区划层层设立。仲裁委员会由前款规定的市的人民政府组织有关部门和商会统一组建……”由此可知，我国仲裁机构设立于市级层面。除极个别仲裁机构如深圳仲裁委员会、海南仲裁委员会等根据实践之发展需要通过合并或更名等方式进行变革外，

① 张维：《仲裁已成为解决民商事纠纷主渠道之一》，载《法制日报》2019年3月26日，第10版。

② 参见曾本伟：《共建共享视域下中国城市基层治理现代化的内在逻辑与实践路径》，吉林大学2017年硕士论文。

③ 卢爱兵：《城市治理现代化的具体内涵和时代要求》，载http://cszl.urbanchina.org/demo25001/index.php/news/news-01/news-01a/1979-2018031203，2019年11月24日访问。

我国仲裁机构基本上延续了"城市名+仲裁委员会"的命名格式。作为由市级政府组建的机构，相较于其他范畴的地域治理，仲裁机构参与到城市治理中乃应有之义。

从仲裁机构的性质而言，根据《两办意见》，"仲裁委员会是政府依据仲裁法组织有关部门和商会组建，为解决合同纠纷和其他财产权益纠纷提供公益性服务的非营利法人"。城市治理现代化重要理念除了由单一依靠政府治理转变为多方共同参与之外，政府由管理型向服务型转变应是另外一个重要理念。就此点而言，仲裁机构本身就是提供公益性法律服务的非营利法人，侧重于服务，此点与城市治理现代化之服务理念相契合。

因此，从仲裁作为解决社会矛盾纠纷的主要方式以及仲裁机构作为参与城市治理的重要力量两方面来看，仲裁机构公信力提升必然会对城市治理现代化产生正面积极的影响。

三、城市治理现代化视角下提升仲裁公信力的路径

《十九届四中全会决定》指出："加快推进市域社会治理现代化。推动社会治理和服务重心向基层下移，把更多资源下沉到基层，更好提供精准化、精细化服务。"2017 年 2 月 24 日，国家主席习近平在考察北京时强调"规划、建设、管理都要坚持高起点、高标准、高水平，落实世界眼光、国际标准、中国特色、高点定位的要求"；2019 年 11 月 3 日，在上海考察时强调"深入学习贯彻党的十九届四中全会精神……着力提升城市能力和核心竞争力，不断提高社会主义现代化国际大都市治理能力和治理水平"。从《十九届四中全会决定》以及习近平主席在考察北京和上海时对城市治理提出的要求，可知一方面城市治理需要积极融入基层，重点推进城市基层社会治理的现代化；另一方面，对于具有良好发展基础的城市要对标国际标准，向国际化大都市治理能力和治理水平迈进。此两方面与 2018 年 12 月 31 日《两办意见》对仲裁机构发展之要求

高度契合。

首先，《两办意见》对仲裁机构的定位“提供公益性服务的非营利法人”，根据《民法总则》第 87 条的规定，非营利法人是指“为公益目的或者其他非营利目的成立，不向出资人、设立人或者会员分配所取得利润的法人”，“包括事业单位、社会团体、基金会、社会服务机构等”，这为各仲裁机构根据自身实际情况选择事业单位、社会服务机构等不同类型的非营利法人提供了空间。其次，《两办意见》对仲裁机构的发展定位本身具有双向色彩：在“（十一）支持融入基层社会治理”部分，提及“把仲裁服务延伸到基层，积极参与乡村、街道、社区的基层社会治理，依法妥善处理人民群众在日常生产生活中涉及财产权益的各类民事纠纷，实现案件受理多样化……发挥好多元化解矛盾机制的作用”，同时，在“（十六）提升仲裁委员会的国际竞争力”部分，亦提及“支持有条件的仲裁委员会积极拓展国际仲裁市场，逐步把发展基础好、业务能力强的仲裁委员会打造成具有高度公信力、竞争力的区域或者国际仲裁品牌”。司法部傅政华部长在 2019 年全国仲裁工作会议上，既要求“实现仲裁进驻公共法律服务平台”，又要求“重点抓好培育具有区域乃至全球影响力的仲裁中心”，正是对《两办意见》的简明阐释与重点强调。最后，《两办意见》对仲裁机构的财务制度做出了双轨制安排“仲裁委员会可以根据自身发展实际情况，选择具体财务管理方式……选择行政事业收费管理的，执行事业单位财务规则；选择仲裁收费转为经营服务性收费管理的，比照企业财务通则执行”，则为各仲裁机构选择不同发展路径提供了可选的相匹配财务制度。

在城市治理现代化视角下，仲裁机构可以选择积极融入基层社会治理，扎根基层，加快进驻地方公共法律服务实体、热线、网络三大平台，依靠政府购买服务，配合政府做好化解基层矛盾纠纷、完善社会基层治理工作，借助行政化色彩在基层特定领域中提高仲裁公信力；而发展基础好、业务能力强的仲裁机构则可以选择为城市向国际化方向发展贡献自己的力量，在专业化和提升仲裁独立性方向上披荆斩棘，同时去行政化，以打造区域性仲裁中心甚至具有国际竞争力的仲裁品牌为目标，借助品牌化发展提高市场认可度，从而提升仲裁机构的市场竞争力和公信力。

当然，这并不要求所有仲裁机构必须选择其中一种路径，更不意味着仲裁机构需要放弃对传统民商事案件的处理。相反，对目前案源充足、能够自给自足却又缺乏改革创新条件的仲裁机构，继续在解决传统民商事纠纷的道路上循序渐进、稳步前行也未尝不可。

我国社会组织国际化的路径研究

夏 雨*

【摘要】 随着全球治理格局的形成，我国社会组织的国际化已刻不容缓，但社会组织在参与全球治理的过程中面临着“国际化水平低、影响力弱、起步晚”等挑战。因此，从国家长远发展的战略角度来看，为适应国际形势的变革，我国应开展社会组织国际化路径的完善研究工作，并从立法、政策和自身供给的不同层面提出我国社会组织国际化的对策和建议。

【关键词】 社会组织 国际化 路径研究

随着国家实力的不断增强、国际影响力的持续扩大，我国国家利益的实现越来越离不开国际社会的大舞台。从党的十八大强调公共外交的战略意义以来，社会组织国际化的问题被提上了国家的议事日程。特别是在十九大报告中，习近平总书记再次明确指出，“中国将继续发挥负责任大国作用，积极参与全球治理体系改革和建设，不断贡献中国智慧和力量”。这要求中国积极主动地以官方和非官方的沟通协调机制参与多边国际事务，帮助维护国际新秩序的健康运行。与该战略发展目标相适应，在服务“扩大同各国的利益交汇点，推进大国协调和合作”“深化同周边国家关系，加强同发展中国家团结合作”的进程中，社会组织的

---

* 夏雨，法学博士，湖北大学政法与公共管理学院副教授，主要研究领域：国际法、法理学、社会组织法。

作用日益彰显。如何精准实施社会组织“走出去”战略，充分发挥其“政策沟通、设施联通、贸易畅通、资金融通、民心相通”①的功能，便具有了格外重要的意义。

一、我国社会组织国际化的基本方式

何为社会组织国际化，现阶段还没有权威的界定。不过，一般认为社会组织国际化是指“从参与国内事务逐步向参与国际事务发展或直接参与国际事务，并在超越本国的范畴内发挥影响的过程”，② 其在业务上立足于国际层面，组织上，如资金、人才和运作管理等具体事宜上均具有国际化的特点。

19 世纪，国际社会组织开始产生，其后 100 多年，特别是近半个世纪以来发展非常迅猛。大略来说，社会组织国际化的发展大致经历了三个阶段，即以国内事务为主；逐步关注国际事务；成为国际舞台上真正的倡导者和行动者。根据我国社会组织的发展状况，其国际化的方式无外乎如下几种：

(一) 直接建立国际性社会组织

直接建立国际性组织是社会组织国际化水平较高的形式。例如，民政部 2016 年登记注册了一个国际性社团：全球中央对手方协会。该协会是由从事中央对手清算业务的清算机构、金融市场基础设施和其他国际金融机构自愿结成的全球性、非营利性的社会组织。国际性社会组织一般是以本国为基础，而后逐步向其他国家、地区发展和延伸，并吸纳其他国家社会组织的加入。

---

① 季思：《中国应积极倡导新型全球化》，载《当代世界》2016 年第 8 期。

② 马骁、王晓珊：《简析我国社会组织国际化的意义》，载《企业科技与发展》2018 年第 8 期。

（二）与国际组织建立合作伙伴关系

从20世纪70年代初开始，社会组织和国际组织已经开始尝试探讨各种合作的可行性。此种方式主要是通过召开会议和合作执行项目等方式参与热点国际事务，逐渐推动社会组织的国际化。例如，中国国际民间组织合作促进会（以下简称中国民促会）有效利用了民间气候变化行动网络的平台，在2010年间连续派出代表参加了波恩、天津、坎昆等地的联合国气候变化框架会议，并先后在天津、杭州协调和组织了60家国内社会组织代表讨论气候变化应对方案的民间行动计划，且在墨西哥坎昆会议递交给了联合国气候变化会议的各方代表，形成了独特的民间社会声音。再比如，红十字会是网络体系十分发达的全球性国际组织，我国的红十字会与国际红十字会、其他国家或地区的红十字会均建立了良好的合作关系，因此，我国的国际援助能够通过既有的网络系统顺利到达世界各地的受助人群。

（三）直接加入国际组织

社会组织以会员的方式直接加入国际组织，成为其成员之一也是较为常见的国际化方式。例如，中国科协所属全国学会代表我国已经加入了400多个国际民间科技组织，可以说，该组织是已经覆盖了各学科领域中所有重要组织的国际性民间科技组织。

（四）社会组织人才来源的多元化

有的社会组织在发展过程中，十分注意吸收在境外的中国公民和企业以及境外人士加入我国社会组织成为会员。在人才招聘的过程中，通过对各地优秀人才的结合使用有力促进了社会组织工作内容和工作方式的转变。这些国际化人才的加盟，一方面扩大了国际性社会组织与本地社会组织的交流和合作；另一方面提高了有关组织和项目运作的效率，提升了本地社会组织的综合行为能力。

(五)社会组织研究工作的区域化和国际化

有的社会组织已经将其研究工作从以本国研究为主，逐渐发展到跨国研究、跨区域研究和国际化研究。一方面，研究人员和研究机构的增加，扩大了相关研究领域的交流和合作；另一方面，研究人员的频繁互动和丰富的研究成果又从理论上支持了社会组织的国际化、规范化和专业化发展。而且从合作领域来看，此种方式也呈现日益拓展的良好态势，即从过去的以单一开展慈善和扶贫济困项目为主，转向了多领域的多样化合作，合作项目的内容涉及政治领域、经济合作、环境保护、技术交流、妇女活动、法律援助、救灾救助等诸多方面。

二、我国社会组织国际化的主要瓶颈

客观上讲，与过往相比，我国社会组织在走出去的战略中已初见成效，无论是全球事务的参与度，还是全球事务的影响力都获得了显著提升。但必须看到的是，我国社会组织的国际化进程还只是处于起步的阶段，实践的经验仍不够丰富。具体而言，社会组织参与国际事务的过程中，主要存在如下制约性问题：

(一)对社会组织国际化重要性的认识不足

1. 缺乏政策性支持

现阶段，社会组织国际化的事宜还未被纳入政府的常规政策议程。从理想状态出发，中资企业、政府部门、社会大众都可能成为我国社会组织国际化的支持者，但与国内项目相比，我国社会组织国际化项目的捐赠主体主要是中资企业。政府部门虽说已经开始认识到资助社会组织开展对外援助项目的意义和价值，但与社会组织在此领域的合作尚未正式开始。最直接的反映是现实生活中还没有相关的具体规划设计和激励政策。例如，我国政府没有设立支持社会组织“走出去”的专项资金；公益慈善组织参与国际事务时的筹资难度比较大、筹资目标人群不够明确等。

2. 缺乏足够的责任认知

就社会组织而言，其自身对国际化的战略亦还停留在简单的认知层面，整体的国际化水平还不够发达。以社会组织的组织类型为例，我国国际性社会组织或涉外类社会组织数量少，占比非常低。根据中国社会组织网显示，截至 2018 年 11 月，我国全国性社会组织中，拥有国际性社团 37 个，外国商会 19 个，合计占 1934 个全国性社会团体总数的 2. 49%。涉外基金会 9 个，占 204 家全国性基金会总数的 4. 41%。①

3. 缺乏社会认同感

虽然我国的国内生产总值已跃居世界第二，但人均国内生产总值仍属于发展中国家水平，国内尚有大量的贫困人口和一些社会问题有待解决。因此，是否有必要将资源投入到海外开展公益援助，社会组织是否需要国际化的问题引起了国内媒体和公众的争论。很多民众认为我国的社会组织首先应该致力于解决本国的社会问题，之后才应该考虑海外公益慈善项目。在这种舆论压力下，社会组织走出国门就难以获得大众的支持，进而影响志愿者参加、项目资金募集等方面的工作，严重阻碍了社会组织国际化进程。例如，中国青少年发展基金会(以下简称“青基会”)在非洲开展希望小学项目时，曾经一度遭遇了反对和质疑的舆情危机。②

---

① 详见国际组织统计年鉴官方网站：http：//www. uia. org/yearbook，2019 年 10 月 5 日访问。

② 黄梅波：《中国对外援助机制：现状和趋势》，载《国际经济合作》2007 年第 6 期。

4. 缺乏主流价值的把握和长期稳定的作为模式

国际社会的专业活动通常都有对应的国际主流价值给予支持，社会组织在国际化进程中，应当把握住当前的国际主流价值。不然，既难以融入其他的国际组织，也无法让国际社会对其给予正面认同和积极评价。与此同时，现阶段，我国社会组织的海外执行项目一般表现为一次性捐赠或援建。例如，我国红十字会的紧急人道援助、中国扶贫基金会的对外援助、中国青少年基金会的对非援建等均是如此。这些社会组织的对外项目普遍周期较短，所以难以与当地居民开展有效互动。

(二)社会组织国际化的制度供给不足

我国关于社会组织的三个管理条例(《社会团体登记管理条例》《民办非企业单位登记管理暂行条例》《基金会管理条例》)都没有为社会组织如何在海外设立办事处或分支机构提供足够的法律技术支持，而现有的审批程序和方法也不完整。因此，除了中国红十字会等少数具备国际性社会组织会员资格的社会组织外，我国其他多数社会组织在走出国门时面临的第一个问题就是法律法规的欠缺。法律法规的欠缺之所以会阻碍社会组织的国际化进程，原因在于国际社会组织在法律上是私人实体，应依它注册地所在国家的法律成立并受该国的法律法规约束。① 但到目前为止，我国既没有涉及社会组织参与国际事务的相关规定，也匮乏社会组织在海外设立办事处或募集资金的规制依据，这就导致我国社会组织在参与国际项目时，缺乏有针对性的明确行动依据和规则指导，所以难以有效地开展各类项目。具体而言，我国社会组织走出国门之后如何活动，例如，物资的出关、税收的减免、资金的募集、海外办事处或分支机构的设立依据等都需要按照国内相关的法律法规开展，但我国

---

① 邓国胜：《中国民间组织国际化的战略与路径》，中国社会科学出版社 2013 年版，第 34 页。

并没有以上这些有针对性的法律法规，于法无据。而且，一旦在海外面临纠纷时，社会组织也会基于同样的原因不得不处于被动的状态。

另外，由于历史发展的原因，我国的社会组织国际化还受到原有双重管理体制的制约。尽管党的十八大后提出了"政社分开""四类组织可直接进行登记"等改革方案，但目前大部分社会组织仍是由政府管理，依附于政府的某一部门。我国的一部分社会组织与政府机构关系密切，甚至有的社会组织被视为事业单位，有的社会组织本身就是政府的一个下属机构。从某种意义上来说，该类型社会组织的运作模式与政府的做法相似，如此易导致一些操作性问题的产生。具有上述属性社会组织的领导人在出国时，即面临审批手续繁琐，限制较多的情况。而这与需要频繁参与国际事务的社会组织发展趋势不相一致，产生了工作需求和制度管理上的矛盾。

（三）社会组织国际化的辐射领域较窄

第一，与其他国家不同，现阶段我国政府的官方发展援助资金主要是通过政府机构负责运行。而大部分发达国家都是将官方援助的资金通过协议、合作和合同的方式交由社会组织执行，但中国目前关于这个问题还是空白。或者说，我国社会组织的国际化和海外项目的开展，常常与政府的对外援助项目相分离。这表明，我国并没有借助社会组织的力量来实施官方发展的援助项目，我国的对外援助中实际上欠缺了民间力量的参与活力。如此，亦说明社会组织在援外机制中的参与程度很低，并没有在对外援助项目中发挥应有的作用。

第二，社会组织参与国际事务的领域不宽、平台匮乏。首先，就我国社会组织中参与国际事务的比例来看，总量比较小。以慈善组织为例，目前能在境外开展公益慈善项目的社会组织还不到 10 个，而以邻国日本为例，现在大约有 400 家社会组织能参与国际事务。其次，我国大多数社会组织在国际事务中的表现都局限于参加国际会议或开展区域性活动，尚未真正形成实体类的工作组织，如设立各类办事处、工作执行机构和海外团队。中国社会组织参与全球治理的活跃度不够，许多中国社会组织在海外开展的项目，处于“无常驻机构、无常驻人员、无经常性项目、无稳定经费”的“四无”状态①。虽然从2015年开始，这种情况已经有了改变，如爱德基金会在埃塞俄比亚成立了爱德非洲办公室，该办公室成为我国社会组织在非洲正式设立的第一家办公室，但总体来说，“四无”的项目还是较多。

此外，相比美国福特基金会、洛克菲勒基金会、比尔和梅琳达·盖茨基金会等在全球富有影响力和众多资助的项目，我国社会组织的很多海外项目都是零星分散的状态。总体来看，西方发达国家的社会组织所参与的项目领域已经非常广泛，项目关联度高、活跃度高，从慈善捐赠、文化教育、灾难救助以及经济贸易，到民主理念、人权捍卫、国家安全和民间外交等均有所作为。

三、我国社会组织国际化路径的策略建议

不言而喻，社会组织的公益性、非营利性、志愿性等内在价值决定了社会组织走出国门、回应全球问题是其发展的必然趋势。我国社会组织国际化的发展，需要研究外部环境的机遇和挑战，也要把握住内部环境的优势和不足。传统官方对外发展援助的局限性、海外中资企业社会责任需求的增加、公共治理时代的到来，特别是在经济全球化时代，城市竞争的战略举措背景下，社会组织的国际化常常与推进国际化城市建设结合在一起，这些都为我国社会组织的国际化提供了广阔的发展空间。有鉴于此，提高社会组织国际化的效率和影响力需从以下主要方面着手：

---

① 何妍：《中国对外援助管理模式的建立和完善》，载《企业研究》2011年第12期。

(一)社会组织国际化发展的价值定位和立法建议

1. 人类命运共同体价值的把握

社会组织的创立和发展往往都具有公共性与一定的社会价值取向,国际上大部分社会组织都是出于共同应对与解决人类共同面临的某些问题与挑战而成立并逐步在开展活动的过程中增强了自身的国际化行动能力,而它们在推进海外发展援助的国际活动中所体现出来的博爱精神、人道主义思想、慈善公益信念、人类生存权利的保障与人类孜孜以求的目标是一致的。为此,我国社会组织在国际化的过程中,要在围绕国家利益和人类社会共同利益的价值基础上进行行为展开。社会组织的国际化上应立足于国家利益的认知与把握,并且在国际参与中通过自身的国际活动助力政府外交效益的获得与本国国家利益的维护与拓展。同时,兼顾他国的合理关切,促进各国共同发展。在人类社会相互依存的理念下,积极参与全球有效治理,体现责任共同体的大国担当。而且社会组织所掌握的资源包括公信力、公众支持、信息传递与沟通渠道等,是可通过社会组织的国际化过程,转化成为能符合国家发展的外交需要,能体现国家利益的外交收益。这正是社会组织国际化中共同价值的构建。

需要指出的是,在诸多的对外项目类型中,开展人道救援、扶危济困等项目更容易获得行为地国的认可,也符合我国社会组织国际化仍然处于起步阶段的现实。我国是自然灾害发生频繁的国家之一,社会组织在本土救灾中积累了丰富经验。同时,社会组织在我国扶贫开发工作中的作用也成效显著。与西方的国际社会组织相比,我国社会组织的扶贫救灾方式方法更适合发展中国家。当然,在我国尚未全部完成国内扶贫任务的社会环境下,选择人道救援、扶危济困等项目也较为容易获得我国民众的认同和支持。[①] 同时,考虑到现代慈善主张的转变,即以"授

① 高飏:《发展援助,NGO 和公民社会:矛盾中的探寻》,载《中国发展简报》2011 年 12 月 20 日。

人以渔”为主，参与、倡导、能力建设、市场化手段是社会组织国际化应当确认的主要工作方法。

2. 出台专门的立法

为确保我国的社会组织能顺利登上国际舞台并高效开展各项活动，首先需要立法部门根据我国社会组织的实际情况，出台切实可行的法律法规。只有做到有法可依，我国社会组织在国际化进程中才能准确把握活动的界限和自身的权利义务。为此，有关的立法一方面要赋予我国社会组织合法的身份地位，另一方面又要对其开展海外活动作出明确的职责规定。目前国际上对社会组织的登记注册制度大致分为预审制和追惩制两类。如果从规范社会组织的法人治理结构的角度出发，我国可以采用较为严格的预审制。建议政府部门在修订前文指出的三项条例时，增加社会组织国际化的内容，明确规定有条件的社会组织可以在境外设立分支机构和代表办事处。同时，应将社会组织参与国家对外援助工作的相关内容纳入正在拟定的《对外援助管理条例》，使社会组织参与国家对外援助工作有法律依据可依，形成“官办民助”的发展模式，从资金获得、使用和监管等多方面提供法律保障。

（二）社会组织国际化发展的政策建议

根据我国国情，开拓国家软实力提升的民间渠道，将社会组织的国际化工作纳入国家外交的总体架构之中。

第一，建议设立社会组织国际化的协调机构。细化言之，可以利用既有的援外部级协调机制，将工作办公室设在国家民政部社会组织管理局；有关的协调机构成员应包括商务部、外交部、民政部、中联部、人力资源与社会保障部、财政部、国税总局、国家外汇管理局、国家海关总署等，依托高效的通联机制，统一规划协调社会组织参与国际化工作的具体事宜。

第二，形成政府购买社会组织国际服务的政策体制。以国务院办公厅关于政府向社会组织购买服务的指导意见和精神为基础，建议由国家商务部牵头，会同财政部、民政部和发改委等政府机构，建立利用对外援助资金购买社会组织国际服务的模式。同时，精选一批优秀的社会组织走向国际。

第三，制订社会组织国际化战略工作的长远实施方案。在国家援外预算内列出社会组织援助专项资金或建立社会组织的援外基金。资金可采取政府和民间共同出资的模式，然后，主要由社会组织开展对外工作，而政府作为监督机构，以保证资金的正确使用和为社会组织“走出去”服务。同时，在项目运营时，可以借鉴国际经验，以市场需求为导向来促使项目有效运转，并以此为基础制定项目运作的长期目标，形成整体化思维，注重项目之间的关联，形成不同项目相互支持的合作体系，力求项目的可持续性延续和发展。

(三)提升社会组织国际化能力的对策建议

除了国家的支持，为了加快推进我国社会组织的国际化进程，社会组织自身亦应当注重对海外运营能力的建设，多方面着手，强化坚实的业务能力。

1. 形成多元化的社会组织国际化样式

社会组织的国际化样式应尽可能多元化。首先，寻找属地伙伴是国际社会采用较多，也比较成熟的一种方式，活动成效最为明显。属地伙伴是指社会组织在参与国际化事务时，与属地的社会组织建立长期合作关系，借助他们为我国的社会组织开展国际化活动提供必要的支持。因此，我国社会组织需要重点关注与行为地国社会组织的交流与合作。

其次，社会组织的国际化可扩大“社办联企”的合作规模。“社办联企”是指社会组织在运营过程中，联合我国国际化的企业进行合作，发挥社会组织与国际社会、所在国社会组织、社区联络的优势，形成依托企业开展联合的双赢态势。扩大此种模式的适用范围，不仅有利于我国的社会组织募集海外项目的资金，而且有助于帮助海外的中资企业树立履行社会责任、回报当地的社会形象。

再次，社会组织的国际化可扩大加入既有国际社会组织网络的覆盖面。加入既有国际社会组织网络是指我国的社会组织应加强同既有国际社会组织的合作，借助国际社会组织已有的各种行动经验、网络和人脉，做到能合作运用既有资源。依托国际社会组织网络开展国际化任务，可以充分利用既有的网络获取信息、传递资源，减少社会组织国际化项目过程中的风险和不确定性，提高对外项目的管理和运营效率。目前，我国已经有中国红十字会和全球环境研究所的经验可以借鉴，我国社会组织应采取加大覆盖面的举措力求融入国际社会组织的生态系统。

最后，社会组织的国际化可采取"社媒合作"。"社媒合作"是指社会组织在国际化的过程中，依靠媒体介入和支持，使得社会组织具有更国际化的视野，促进社会组织走出国门。作为信息采集机构的媒体，很多时候需要社会组织提供的权威信息，需要社会组织参与性的合作；反过来，社会组织也需要媒体的宣传和监督。社会组织国际化的过程中，两者之间的合作不仅是彼此需要的状态，在价值立场和组织目标上，同样有着共同的合作基础。

2. 明确社会组织不同的功能使命，打造知名品牌

虽然社会组织的主要任务是满足社会群体的各种公益性需求，但不同社会组织有不同的专业范畴。我国社会组织在实行国际化时，应明晰各自的使命和价值，明确自己的业务范围属于哪一方面的社会问题。例如，中国扶贫基金会在海外的项目即是以关注扶贫开发、救灾等方面的工作为主。唯有如此，才能使社会组织形成具有特色的组织文化，更好地指导公益活动的开展。同时，社会组织在国际活动中，需不断创新示范项目，打造自己的特定品牌，给出特色鲜明的社会组织"名片"，这对提升社会组织的知名度、扩大号召力都有巨大的推动作用。另外，品牌的树立还可以消弭类似项目再次运行时的东道国壁垒或门槛条件，逐

步扩大社会组织的规模、积累有益的成功经验。

3. 加强国际性社会组织专业人才队伍的建设

社会组织的国际化进程对其参与人员的综合素质提出了较高的要求，例如，要求相关人员有国际视野、知识积累、政治素养、专业知识以及良好的外语能力等。在具体开展海外项目时还需要人员拥有丰富的项目经验、良好的沟通能力、强烈的服务意愿等①。据此，为了提高我国社会组织的国际吸引力，一方面要对工作人员进行必要的外交知识、交往、演讲和社会活动能力的培训；另一方面，要吸纳更高水平的国际化人才加入到有关社会组织中来，有关政府部门和社会组织可尝试适当提高社会组织海外工作人员的薪资待遇与非货币报酬，突破现行管理制度对社会组织薪酬的约束。并以海外项目的难易程度和国际环境的调整变化为基础，实行与绩效对应挂钩的薪酬给付制度。

4. 努力建成学习型的国际性社会组织

社会组织如果缺乏与时俱进的学习机制和自我更新能力，必然会被这个日新月异的社会所淘汰。学习借鉴可以使社会组织适应复杂多变的国际环境，确保其开展高质量的国际项目。其一，对内，学习可以优化社会组织的知识结构，实现专业知识的共分共享，并可将东道国的概况、文化的异同等新鲜知识整理入库，增强社会组织的后继工作能力；其二，对外，社会组织可在开展具体项目时，借助“干中学”“合作中学”等方式，实现国际化事务中“沟通技巧、实施运作、环境适应”等隐性知识的成功习得。

---

① 黄浩明：《民间组织的国际化路径》，载《学会》2013 年第 5 期。

网约车对城市治理的挑战及相关对策

马齐阳*

【摘要】网约车作为一种新兴的交通运输模式，颠覆了传统出租车的运营方式，创新出“专车”“快车”“顺风车”等新业态，其产生和发展给社会带来便利的同时也带来了一系列不容忽视的社会问题，给我国城市治理带来诸多挑战，如老生常谈的公共安全问题、负外部性导致市场存在严重的“柠檬问题”、网约车数量的激增加剧了交通拥堵和环境问题等。基于此，本文尝试探究网约车的治理困境及其形成的原因，并对症下药，提出相应的解决对策，如加强政府对网络数据的掌控能力、增强反垄断调查，促进市场公平竞争、设立适当的市场准入制度，缓解城市交通压力、改良税收制度，鼓励网约车司机绿色驾驶等，从而推进网约车与法治城市的协同发展。

【关键词】网约车　传统巡游出租车　法治城市　治理困境

一、绪论

（一）研究背景及意义

1. 研究背景

随着我国科学技术的不断进步、城市现代化的飞速发展，很多新兴

* 马齐阳，湖北大学政法与公共管理学院2019级民商法专业研究生。

事物萌芽并不断成长，比如说作为移动互联网的典型应用、共享经济的突出体现——网约车，从诞生以来因其具有高效和便捷的服务，得到了社会公众的广泛接受与认可；然而社会对新事物的适应有一定的滞后性，网约车行业也不例外，该行业所依托的互联网现代通信和大数据分析等技术涉及对乘客个人隐私保护的讨论，其带来的社会公共安全问题、新旧业态的冲突导致出租车市场的"柠檬问题"，以及由数量庞大的网约车造成的城市道路交通拥堵、环境污染的弊病也引起了人们的诸多争议。这些不和谐的因素不仅会影响网约车自身的发展，还会对城市的治理带来麻烦，有碍法治城市稳步推进的进程。因此，如何应对网约车给城市治理带来的诸多挑战，从而促进法治城市的建立，成为亟待解决的时代课题。

2. 理论意义

本文以网约车为主要研究对象，在对"网约车""共享经济""法治政府"等概念进一步理解的基础上，以网约车现存的问题为研究重点，折射出网约车的治理困境；通过探析问题产生的原因，指出政府治理失效、网约车平台治理失灵、网约车车主效率和效益至上的共生状态对困境产生的推动力；根据"互联网+"和共享经济的发展趋势及其特点，对网约车的完善提供相应行之有效的对策，为政府等相关主体对网约车行业的管理、对法治城市的建立提供理论支持。

3. 实践意义

对网约车行业所暴露的现实发展困境的研究，需要对网约车平台企业与政府及有关部门、传统出租车行业、乘客个人等多方利益博弈的深入分析，需要对政府及有关部门、网约车同行及传统巡游出租车对社会公众安全、经济市场需求和行业公平竞争等多重关系的认真梳理，为维护社会公共安全、促进新旧业态的融合、防止个别网约车平台一家独大的垄断行为、缓解城市交通拥堵以及降低环境污染等问题提供指导，更为政府及有关部门对建立法治城市的有效探索。

(二)国内外研究现状

在当今信息技术高度发达的"互联网+"时代，各行各业都或多或少地受到互联网的影响，如互联网和商品市场的融合，产生了淘宝；互联网和旅行的结合，产生了途牛、携程；互联网和交通出行的结合，产生了滴滴出行、神州专车等网约车平台，在城市治理的过程中，政府及相关主体也都在主动或者被动接受互联网给城市治理带来的改变。通过对网约车产生的背景的梳理，即"互联网+"和共享经济思潮的大趋势下，整理出当今国内外对治理网约车相关问题的理论与实践。

1. 国内研究现状

早在2015年，国务院就正式提出"互联网+"是"把深度融合互联网的创新成果与经济社会各领域，形成更广泛的以互联网为基础设施和创新要素的经济社会发展新形态"。① 这肯定了互联网对当代社会生活的积极作用。周鸿铎教授指出"互联网+"已经在社会的各行业，全方位地迅速延伸，提醒社会各界对其的高度关注，并对互联网"做加法"，需要从技术、思维和理念上齐头并进。②

伴随着互联网移动通信技术和传统交通行业的融合发展，网约车如火如荼地运行着，为城市的治理带来全新的机遇和挑战。赵光辉概括了网约车的服务特点："高效""时空限制小""成本低""精准的目标市场""服务多样化、个性化、互动性强"等③，并在其著作中概括了网约车的

---

① 参见国务院印发《关于积极推进"互联网+"行动的指导意见》，载《中国能源》2015年第7期。

② 周鸿铎：《我理解的"互联网+"——"互联网+"是一种融合》，载《现代传播》2015年第8期。

③ 赵光辉：《我国"互联网+"交通服务的演进与政策》，载《中国流通经济》2016年第3期。

主要几种模式——专车、拼车与共享租车，这些也是目前网约车平台企业的主流业务。周向红、刘宸指出当前网约车治理的困境：政府治理资源投入和专车数量、企业跨界行为、公众态度的反差等①，有助于理解在"互联网+"的新时代里，政府监管可能面临的诸多问题，进而为治理范式的演进提供基础。部分学者也表示对网约车具有的负外部性有所担忧，指出应以"适度监管""信息效用最大化""公共治理"等方式来应对降低网约车的负外部性。② 针对网约车平台的垄断行为比传统的工业企业更复杂、更难判断的情况，程贵孙等提出"宁宽勿窄"的原则，政府需要尽快建立一套新的基于网约车平台经济的产业治理政策，为网约车的发展创造更加有利的外部环境。③

通过分析我国学者对网约车治理研究的现状，可以发现我国对网约车这一新生事物的研究还是很多的，但主要侧重于网约车的监管、如何进行监管的问题。而网约车的发展对城市治理有何影响这一研究角度的文章还很少，忽略了网约车在法治城市建设中的现实困境，这也为本文的产生提供了思路和启发。

2. 国外研究现状

关于网约车治理这一话题，国外学者的学术研究和实践主要包括以下两个方面：一是对共享经济的研究，二是对网约车与传统出租车的矛盾冲突的与监管实践研究。"共享经济"概念的提出是在西方爆发"滞胀"性经济危机之后，Martin L. Weitzman(1985)通过分析凯恩斯主义经济学中相关内容，提出了共享经济的概念，出现时主要应用在微观层面

---

① 周向红、刘宸：《多重逻辑下城市专车治理困境研究》，载《公共管理学报》2016年第4期。

② 甄艺凯：《网约车管制新政研究》，载《中国工业经济》2017年第8期。

③ 程贵孙、陈宏民、孙武军：《双边市场视角下的平台企业行为研究》，载《经济理论与经济管理》2006年第9期。

的分配领域，用于解决困扰西方国家的经济危机。① 伴随着科学技术的不断进步与社会其他领域的发展，以及公众生活观念的变化，共享经济的应用领域得到充分的扩展。以 Michael Porter 为代表的学者则从社会生产的角度将共享经济的外延扩充到了价值共享与社会责任。② Botsman Rogers 认为，共享经济具有以下核心特点：社交性、生态性、成本低以及创收性。③ 国外的网约车分为两类："私人租赁车辆"和"路网车辆"，前者是有别于提供公共服务但以搭载乘客为目的的传统车辆；后者是通过 TNC(交通网络公司)在线平台认证，可以提供客运服务非营利性质的私家车。④ 与国内研究情况相似的是，两国学者均讨论了如何对网约车进行监管的问题。比如 Lawrece 就曾提出网约车和传统出租车具有网络与现实空间的差异性，因此，对网约车的监管也应在一定程度上有别于后者。⑤ Jullien & Sandzantman 认为政府不能过多地干预网约车平台的自主定价，实施禁止内容供应商的价格歧视政策反而会导致偏离帕累托最优的结果，并建议政府不要过度干预网约车平台企业的不对称价格结构。⑥ 由此可见，外国学者对网约车的规制问题上存在不同的观点，并未能就网约车的治理问题上达成一致。

二、网约车给城市治理带来的挑战

随着"互联网+"时代的到来，网约车应运而生。作为互联网技术与

---

① Azariadis C, Weitzman M. L., The Share Economy: Conquering Stagflati, Rand Journal of Economics, 1985, 16(4): 581.

② 吴晓隽、沈嘉斌:《分享经济内涵及其引申》，载《改革》2015 年第 12 期。

③ Botsman R., Rogers R., What ' s Mine is Yours: How Collaborative Consumption is Changing the Way We Live, Harper Collins, 2010: 40-49.

④ Minneapolis Transportation Network Companies (TNC) Ordinance, Capter 343. Trandportation Companies City of Minneapolis Licenses and Consumer Services, 2014: 343.

⑤ Lessig L., The Law of the Horse: What Cyberlaw Might Teach, Harvard Law Review, 1999, 113(2): 501-549.

⑥ Jullien, B. and Sandzantman, W. Internet Regulation, Two-Sideed Pricing, and Sponsored Data, International Journal of Industrial Organization, 2018(58): 31-62.

传统交通行业相叠加产生的新型交通服务模式，同时也是共享经济的典型代表，网约车依托信息技术的迅速发展逐渐成为经济生活中最具活力的一部分。自 Uber 于 2009 年在美国崭露头角以来，中国也出现了一些网约车平台，例如易出行、滴滴出行和神州专车等。一方面，网约车给居民的出行带来便利，提高了生活幸福指数，深受当代年轻人的青睐；另一方面，网约车作为新生事物，不可避免地存在缺陷和不完善的地方，在其不断发展的过程中，也出现了许多不容忽视的社会问题，给法治城市的治理带来困扰。

(一)社会公共安全问题

曾有一段时间，“非法客运”“顺风车司机奸杀女乘客”等标签让网约车的口碑遭遇滑铁卢，经过多次公开和非公开的多方博弈及政府对治理网约车的不断摸索后，国务院于 2016 年 7 月 28 日发布《网络预约出租汽车经营服务管理暂行办法》(2016 年第 60 号)，才正式肯定了网约车运营的合法地位。网约车作为大众化的、发展中的、带有高风险因素的一种服务行业，在普惠大众的同时，也带来了社会公共安全问题。

1. 交通事故率总体偏高

如果说在驾驶机动车的过程中，难免会有交通事故的风险，但是如果某类车辆的整体交通事故率高于并且远远高于社会一般平均水平，则其安全性就会受到公众的严重怀疑。根据深圳市交警局向记者公布的数据显示，全市网约车的交通事故率高于出租车、私家车。① 统计数据表明，出租车交通事故发生率为 1.78%，私家车交通事故发生率为 0.28%，而同期网约车发生交通事故的概率为 7.15%，相当于深圳市网约车交通事故率为出租车的 4 倍、私家车的 25 倍。一经对比，网约车

① 参见《深圳网约车交通事故率高于出租车》，载中国青年网，http://auto.youth.cn/xw/201706/t20170603_9956058.htm，2017 年 6 月 3 日。

的高风险让人为之汗颜。

2. 合法的网约车司机总量偏低

合格的网约车司机是保障网约车安全运行的基本要求、也是保障乘客安全的必要条件，若网约车司机自身的资质都是不合法的、未达到合格标准的，在“黑车司机”盛行的社会环境下，谈何来保护消费者乘坐的安全性？根据交通运输部运输服务司副司长王绣春对网约车发展情况的披露，网约车新规发布一年，合法司机不及高峰期总量的 0. 6%。① 看到这个统计数据，不由得让人为之惊讶，网约车的安全性与社会公众的要求和期待之间原来还存在巨大的差距。

3. 网约车刑事犯罪案件数量多

在网约车司机提供载客服务的过程中，司机故意造成乘客死亡的案件有很多。比如温州乐清女孩乘顺风车遇害一案（2018 年 8 月 24 日，钟某在浙江乐清从事滴滴顺风车业务时，通过持刀威胁、胶带捆绑的方式，对被害人实施了抢劫、强奸，后将其杀害并抛尸），该案一经报道，舆论一片哗然，因为在距离本案发生仅仅 3 个月之前，就有河南郑州一名空姐在乘坐滴滴顺风车过程中遭司机强奸并被残忍杀害。短短 3 个月内，滴滴顺风车连发两起命案，令人人自危。而且，网约车杀人案并不仅限于此，通过在中国裁判网和百度搜索检索相关案件，还有很多，令人毛骨悚然。网约车的初衷本是为了给乘客提供便利，最后却成了乘客的断头台，这些刑事犯罪严重危害了乘客的人身安全和财产安全，同时也给社会公共安全带来挑战。

① 参见《网约车新规发布一年，合法司机不及高峰期总量 0. 6%》，载澎湃新闻网，https：//news. china. com/domestic/945/20170729/31016143. html，2017 年 7 月 29 日。

(二)经济市场"柠檬问题"

作为互联网和传统交通相融合而产生的新业态，网约车是一场伟大的革命，依靠移动通信技术、在线支付功能等极大地扩大了消费者的规模、提高了乘客的出行效率，是对传统巡游出租车行业颠覆性的创新。网约车丰富了出租汽车市场的服务选择，但同时也给经济市场带来"柠檬问题"，分为外部和内部两个方面。

1. 外部——与传统出租车抢占市场份额

作为互联网技术催生下的新业态，网约车的出现和发展对传统产业，尤其是巡游出租车行业带来了严重威胁，影响了其既得利益的分配，经媒体曝光的好几起出租车司机和网约车司机群体性冲突事件就是最好的证明。网约车平台公司通过推广诱人的福利活动、采用激进的营销策略，比如为网约车司机提供高额的补贴、为乘客提供高端的车型、同样的价钱享受更好的服务等，迅速扩大了行业市场份额，严重影响了传统巡游出租车的经济收入。有行业人士反映，一些开出租车的司机已经转开网约车去了，也有数据显示，网约出租汽车客运量占出租汽车客运量的比重从 2015 年的 9.5%提高到 2018 年的 36.3%。① 面对网约车的强力竞争，传统巡游出租车的弱势地位一目了然，行业利润快速跌落、闲置的出租车车辆大幅增加、出租车司机大量流失。如何保护传统产业的应得利益、如何保证网约车与同行之间的公平竞争，成为政府部门的当务之急。

2. 内部——与网约车同行抢占龙头地位

在网约车行业内部，不同的平台企业之间也存在竞争关系。市场上

---

① 参见《网约车"跑马圈地"，传统出租车路在何方?》，载新华网，http://www.xinhuanet.com/fortune/2019-09/23/c_1210289099.htm，2019 年 9 月 23 日。

的各大网约车平台公司为了迅速占领市场份额成为行业领域内的“领头羊”，在前期不惜利用其强大的资本实力即所谓的“亏本买卖”，与同行抢占消费市场，然后再顺势提高收费价格，最终消费者还是需要支付更多的价款。有学者认为共享经济平台在某种程度上具有天生的自然垄断性质，网约车平台公司充分发挥平台模式的经营优势、提升乘客与网约车之间的供需匹配效率，纷纷采用“亏本”补贴、不断融资等手段，来抢占潜在市场。近年来，经过网约车同类企业的激烈竞争之后，神州专车、易出行、滴滴打车成为了幸存的大型网约车平台，其他的平台企业虽然也辉煌过，但是也终究退出了市场。但若这几个大型的网约车平台在市场上形成了垄断地位，则会妨碍公平竞争，不利于网约车行业的技术更新和消费者权益的保护。

（三）城市交通拥堵问题

根据共享出行蓝皮书的最新统计数据显示，截至 2019 年 6 月，我国网约出租车用户规模达 3. 37 亿人，较 2018 年底增加 670 万人，网约专车/快车用户规模达 3. 39 亿人，较 2018 年底增加 663 万人。① 由此可见，网约车的数量近年来呈现出爆炸式增长，网约车的出行方式被居民广泛接受。但是激增的网约车数量并不能缓解城市治理中原本就很难解决的交通拥堵问题，反而有所加剧。

从行为学角度看，乘客对网约车的需求集中体现在上下班这两个时间段，随着网约车数量的增多，在上下班早高峰时间段内，大部分的网约车都会出动，以满足营利需求。这就会导致道路上的车辆越来越多，加剧城市交通拥堵的风险。

从经济学角度看，城市人口高度密集的特征使得任何个体的交通出行行为都具有一定的负外部性。② 城市交通部门可以统一规划地铁、公

---

① 参见《截至 2019 年 6 月我国网约出租车用户规模达 3. 37 亿》，载《电商报》2019 年 12 月 24 日。

② 甄艺：《网约车管制新政研究》，载《中国工业经济》2017 年第 8 期。

交车等城市公共交通形式，并统筹安排各条路线、时间、班次等事前科学规划，但是对于网约车，不可能对其规划得如此详细、全面，毕竟人的需求是高度灵活的，网约车的运营也是因人而异、因时而异。这就使城市交通部门不能最大化地发挥协调个体冲突的决策效用，增加了网约车的负外部性，进而导致城市交通拥堵的状况愈演愈烈。

（四）城市环境污染问题

随着我国网约车行业日益向好的发展趋势，公众在看到经济效益的同时，不能忽视随之而来的环境问题，不能舍本逐末，捡了网约车带来的零星收益，失去了我们宝贵的自然环境。在共享经济的红利下，大量私家车被盘活，转向了网约车的行列。一方面，车辆使用率大幅提升，机动车尾气污染物排放也随之增多，加剧了城市环境的恶化；另一方面，由于网约车的准入门槛较低，对车型、功能等也没有详细的要求，导致很多自身功能较差、尾气排放量大、耗油量大的汽车也发展成了网约车，这些不达标的在途机动车车辆的增量，大大增加了污染物排放的总量。

三、网约车治理困境的原因分析

通过文章前一部分的论述，可以发现网约车在发展的过程中存在诸多社会问题，给城市治理带来严峻挑战。为何会产生网约车的治理困境？将是本部分所要分析的具体内容。从政府治理的角度看，执法工具的缺失，影响了社会公共安全；从网约车平台治理的角度看，在市场逐利的本质下，影响了城市稳定的经济秩序；从网约车自身的负外部性角度看，效率优先原则的指导下，增加了城市交通拥堵的压力；从网约车经营的目标看，效益至上的价值追求，增加了环境污染的程度。

(一)执法工具缺失，政府治理失效

政府治理能力是政府治理成效的基本保障。政府治理能力并非抽象意义上的整体性存在，而是由系列执法工具构成的具体性的存在。① 网约车作为一个全新的行业，在其服务的不同阶段，有着不同的运营方式，进而要求政府部门实施不同的治理手段。若有一个环节出现差池，就会影响整个行业的治理效果。

1. 网约车服务的前阶段

网约车服务前阶段，出于安全考虑，私家车转为网约车需要通过在线审核系统，包括用户在线的实名认证和背景审查等。根据《网络预约出租汽车经营服务管理暂行办法》的规定，政府将网约车准入规制的管理权限赋予给了网约车平台，政府则以网约车运营数据接入监管平台的方式间接地管理网约车市场。这就要求公民的高度自觉性，但显然，我国目前的国民素质还达不到这种高标准，不法的分子，隐瞒自己的真实身份、谎报虚假数据等，政府部门通过网约车平台获取治理信息，承担着随时可能由信息不对称引发的道德风险，严重影响城市治理的权威。

2. 网约车服务的过程中

在网约车载客的过程中，需要用到云计算、移动支付端、互联网等技术对网约车市场进行实时动态监测，这就需要高度智能的算法程序、完整无误的数据信息。但是在如今数字化程度节节攀升的时代，政府面临"知识问题"②，数据信息广泛分散在个体手中，政府很难及时、集中掌握，同时，在利益驱动下，网约车平台主动躲避政府监管的行为也时

---

① 李文彬、陈晓运：《政府治理能力现代化的评估框架》，载《中国行政管理》2015年第5期。

② Hayek, F. A. The Use of Knowledege in Society, The American Economic Review. 1945, 35(4), pp. 519-530.

有发生，政府监管仍然面临“知识问题”的困扰，政府治理效用微弱。

3. 网约车服务的后阶段

网约车司机将乘客送达目的地后，并不代表服务的结束，乘客还可以参与用户评价系统对服务进行评价，关于这一功能的利弊具有争议，有的观点认为用户评价系统有利于发挥互联网的交互性和便捷性优势，有的观点认为这一机制存在缺陷，如乘客个人信息的泄露、网约车司机花钱请人写好评等，不利于政府部门的监管。简言之，即使政府部门掌握了与治理有关的数据信息，要实施监管仍存在现实障碍。大数据算法逻辑超越了依赖合规性判断的“事后监管”路径，① “知识问题”“主体性难题”等多重挑战使国家传统的执法工具在监管中失去效力，在网约车的监管上，政府治理失效。

(二) 市场逐利本质，平台治理失灵

任何一个行业的存在，都有其利益追求，无论是秉持公共利益说还是利益集团说，在网约车行业中，“政府并非治理活动的直接受益者”这一命题始终是真命题。网约车的产生，抢占了传统巡游出租车的市场份额，新旧经济势力的利益冲突日益激烈，网约车同行之间也是明争暗斗，抢占市场主导地位。仔细分析这一现象，可以发现市场效率逻辑与企业逐利本质均深刻影响着网约车平台企业参与治理的战略选择。当平台价值和社会公共价值相互协同时，网约车平台便会主动开展治理的自我激励措施，反之，当平台价值与社会公共价值不一致时，平台治理会更倾向于追求平台价值实现的行为选择，从而产生与社会公共利益相背离的平台治理失灵的现象。

在网约车发展初期，平台公司需要完成用户基础的积累，从而达到

---

① 贾开、蒋余浩：《人工智能治理的三个基本问题：技术逻辑、风险挑战和公共政策选择》，载《中国行政管理》2019 年第 1 期。

网约车平台生存所需的最低要求。若按照严格的市场准入规则来执行，将会影响成本效应和市场挤出效应，与网约车平台的扩张战略相违背。因此，在市场逐利的本质下，网约车平台选择“在线审核”“以考代管”的治理方式，放松监管的情况下，导致大量“黑车”司机涌入网约车市场，给出行带来安全隐患。

在网约车平台经济中，算法对市场资源的配置起着重要作用，而躲在算法背后的则是追求企业利益最大化的网约车平台。网约车的定价，看似是算法为乘客提供的市场基础价格，实际上算法包含这明显的商业属性和深奥的技术门槛，普通用户很难明白网约车算法的价格计算标准，这就导致许多网约车乘客经历“滴滴一下，马上加价”的尴尬境地。显然，“价格陷阱”只是算法潜在风险的冰山一角①。在市场逐利本质与治理工具不对称的相互作用下，平台治理失灵。

（三）效率优先原则，交通秩序不足

网约车诞生的初衷是帮助人们解决出行困难的问题，消费者为了提高打车出行的效率，司机为了提高接单的效率，网约车的优势正好迎合了双方需求，然而，过度追求效率优先的原则也导致网约车在发展的过程中逐渐异化，让原本就未解决的城市交通拥堵问题愈发棘手，可以从以下几个方面分析：

首先，大量的网约车专职司机追求工作效率。由于网约车从业的门槛低、平台公司还会给司机丰厚的补贴，再加上工作时间灵活，吸引了大量业余司机向专职网约车司机转化。根据统计数据显示，专职司机达79.4%，86%的司机每天都处于营业状态，超过7成的司机日均工作时长超过10小时。② 大量的网约车上路，占用了城市道路，加剧了交通拥堵。

---

① ［英］阿里尔·扎拉奇、［美］莫里斯·E. 斯图克：《算法的陷阱：超级平台、算法垄断与场景欺骗》，余潇译，中信出版集团2018年版，第104~107页。

② 数据来源于《2016年网络约车司机生存状况调查报告》。

其次，网约车平台为了提高拓展市场的效率，采用高额补贴的手段，刺激乘客的消费。原本选择公共交通就可以到达目的地，但在网约车消费补贴的情况下，人们更愿意选择价格相等而服务更好的网约车，进而导致网约车过度消费，给交通部门的管理工作带来困扰。

最后，乘客为了追求乘车效率，更愿意选择快车，致使拼车及顺风车模式发展不足。拼车、顺风车也属于网约车的种类，且以顺路合乘、分担油费为特征，具有“绿色出行”的显著优势，但是这两种类型的服务具有很大的不确定性，若要匹配成功，需要等待一定的时间，一般情况下，乘客不愿花费时间来等一个未知的结果。所以网约车的数量并未得到减少，城市交通拥堵也未得到实质上的缓解。

（四）效益至上原则，环保意识不够

自改革开放以来，我国的经济增长都是以高投入为基础，大力发展经济、促进国家 GDP 的增长是国家的传统发展观念。虽然近些年来也鼓励倡导可持续发展，建立社会主义生态文明，但是效益至上的理念依然潜移默化地影响着社会各个群体，网约车平台企业也不例外。

为了追求平台经济效益，在网约车发展早期阶段，一味地扩大网约车规模，无论何种车型、功能如何、尾气排放如何，均予准入，政府也没有相关的管理政策，致使很多自身功能不好的汽车也在网约车市场流通，一方面，网约车数量大，尾气排放总量大；另一方面，不符合环保标准的车辆盛行，加剧了尾气污染。

网约车和传统巡游出租车的利益博弈中，网约车的迅速发展导致传统出租车行业经济萧条，很多出租车都被闲置，久而久之车辆因闲置过久而报废，车主对于报废汽车的处理也未重视，一些车主不愿意支付回收费而非法丢弃，进而加剧了报废汽车污染。

四、网约车治理的相关对策

网约车的盛行对我国城市治理影响深远，文章前半部分论述了网约车现存的诸多乱象，并分析了乱象背后的原因，如何引导网约车健康发展，发挥网约车的正外部效益，成为政府及相关部门的当务之急。一方面，既要从技术上增加对网络数据的掌控，填补执法工具的空白，还要加强政企合作，完善政府的监管职能；另一方面，要加强反垄断调查，防止部分网约车平台一家独大，从而促进市场公平竞争。还需考虑设置适当的市场准入规则，以缓解城市交通的压力，更要加大财税支持，以鼓励绿色驾驶，减少环境污染。

（一）加强政企合作，完善政府监管

面对科学技术的不断发展，对网约车这种依赖互联网技术而生的新型交通服务模式进行监管，具有极大的不确定性，除了要增强对大数据技术的运用能力，更重要的是加强政府与网约车平台企业的合作，即从过去的事前单向许可转型为双向合作的新模式①，以此来完善政府对网约车行业的监管。

政府对网约车行业的监管不同于传统的监管模式，而是立足于大数据的一种新型监管模式。网约车平台公司在运营的过程中会产生大量的与行程有关的数据，如乘客上下车的时间、司机的行车路径、城市交通路况、乘客和司机的对话内容、司机的信用状况、乘客对司机的评价、费用的计算等。这些数据一方面为静态评估提供有效参考，如根据司机提供的个人信息以及车况的信息决定是否能予以准入许可、根据乘客反馈的有效评价对司机进行服务等级评测，并对司机进行奖励与惩罚等，另一方面，这些

---

① 王磊：《共享经济下网约车监管的法律问题研究》，载《求是学刊》2020 年第 2 期。

数据还可以为动态评估提供预测指导，如根据司机的日常出行数据对车辆的总体布局进行及时的调整来提高接单的效率、根据城市的交通状况对司机的行车路线进行指导以避免驶入拥堵路段、根据行车过程中乘客和司机的对话内容来判断乘客是否存在人身安全的威胁等。若网约车平台运营的有关数据只存储在公司内部，就会形成数据孤岛，不能发挥数据的最大功效，若能和政府部门等多方汇聚而成的大数据平台进行数据共享，全方位地利用大数据信息对行车状况、交通状况、安全状况等进行及时的预测分析，这便不仅能发挥大数据自身的最大优势，还可以提高政府部门对网约车行业的监管效率，减少政府部门的监管压力。

在监管程序方面，政府部门应当基于网约车平台公司提供的数据，加强事中和事后监管。政府部门要发挥主观能动性，不定期地对网约车平台公司的运营数据、用户的服务反馈等进行检查，对掺假的运营数据、掺水的评价信息的情况要严惩。法治政府兼具政务信息公开的职责，政府部门应将检查情况及时公之于众，保障公民的知情权。网约车平台公司也应分担部分监管职责，严格按照准入时的标准对网约车司机的资质、接入平台车辆的情况进行检查，若发现不合规的司机或者车辆，应当立即发出警告通知并取缔其接单资格，有必要时提交政府监管部门备案。

政府和网约车平台企业也应在真实可靠的评价系统上开展合作，借助大数据分析、人工智能等现代信息技术，建立起透明、双向的“互联网+”评价系统，改变现有系统中的信息不对称及不准确的状况①，准确的评价数据来源于可靠的评价系统，将影响消费者判断的刷单、刷好评等不良现象自动屏蔽于系统之外，逐步探索出车辆评级和用户评价相结合的监督模式。政府在监管路径规制选择上应该回到规制目的本源上来，在网约车类共享经济法律规制的过程中，推进政府与平台运营商的双向互动与合作，唯此才能真正达成法律规制的目的，促进网约车行业

---

① 王磊：《共享经济下网约车监管的法律问题研究》，载《求是学刊》2020 年第 2 期。

的健康发展，维护社会稳定。

(二)落实公平竞争审查机制，稳定经济市场

网约车平台公司具有网络性、创新型、动态性等新特点，面对目前我国网约车市场混乱的经济秩序及滞后的反垄断法规制手段，若任由网约车平台经济肆意地野蛮生长，不仅会严重影响传统出租车行业的正常运行，还会阻碍网约车行业高效运转的经济效益。为促进网约车健康有序发展，应建立公平竞争审查机制，审查应兼顾程序与内容，并引入独立的第三方审查机制，审查结果要确保公开、公正。在《国务院关于在市场体系建设中建立公平竞争审查制度的意见》中，国务院提出了地方政府对网约车行业的公平竞争审查要求，审查的原则是合格性审查，其主要目的是审查地方实施细则内容是否违背上位法(如《立法法》)，而对细则的内容缺乏必要的审查，如《反垄断法》。

从网约车和传统巡游出租车之间新旧行业的竞争角度看，若要实现市场公平竞争，避免网约车的迅速发展对传统出租车行业的严重打击，政府部门可以适当调整对出租车行业的管理模式，对处于劣势的出租车行业给予扶持。如在当前管制出租车行业的法律法规框架下①，监管规制该行业的成本都是由出租车司机以按期缴纳管理费的形式来承担，而网约车司机则不需要向监管部门支付相应的监管费用。成本的显著差异对不公平的竞争环境有着推波助澜的作用，相比之下，传统巡游出租车处于明显的竞争劣势。为了鼓励巡游出租车行业的正常运营，对网约车的监管立法应适当兼顾传统行业利益，在赋予网约车合法地位的前提下，执行“适度管制”，如免收对传统巡游出租车的管理费用，从源头上解决行业不公平竞争的问题，不忽略任何一个行业的发展，保障经济

---

① 关于传统巡游出租车最重要的文件是交通部发布并于 2015 年 1 月 1 日正式实施的《出租汽车经营服务管理规定》，2016 年 8 月 26 日该规定的名称被改为《巡游出租汽车经营服务管理规定》。文件包括 7 章 53 条，对出租车的经营管理做了全面的规定。

市场平稳运行。

从网约车行业的整体发展角度看，只有在多元、充分、公平的市场竞争环境下，才能更好地激发网约车平台公司的活力，同时，消费者也可以在最合理的价格中获得更为优质的服务。政府虽已取消特许经营制度，但并不意味着政府对出租车的经济市场完全放弃了监管，不论是传统巡游出租车公司还是网约车平台公司，都应遵守经济市场规则。网约车平台以营利为目的进入市场，那么其性质仍然是服务经营行为。因此，网约车平台必须通过工商部门的审核，在获得营业执照的情况下方可运营，以此保证经济市场的正常秩序。为了避免出现市场无序化、网约车平台公司之间过度竞争的情况发生，在实践中，监管部门可以适当考虑将网约车平台分类管理，并对许可经营范围应做明确规定。在鼓励网约车健康发展的同时，消费者也可以有更加多元化的乘车服务选择，构建公平的市场竞争环境。

（三）设立市场准入规则，缓解交通压力

网约车的诞生符合共享经济的发展趋势，有利于实现闲置车辆的高效利用、有利于迎合广大消费者的最大需求，设置恰当的网约车市场准入条件不仅是创造网约车公平竞争市场环境、发展共享经济的前提和基础，同时也是缓解城市交通压力的重要方式，若对网约车的准入规则设置得或松抑或紧，社会问题和经济问题均会纷至沓来。

根据《网络预约出租汽车经营服务暂行办法》第 12 条第 1 款第 1、2、3 项和第 39 条对网约车车辆准入及退出作出了明确的规定，而地方实施细则也都对网约车车辆准入条件作出了进一步规定。① 网约车准入

① 根据《网络预约出租汽车经营服务暂行办法》第 12、13 条的有关内容，城市人民政府对网络预约出租汽车配置数量有规定和要求的，道路运输管理机构依据其规定和要求对车辆发放网络预约出租汽车运输证。根据《网络预约出租汽车经营服务暂行办法》第 39 条有关内容，网络预约出租汽车经营者违反本规定，由县级以上道路运输管理机构予以警告，责令改正，并处以 5000 元以上 10000 元以下罚款；构成犯罪的，依法追究刑事责任。

的要求主要集中于网约车司机符合基本从业条件并无违法犯罪记录、车辆的技术性能符合运营安全标准，安装定位装置、应急报警装置，七座以下乘用车等。这些条款目的明确、恰当合理，应予以推广。对网约车车辆制定相应的准入标准，但在标准制定的过程中应适当调高网约车准入的条件，比如车辆的价格、使用的年限、车辆的排量等，从而达到抑制网约车数量爆炸式增长的势头，进而缓解城市交通拥堵的压力。

网约车平台公司也应主动承担更多的社会责任，充分利用云计算、大数据等功能，参考实时的交通发展情况，作出科学的行程路径安排，不断地保持行车的动态优化管理，若有可能遇到驶入拥堵路段的情况，提前做好交通分流的指示提醒，避免发生堵车的严重情况，缓解城市交通压力。同时，平台应利用好用户出行的有关数据，对乘客需求的时间、地点、车的档次等因素进行深层分析，准确预测用户的乘车需求规律，从而提前完成对网约车车辆的供给整合，利用有限的车辆来满足公众的基本需求，避免网约车扎堆涌入城市路段，以此来降低城市道路拥堵的风险。另外，网约车平台公司不能单纯地追求市场占有效率，采用激进的高额补贴手段也是不可取的。应当推行稳中求进的方式，加大对拼车、顺风车的业务支持，慢慢引导用户改变单人使用网约车的乘车消费观，减少用户对网约车的过度消费，鼓励公众在上下班高峰期使用公共交通，或者乘坐顺风车、多人一起拼车的出行方式，从而降低城市交通压力。

（四）加大财税支持，鼓励绿色驾驶

党的“十七大”新增了生态文明的新内涵，党的“十八大”提出来“五位一体”的整体布局，强调各大建设齐头并进的重要意义。国家领导人也多次提到“金山银山不如绿水青山”的重要理念，如何实现“绿水青山本身就是金山银山”仍需不断地探索和实践。网约车作为新型事物，是一把双刃剑，利用得好便可以利国利民，运用得不合理则会带来负面影响。如何发挥网约车的正外部性，在促进效益发展的同时，兼顾生态环

境保护，财税支持是不可缺失的一部分。国家财税制度具有强制性，可以保证节能财税政策的有效实施；同时，可以积极引导网约车司机树立环保意识，鼓励绿色驾驶，从而保护国家的资源环境。加大财税支持力度是实现网约车绿色发展的最有力保障，其作用不可小视。

公共交通作为城市发展不可或缺的基础设施，是切实关系国民生计的社会公益事业，也是一项人人共享的民生工程。本着优先发展公共交通的原则，面对异军突起的网约车的冲击，政府部门应当为城市公共交通的发展提供更多的财政资金投入，可以将公共交通纳入公共财政体系①，通过财政补贴和税收优惠等福利政策，对公共交通给予扶持。同时，需要优化公共交通体系，加快完善城市轨道交通、建立智慧公交系统，增强公众的乘车体验感，吸引公众回归城市公共交通，鼓励绿色出行。

各级政府也应当加大对交通节能领域的投入力度，支持企业以及广大科研机构进行交通领域范围内的节能技术指标建设、进行关键技术攻关、公共服务平台建设等。鼓励研发、生产和推广使用节能型和新能源汽车进入网约车市场，同时对老旧的传统迅游出租车实行报废、更新制度。中央财政应坚持每年安排网约车节能专项资金，同时地方财政设立相应的配套资金，以财政资金直接投资或补贴的方式予以支持。也可以通过现金补贴、税收减免和低息贷款等财税政策鼓励网约车司机积极使用新能源、可再生能源和替代能源的环保型车辆。还可以通过实施直接的补贴或者减免税政策，对使用替代燃料汽车、电动汽车或者其他环境友好型汽车的网约车平台企业和个人进行奖励和支持。以此来引导运营中的的网约车车辆由传统的大排放大污染向清洁、节能环保型转变，不断减少尾气污染和报废汽车污染等，促进网约车行业绿色发展。

---

① 陈莹：《推动城市交通节能的财税政策研究》，财政部财政科学研究所2013年博士研究生论文。

结语

在共享经济的潮流下，网约车应运而生，互联网技术的引进进一步增强了平台经济作用于城市治理层面的功效，政府、网约车平台与社会合作的治理模式逐渐萌芽，该模式是对互联网平台经济治理的有益尝试，却并未取得理想的治理效果，反而凸显了网约车给法治城市治理带来的各种问题，涉及社会公共安全、经济市场的发展秩序、城市交通拥堵、环境污染等。面对这些现实问题，需要政府进行合理的职能定位，秉承中央立法精神的同时，创新地方治理方式，比如加强政企合作、落实公平竞争审查机制、设立适当的市场准入规则以及调整财税政策等，以此共同推进网约车新业态的发展，提高法治城市的治理水平。

城市多层次互联网医疗保障的法律问题研究

蔡科云　彭宜红*

【摘要】发展多层次医疗保障是完善我国多层次社会保障体系建设的重要内容。在“互联网+”的时代背景下，互联网与传统医疗保障体系渐趋融合，有利于高效率、受益面广、集约化的新型多层次互联网医疗保障体系的形成。法制背景下多层次医疗保障，在实践中存在医疗资金流向监管不足、社会受助主体资格认证缺陷等问题。本文以城市为研究对象，结合传统多层次医疗保障体系，分析互联网在建设多层次医疗保障体系中的作用，并针对医保资金跨地域结算、监管缺乏统筹、医保信用信息体系建设等相关问题，提出加强多维度立法，建立防范预测机制，避免医疗基金穿底风险，同时发挥控费能力，提升监管效率等对策建议。

【关键词】医疗保障　互联网+　社会监管　信用　统筹

随着工业化进程的加快，城市基础设施不断完善，社会保障制度不断健全。城市作为中国改革的排头兵，其成功经验与教训在今后的城市建设过程中有着重要的参考意义。城市化加速的同时，城市人口的复杂性、市民需求的多样性为现有的医疗保障制度提出了新的问题，如何解决新形势下有限的医疗资源与无限的人口医疗需求增长所带来的新矛

---

* 蔡科云，男，湖北大学政法与公共管理学院教授，研究方向：商法。彭宜红，男，湖北大学政法与公共管理学院2017级电子商务及法律专业本科生。

盾，是新一轮医疗改革过程中构建多层次医疗保障的重中之重。多层次医疗保障的提出，多方参与福利性医疗事业，医疗资源、医疗基金表现出与以往截然不同的规模，多层次医疗保障体系下，原有的体制弊端凸显，以城市为研究对象，充分发挥其本身强大的互联网基础，构建多层次互联网医疗保障体系，有利于医疗保障模式的拓展。

一、新形势下多层次互联网医疗保障体系的内涵与外延

(一) 多层次医疗保障体系内涵

医疗保障体系(Medical Security Scheme)，具体是指在一个国家或者地区中，多种医疗保障制度的集合。我国医疗保障体系的改革发展，与我国不同阶段经济发展水平的差异而不同，从改革开放之初，公费医疗、农村合作医疗制度和劳动保险是我国医疗保障体系的雏形，之后，社会化基本医保体制逐步建成，此时受益人由城镇职工向全民转移，法定基本医保向多层次医保构建①，城乡医保从分割到整合，我国医疗保障体系朝着多层次保障、社会多方参与、全民受益化发展。现阶段，我国多层次医疗保障体系主要由三个层次构成：医疗救助等构成的保底层、社会基本医疗保险构成的主体层、大病保险和商业健康保险共同构成的补充层。②

(二) 多层次医疗保障体系的特征

多层次医疗保障体系的运行以医疗资源在不同制度框架下的定向流

---

① 孙淑云：《改革开放 40 年：中国医疗保障体系的创新与发展》，载《甘肃社会科学》2018 年第 5 期。

② 王保真：《浅析我国多层次医疗保障体系的建立与完善》，载《卫生经济研究》2008 年第 11 期。

动为基础，与商业资本市场不同，多层次医疗保障体系具有非市场性，即明显的福利性。多层次医疗保障体系下医疗资源的流动受受助主体影响，从而区别一般的社会资源，也正是因为医疗资源的非市场性，医疗资源才能在不同制度环境中定向使用，体现了医疗保障体系的公益性、惠众性。

多层次医疗保障体系下，不同的医疗保障制度存在较大的差异，具体表现为参与主体不同、受助主体不同、医疗保障方式不同。以医疗救助为主的保底层侧重于国家政府部门主导、社会广泛参与，以贫困人口为救助对象，通过医疗机构助其恢复健康的救治行为；而社会基本医疗保险为主的主体层，更注重社会参与、集聚社会资本，向每个参保人员提供医疗补贴为主的医疗保障，侧重于构建全民医疗保险的概念；商业保险等构成的补充层，则在于引进社会资本分担社会医疗成本，以期构筑保险医疗。未来多层次医疗保障体系的总体方向应是“保底层精细化、主体层一体化、补充层专业化，各层之间相互协作”。

目前，我国多层次医疗保障的基本框架已经建立，但各层次之间的衔接性和协调性仍然较差。《“健康中国 2030”规划纲要》明确提出，健全以基本医疗保障为主体、其他多种形式补充保险和商业健康保险为补充的多层次医疗保障体系，到 2030 年全民医保体系成熟定型。在“健康中国”战略中已有的基本制度框架下，多层次互联网医疗保障体系构建应考虑如何利用互联网、移动互联网、物联网等技术手段，通过协议等方式实现各医疗保障平台端口统一，从而有利于实现医疗信息资源在不同地区、不同受助人群间的共建、共享。

(三)“互联网+”时代下多层次医疗保障体系的外延

当前各行各业深度融合，伴随“十三五”规划建议落地，“健康中国”正式升级至国家战略，2015 年国务院发布的《关于积极推进“互联网+”行动的指导意见》中指出，积极推进“互联网+”益民服务，互联网全面与医疗服务相融合：一方面，以“互联网+”家庭医生模式的网上在线服务系统为主的实体医院通过互联网衍生传统医疗服务，使得居民就医途径拓展，另外，以“水滴筹”为代表的社会医疗筹资方式的加入，使得现有的医疗资源得到补充，多层次医疗保障体系日益具有互联网的优势。

1.“互联网+”使医保更加及时快捷

互联网的出现，信息的数据化传递为我们的生活提供了极大的便利。互联网多层次医疗构建以大数据为切入点，利用数字化信息化的手段，实现对全国人口的医疗保障信息统筹管理，打通全产业链服务网络体系的保障系统。互联网将人们的医保信息转化为数字，当患者治病需要医保的时候，互联网多层次医疗保障能够更快更准确地提供保障，为患者解决燃眉之急。患者在需要医保报销医药费的时候，可以利用互联网轻松办理，无须再到特定的地点或者医院办理，这样不仅节约了患者的时间，也大大地加快了医保的报销速度，使得医保制度更加便民利民。

2.“互联网+”使医保统筹功能优化

在数据时代下，大数据技术在医疗保障系统中的成功运用打破了信息互通的壁垒，带来了可观的经济价值和公益价值。一方面，通过深入挖掘医保数据，保障基金安全。① 大数据视角下，对不同地区各个阶段、不同的医疗保障体系下的医疗资金的分析，有利于实现各个地区医疗基金的平衡，从而适当调整医疗保障的比例。另一方面，医疗基金的大数据化，有利于实现医疗保障的精细化管理。当前城市人口的复杂性和流动性，对传统医疗保障模式带来了前所未有的挑战，面对医疗信息的爆炸式增长，整合已有的医疗信息进而精细化管理，有利于实现“人

---

① 翟绍果、陈兴怡：《大数据在医疗服务与医保治理中的应用——基于数据技术、网络形态和政策支持的向度》，载《江汉学术》2018 年第 3 期。

人参保、人人有保”的社会价值与经济价值，从而促进以人为中心的多层次互联网医疗保障体系的构建。

3. “互联网+”使医保信息公开透明化

随着网络信息服务覆盖范围的逐步扩大，获取某一领域的知识和信息不再是困难之事。对于医疗保险参保者来说，获取医疗保险政策信息，了解自己的参保状态，不再限于查询关键词进行网页浏览、拨打咨询电话，或在医疗机构就诊时询问医保窗口工作人员这样信息量冗杂、人工服务易失真的传统方式。随着手机功能和使用率的提高，手机网络平台则为医保服务和参保者之间建立起了互动的桥梁，形成了“随时查，随时答”的医保服务高效管理方式。“互联网+”使得医保数据公开，有利于参保人监督医保的动向，使医保更加透明化，促进医疗保障行业健康发展。

二、法制背景下多层次医疗保障体系的现状及存在的问题

（一）我国多层次医疗保障的立法现状

在社会主义市场经济体制下，我国的法律体系可分为民商法、经济法和社会法。其中，社会法是维护劳动者权利、救助待业者而产生的各种社会关系的法律规范的总称，包括规范劳动法和社会保障法学。医疗保障法作为社会保障法的重要组成部分，自然归属于社会法一类。

公民在患病时得到政府与社会救助，是公民的基本权利，在政府主导下对贫困病人进行医疗救助是我国保障人民群众基本生存权的重要方面。① 我国《宪法》规定，中华人民共和国公民在年老、疾病或者丧失劳

① 李莎：《医疗服务的市场性与医疗救助》，载《卫生软科学》2004 年第 1 期。

动能力的情况下，有从国家和社会获得物质帮助的权利。由此可见，构建医疗保障体系是法制背景下保障人权的重要举措。而现实是，目前的法律体系中缺乏相关制度设计，现有对医疗保障的规制主要通过《中华人民共和国宪法》《中华人民共和国劳动法》《中华人民共和国社会保险法》以及相关的部门规章，如《国务院关于建立城镇职工基本医疗保险制度的决定》等管理。此外，随着"水滴筹"等公益众筹以互联网为平台所发展的新型社会救助模式参与社会保障行列，其广义上大可纳入多层次医疗保障体系中的补充层，而对该行为的规范目前纳入《慈善法》的适用范围。

多层次互联网医疗保障体系下，医疗制度的对接、医疗资源的流动、医疗基金的统筹等方面缺乏系统的、全面的法律制度来规制，法律制度不健全，缺乏顶层立法设计。

(二)城市多层次互联网医疗保障存在的主要问题

新一轮医疗改革过程中，如何完善城市多层次医疗保障体系，构筑覆盖全民、保障基本、制度公平、方便高效的顶层设计是亟待解决的问题。党的十九大明确指出，新时代我国社会主要矛盾转化为人民日益增长的美好生活需要和不平衡不充分的发展之间的矛盾。面对改革发展中出现的新形势、新情况、新挑战，原有的法律制度逐渐暴露出与当前社会发展、人民期待及各种新情况、新形势不相适应、无法匹配的问题，亟待认真研究、加快调整完善。

1. 基本医保制度运行涉及环节流程繁琐

基本医保制度运行包括基金筹集、基金运行、基金管理、待遇支付、服务标准与监督等，涉及用人单位、参保人、医疗服务机构等多方博弈，医保现行法律制度无法系统、整体、平衡妥善化解博弈和利益格局。此外，城市人口构成不一，城市发展过程中，农民进城务工、外贸升级且不同城市医保政策不同、地区差异大，缺乏统筹管理与制度衔接。因此，国家基本法律规范的原则有余、操作性不足，诸多条款已不符合当前新时代发展的实际情况和形势需要。

2. 多层次互联网医疗保障体系下医保基金监管缺乏统筹

目前，由于医疗保障体系具有非市场性，属于一种行政救助政策，互联网与传统医疗保障体系的融合并非融洽。目前互联网医疗保障以城市家庭医生的推广、社会资本参与大病救助为主要模式，进而为以互联网为平台，推动不同层次医疗保障制度的融合。因此，医疗资源、医疗基金的分配仍是医疗保障体系的落脚点。在互联网的时代背景下，医疗资源的引进安全、医疗基金的流向、受助人员的资格认证均对现行的法律制度提出挑战。在司法实践过程中，医保基金监管主要面临以下问题：一是医保基金“跑冒滴漏”，存在被诈骗风险；二是医保经办机构不作为，存在监管不作为风险；三是医保基金先行支付，存在追偿不到位的风险；四是支付标准不统一、不明确，存在超范围支付的风险。因此多层次互联网医疗保障体系的构建，需要加强对医保基金的监督力度，作用大数据的优势，对基金的使用进行统筹，使得“天下没有难治的病”。

3. 诚信信用机制与多层次互联网医疗保障体系对接难

互联网医疗保障体系的构建是与社会伦理道德相挂钩的，建设医疗保障体系的另一落脚点在于受助人人格的把握，诚信，作为“帝王原则”，在多层次互联网医疗保障体系的构建中仍起着至关重要的作用。诚信是对受助人信息真实性的把握，是决定是否对其进行社会救助的前提。社会基本医疗保险为主的主体层是对社会大众的普遍救济，而商业保险、大病救助为主的补充层对受助人的诚信要求更高。在此过程中，社会救助更强调社会监管，即对受助人受助资格的认证、受助机构的认证、对社会资金流向的追踪。现阶段，我国正在建设信用库，传统医疗保障体系所采用的医疗机构证明与个人资料证明相结合的应用模式，在城市多层次互联网医疗保障体系的建设过程中仍需得到改善，包括医疗保障体系与诚信信用机制的对接协议设计、医疗机构承认信用库等，诚信信用机制的加入，能在很大程度上提高社会救助的及时性。互联网与传统医疗保障体系相结合，最根本在于运用互联网的力量，立足于大数据的应用研究，重新整合社会的医疗资源与医疗基金，最终服务于人。

三、多维度推进城市多层次互联网医疗保障体系建设

（一）加强多维度立法工作，做好顶层设计

目前，我国尚未建立专门性的医保监管单行条例，也没有针对性的法律条文对医保行为进行约束和规制，医疗领域的保障性法律制度的缺乏使之在互联网背景下面临着由参保人、医疗机构、社会组织之间的博弈所带来的风险，如医疗保险、医疗费用结算欺诈风险。在新一轮医疗改革过程中，立法工作者应以现有的立法体系为基础，构建客观公正、权责一致的法律监管，政府主导、社会参与、自我约束的多方联动以及预防与查处、激励与处罚的辅助性措施紧密结合的顶层设计。

针对我国医疗资源整体充足但局部分配不合理、医疗基金使用的原则性安排与实际使用不规范的矛盾等问题，并结合“互联网医疗”“智慧医疗”建设的需要，新一轮医疗立法应着重对多层次医疗保障制度的衔接作出相应系统化的制度安排，如医疗救助中关于政府救助、民间互助、慈善捐助等保障形式的规则性引用，以达到整合医疗资源、避免医疗资源浪费或非法牟利、对受助人施以合理充分的保障目的。其次，建立多层次医疗保障检查机制。由全国人大授权、国务院医疗保障行政部门主管，充分调动各省、市(州)、县人民政府相关机构参与对本辖区内医疗保障体系的监管；积极主动引入符合条件的第三方机构对使用医疗保障基金或提供医药服务的行为进行调查，以及对相关医疗机构的医

疗保障基金使用情况进行审计或协助调查，与此同时，加强社会监督体系以及相应激励与处罚机制的建设，多维度对现有的医疗资源进行全方位的制度监控。另外，在原有的医疗保障体系中添加对社会组织参与医疗救助的一般性规范，如参与人主体资格认证、其权利能力范围以及应履行的义务规定。在对医疗资源进行法律管控的前提下，结合目前城市总体发展情况，所构建的城市多层次医疗保障体系应有如下特点：以城镇职工基本医疗保险为基础，大病保险与商业保险为补充，充分发挥商业保险的强大动力，引导社会资本的参与全民医疗。除此之外，搭建互联网医疗互助平台，倡导“人人医疗”的理念，构建“家庭医生”医疗服务向底层下沉，以期实现医疗保障途径的多样化、操作的便捷化、救助的及时性。在此基础上，进而进一步完善各层医疗保障制度具体的运营模式，以充分释放多层次医疗保障体系的活力，实现其社会功能的最大化。

（二）建立综合监管制度，避免医疗基金穿底风险

当前，随着我国城市人口老龄化加重，社会保险扩面征缴空间日益缩小，且在稽核、监管环节无法深入和突破。① 同时，多层次医疗保障制度下医疗基金定向使用，各项社会保险待遇水平的持续提高，社会保险基金收支平衡面临越来越大的压力，医疗基金长期存在穿底风险。我国医疗基金主要来源于国家为保障参保职工的基本医疗待遇，按规定向单位和个人筹集的，用于职工基本医疗的专项基金、社会慈善组织所认缴的基金以及互联网医疗互助机构所募集的社会基金。随着医疗保障制度的深入，在医疗费用快速增长的背景下，我国医疗基金的使用和监管存在很多问题，除了漏缴或缴纳不及时的情况外，还存在挪用、挤占、诈骗、空头账户流动等情况，而“互联网+”作为多层次医疗保障的有力

---

① 钟东升、吴建新：《多方合力破解扩面征缴难题》，载《中国社会保障》2007 年第 12 期。

构成，以大数据为依托的应用平台有利于整合医疗基金，使得综合监管的防范预测机制有效建立起来。

1. 政府主导：健全医疗基金预算管理体系

医疗基金预算管理贯穿于多层次医疗保障基金收支的全过程，其目的在于规范社会保险基金收支行为，合理安排各项制度下医疗基金比例，从而在最大限度下提高医疗基金使用覆盖面。我国医疗基金预算管理工作始于 2010 年国务院发布《关于试运行社会保险基金预算的意见》，自此在医疗基金收支平衡、风险防范、统筹管理上发挥了重大作用。但随着经济水平地提高，参保人数与国民待遇水平不断提高，医疗基金的“收”来源广泛、数量庞大以及“支”体系多样、覆盖面广，又为医疗基金预算管理工作提出了新的挑战，管理不当、使用不合理、预算管理难以系统化等情况普遍存在，如因不同省份或是同一省份不同地区的社会保障制度的不同，使得医疗基金预算管理碎片化分布，整体统筹层次低。

我国目前医疗保障体系存在着结构性缺陷，即各个省份、各个地区医疗保障标准不同以及多层次医疗保障制度难以对接，因此“互联网+”信息思维的渗透，为医疗基金管理体系的优化提供了新的解决途径。医保的全国联网涉及城乡统筹、区域统筹以及信息化建设等多方面内容，在各地结构性缺陷暂时难以弥补的基础上，通过大数据信息平台的建立与运用，对医疗基金进行智能化监管和风险防范预测，实现医疗基金的量化分析，方便制定合理的医疗预算；实行信息化的监控措施，加强对预算的智能监督，落实对医疗基金预算的监督机制的作用，有助于把握我国医疗保障投入收支平衡，避免基金穿底。

2. 行业参与：回应性监管下内部治理提升

从《医疗保障基金使用监管条例(征求意见稿)》中对医疗基金的监管可以看出，我国医疗保障体系的构建的趋势是政府主导、社会广泛参与，注重第三方机制的引入，以此适应我国新时代的新矛盾。基于此，互联网多层次医疗保障体系中的监管模式应是一种回应式监管，即行政监管与非行政化监管的分离，使得政府与医疗机构、互联网医疗组织、公众通过外包、购买服务等形式实现监管权责的有限让渡与分离。① 在回应式监管模式下，对医疗保障行业的监管更侧重于行业组织内部的多元协同监管，或是其内部治理能力的提升。

目前，以"水滴筹""轻松筹"为代表的社会慈善组织参与全民医疗行列中所带来的社会资本的定向公益性流动，为传统的医疗机构与行政监管提出了新的要求。健全医疗基金管理机构与传统医疗机构、互联网医疗机构的制度衔接机制，是目前亟待解决的问题。② 一方面需要政府整合方案的出台，另一方面，则需要新旧型医疗机构本身的规则性约束与内部治理能力的提升，如互联网医疗机构要建立医生岗位职责制③，对医保病人进行认真审查，界定身份，坚持原则，秉公办事；互联网医疗要完善对受助人资格的审查机制：对于手续不全的受助人，应对其进行限期处理；对于不符合要求的受助人，应对其进行一般性的救助；对违规单位或个人，应加大查处力度，实行谁管理谁负责的机制，规范运作。医疗行业的程序性规范是内部治理提升的必然要求，此外在竞争机制下，行业竞争者作为医疗机构的第三方监管与社会监管如公众、媒体等多元主体协同监管又促其自我约束管理能力得提高，有利于医疗基金管理机构与医疗机构应相互协作，密切配合，在此机制下，医疗基金管理运行制度以更严格的门槛与标准执行，确保基金安全有效定向运行。

---

① 潘琳、周荣庭：《回应性监管视角下社会组织内部多元协同监管模式研究》，载《华东经济管理》2019 年第 5 期。

② 蒋光祥：《水滴筹丑闻不能阻断网络公益救助》，载证券时报网，http：//www. cs. com. cn/xwzx/msxf/201912/t20191209_6006249. html，2019 年 12 月 24 日访问。

③ 乐承忠：《医保基金预算问题及对策研究》，载《中国乡镇企业会计》2016 年第 12 期。

3. 公众监督："阳光医疗"社会价值的实现

医疗、医改、医药"三医联动"的改革理念是深化医改工作的要旨，其效果的实现在于人的感受，建立完善的多层次的社保、医保体系，才能让"人"自由流动。普通公众在新一轮医疗改革过程中，既是医疗改革效果的受益者，也是改革过程中的建设者。随着我国多层次医疗保障制度的不断完善，商业补充医疗保险逐渐引入，医疗服务市场竞争性格局的初步形成，公众作为监督者，其信息来源具有局限性，所获取的信息可靠性以及时效性缺乏验证，针对这种情况，传统的医疗机构以及新型的互联网医疗机构或平台应主动接受政府或第三方机构审计，建立信息公开制度，保障参保患者知情权，引导医疗市场实现良性竞争。

另外，信息公开的途径与形式应具有多样性和惠民性。信息化时代，大众获取的手段具有明显的时代性，即不同时代的公众对信息的认可方式不同，政府及广大医疗机构的信息公开应当以官网发布为主，辅之以社交媒体平台运用，同时保留纸质化发布。与此同时，公开的信息应由政府或医疗基金管理机构预先制定一系列的信息公开指标，如门诊费、手术费等实际费用以及各疾病的治愈率、费用的预期费用，使得公众在多层次医疗保障体系下根据自身的实际情况选择合适的医疗保障制度，并通过亲身经历对现有的医疗保障制度提出建设性意见，共同建设"阳光医疗"，使得医疗基金的实际使用透明化，有利于对医疗基金的使用进行核实，引导社会资本的规范化运作。

(三)加强惩罚性制度建设，净化多层次保障体系运行环境

国家医保局数据显示，2019 年已发现并处罚违规定点医疗机构 10.3 万家，直接追回医保基金及违约金共 28.7 亿元，处行政罚款 2.4 亿元，由此可见，在国家严厉打击欺诈骗保的高压态势下，仍然存在严重的违法违规行为。对此，医疗基金除了予以综合监管之外，还需加强惩罚性制度建设力度。

惩罚性制度建设注意使用环境应包括技术层面对医保证据链的搜集与保护，加强对医疗基金的智能化监控、现场检查、资料归档、投诉举报等多种形式，使得骗保行为无所遁形。骗保行为屡见不鲜，其根本原因在于经济利益的驱逐，惩罚性制度建设应当提高行政处罚标准与力度。目前，对欺诈骗保行为进行规范的法律为《中华人民共和国保险法》，而对“水滴筹”为代表的社会公益医疗基金的管理适用的法律为《中华人民共和国慈善法》，二者对于如何认定欺诈行为未有具体的标准。基于医疗基金所存在的风险，政府相关医疗基金管理机构或组织应从各地实际情况出发，规定定点医疗机构及其工作人员、相关投机人员欺诈骗保的行为类型及其构成要件，提高欺诈骗保的行政处罚标准与处罚力度，凸显行政处罚的惩戒性，使得违法成本远大于其投机所得，充分发挥惩罚性制度的教育与防范功能。此外，惩罚性制度建设的出发点要基于医疗基金的公益性，在制度上弱化医疗机构或相关组织的逐利性，强化对医疗机构或相关组织的财务制度、运营模式的制度性监管，避免滋生医疗基金的逐利风险与动机，净化互联网多层次医疗保障体系的运行环境。

（四）建立信用管理制度，降低互联网医疗资源统筹平台风险

信用管理制度兼顾对违法违规行为的惩戒与对举报监督者的奖励，我国的信用管理制度近些年来取得了巨大进步，信用管理制度主要用于银行业务办理、企业信用制度管理等经济风险较高的领域，而在医疗卫生服务领域体现较少。在互联网多层次医疗保障体系框架下加入对医疗机构及其工作人员、医疗基金管理机构及相关服务组织、受助人等医疗行为的信用管理制度，将有力地防范医疗基金风险，规范医疗行为。信用管理制度下，对违法违规行为人的惩罚应当与其声誉、经济利益相挂钩，对于欺诈骗保、编造虚假信息筹集社会资金的“老赖”行为应当取消其已享受的行政便利、限制其财政补贴、购买不动产等便利。医疗服务保障领域的信用管理制度与其他领域的信用制度相挂钩，通过改革弱

化不同制度间的适用壁垒，实现“牵一发而动全身”的制度效果。另外，对于信用良好、对医疗保障制度的建设起到积极作用的社会信用主体采取激励措施，如相同条件下享受公共服务具有优先权、业务办理方面适当采取“容缺办理”等措施。

信用管理制度的良性循环，关键在于对患者信息真实性的认定。普通传统医疗保障体系下，患者信息的真实性由医疗机构直接审核，在此模式下，医疗基金管理机构对医疗机构存在着“完全信任”，而这仅限于政府主导的社会基本保险制度等基本医疗保障制度，无疑对城市多层次互联网医疗保障体系下主体资格认定提出了新的要求。互联网医疗保障体系，包含了社交模式下社会中筹医疗救助等新形式，对受助主体的真实性、医疗机构的审查应当更为严格。信用管理制度与患者信息紧密联系，公民本着诚信参与社会医疗保障救助，在不损害社会公共利益的前提下，平等地享有受助资格，并以此推动新型大众式的医疗资源投入；反之，医疗救助投机行为的实施则是信用管理制度严厉打击的对象，信用经济所赋予信用特殊的社会价值，已被社会大众所认可，且在经济生活中地位逐渐提升，资格认证其实是对受助人信用可信度的评价标准，因此，充分发挥信用管理制度在多层次医疗保障体系建设过程中的作用不容忽视，信用管理制度助推互联网医疗资源统筹平台地风险防范是其应有之义。

此外，多层次医疗保障体系下各个层次需要融合，基于大数据技术，统筹城市各个区域之间、不同城市之间医疗资源以及医疗基金的统筹使用。互联网数据平台的建设与使用，实时监控医疗基金的流动，从而保证政府相关机构对各个制度下医疗资源的合理调度，实现城市医疗保障制度的横向与纵向协调。横向协调重点解决医疗资源地区分布不均，即通过大数据对上一年的数据分析，在对地区医疗预算科学制定之后，统筹不同区域之间各项保障的支出与收入；纵向协调通过对一个区域内不同层次之间资源的整合，根据不同患者的实际情况，选择合适的医疗救助方式，运用大数据平台提升救助的效益。诚信机制是大数据平台的基石，大数据平台的真实性、可靠性来源于医疗基金管理机构、医疗机构与患者之间契约的真实性，健全诚信机制是多层次互联网医疗保障体系构建过程中的另一个重点，既是对患者负责，也是对是助人行为的反馈，从而保证互联网医疗资源统筹平台的合理化运营。

四、结语及展望

现代城市的发展日趋复杂，城市人口构成的多样导致城市多层次的医疗保障体系的服务对象多样：原城市人口、大学生群体、进城务工子女等，而多层次互联网医疗保障将极大地改善受助人的身份认证、救助机构的合法验证以及医疗机构的合法运营的境遇，促进了传统多层次医疗保障体系的转型升级。

医疗保障体系主要涉及医疗资源与医疗基金两大支柱，依法治国的法律背景下，新一轮的医疗改革在医疗资源方面应增加投资，保证医疗产品及服务地供给；增加卫生人员的培训经费，以提高目前的公共服务水平与覆盖面，充分利用现有的医疗资源；强化医疗队伍和医疗产品服务的准入制度，规范性运营。① 在医疗基金方面，则应加强对其的监控力度，打通现有的医疗保障制度壁垒、进一步简化医疗保障程序的同时，通过综合防范预测机制，对医疗基金多维度监控以及对参保人定向追踪；利用大数据应用研究成果，统筹医疗基金的配置。基于城市的视角，多层次互联网医疗保障体系致力于构建一个监管有力、医疗保障有效的制度框架，通过对资源的整合统筹、结构优化，使得现有的医疗保障制度更加迎合城市发展所带来的系列问题，建立完善的社保、医保体系，是伴随城乡一体化、协调发展所必须解决的现实问题，其根本目的在于“人”的自由流动。

---

① 韩留富：《农村医疗保障制度的变革、创新及政府调控》，载《中国矿业大学学报(社科版)》2003 年第 1 期。

武汉市社会治安防控体系的实践困境与路径选择

孙　笛*

【摘要】以治安为基础的社会公共安全是市民社会最根本的需求，治安职能是每个国家最为核心的职能之一。当前我国各地深入推进社会治安防控体系建设，均取得不同程度的成效。其中，武汉市社会治安综治工作成效显著。但社会治安防控建设中仍然存在一些容易被忽视但又十分关键的问题。因此，武汉市社会治安防控模式在新时期挑战与机遇并存。

【关键词】治安防控　立体化　信息防控　源头管理

中华人民共和国成立后的社会治安防控，主要经历了社会治安综合治理模式、社会管理综合治理模式下的立体化社会治安防控。随着经济全球化趋势的深入发展，世界正发生着深刻变化。同样，随着改革开放的深入和社会主义市场经济的发展，我国经济社会也发生了深刻变化。从世界范围看，人口流动的范围和速度不断加大，跨国跨境流动更加便捷，恐怖主义等跨国跨境犯罪活动愈加猖獗；从国内范围看，经济社会发生的深刻变化使维护社会稳定，协调各方利益，处理各类矛盾的困难增多，社会治安面临着更加严峻、复杂的形势，治安治理的难度大大增加。

---

* 孙笛，1983年生，女，河南洛阳人，湖北大学政法与公共管理学院讲师，法学博士，应用经济学博士后，研究方向为刑事司法和社会治理。

一、武汉市社会治安防控现状

武汉是湖北省省会，中部地区连接南北、承转东西的特大的中心城市，它的建成区面积大，城市人口多，交通发达，是全国人、财、物流通的枢纽之一。虽然具有地理区位优势，是全国重要的制造业基地，但与东部、南部大城市相比，周边城市群尚未发展成形，省内及周边省份大量低层次务工人员的涌入，对城市管理，尤其是社会治安形成很大压力。作为武汉经济圈的政治、经济、文化、交通、信息中心，在开放、动态的社会环境中，社会面上的各类治安问题相对集中。目前，武汉市的社会治安防控体系由社会面动态防控网、社区安全防控网、单位内部防控网、公共场所防控网四张网组成，是集防范、打击、管理、服务四大功能为一体，诸警联动、公私结合、专群互动、覆盖面广的整体防控网络，社会治安防控基本框架为：

第一，以巡逻车为重点，建立了"五警联动"的社会面防控网。全市社会面巡逻体制进行了优化，组织巡逻、刑侦、社区、消防、交通等"五警"上路，加强社会面的巡逻控制。一是将增加实行24小时控制巡逻车。统一警车标识、警灯，为巡逻民警配备手枪、手铐、电台、防卫器、警棍"六大件"装备，由市局指挥中心统一调度，协同作战，快速出警和围堵暴力犯罪的能力明显增强。二是全面实行派出所巡逻民警、社区民警配带警用器械开展巡逻和社区警务工作，建立派出所、分局(处)和市局领导参与巡逻制度，促进巡逻工作的落实。三是开展"便衣警察在行动"活动。抽调刑警在全市发案突出的部位和治安复杂的重点地段布控守候，抓获现行。四是启动消防车辆站外流动执勤工作。抽调抢险救援车上街流动执勤，发现和受理巡逻路段火警，快速扑救初期火灾，协助妥善处置各类治安灾害事故。五是交通民警发挥公开管理的优势，策应街面治安巡逻工作，对无牌无证、假牌假证摩托车开展盘查、检查，打击街头骑摩托车抢劫、抢夺及盗窃摩托车等违法犯罪活动。通过采取上述措施，有效地提高了公安机关在动态治安条件下整体作战和驾驭社会治安的能力，实现了警务模式由被动反应向主动预防的转变。全市 110 有效报警量由过去每周 2.3 万起左右下降到目前 1.7 万起左右，社会面的抢劫、抢夺、扒窃类报警明显减少。

第二，以人力防范为重点，建立“警民互助”式的社区防控网。社区是预防、控制犯罪的前沿阵地。加强社区治安防控网建设，必须以发动群众参与遏制犯罪为基本点，以建立新型的警民关系为着力点，提高公安机关预防、控制犯罪的能力。实践中，坚持以警民互助式的人力防范建设为重点，全面实现工作重心向防范、管理和群众工作的转移。一是在中心城区分局和远城区分局城关派出所的责任区推行警务联勤制，将辖区内相邻 3~4 个责任区组成一个联勤片，由轮值长协调组织联勤片的人口管理、信息收集、治安管控、安全防范、群众工作等各项警务工作，建立基层派出所“警务联勤、治安联管、服务联办、信息联通”的勤务方式，形成防范和管理工作的合力。二是推行警务区自行车巡逻。全市以警务区为单位，以安保队员为主，组建自行车巡逻队，在辖区联通道、小区院落、进出口通道以及易发案部位开展巡逻。三是整合社会资源，社区防范工作走专业化、社会化、市场化的道路。积极推行物业管理、小区封闭式管理、单位包宿舍等三种防范模式，大力发展以治保、安保、保安等人员为重点的专业化的辅警队伍。在责任区民警的带领下，以外来人口和房屋出租户管理为重点，强化实有人口管理，有效防范外来人口中的违法犯罪活动，推行社区安全防范夜查督导制度和高发案社区“专家会诊”制度，做好社区治安防范工作。

第三，以科技防范为重点，建立“联防联控”式的单位内部防控网。单位内部防控网是针对可能发生在机关团体、企事业单位、重点部位和要害目标的刑事案件和治安灾害事故而建立的预防、控制网。以商业门店、金融单位、利税大户等作为重点，积极落实人防、物防、技防等“三防”措施，提高内部单位防范能力。一是深入贯彻《企业事业单位内部治安保卫条例》，指导、监督治安保卫重点单位落实风险等级和技术防范标准，实行重点保护，加大对重点企业、利税大户保护力度，严厉打击滋扰企业正常生产经营的违法犯罪活动，创造良好的治安环境。二是定期对金融、证券、商场、超市开展安全检查，彻底整改隐患，督促其采取聘请保安、安装监控探头等有效措施。目前，武汉全市金融网点110联动报警装置安装率达100%，全市148家1000平方米以上的大型超市、商场全部安装电子监控系统。三是在商业门点实施“门铃人”联防模式。广泛动员门点业主和单位负责人加固自家门，配强值班人，安装简易报警电铃、遥控开关电铃、全智能红外线报警电铃等技防装置，实行一户一铃，3~5户一联，轮流派人值班巡查，形成“警铃一响、一呼群应、八方支援”的联防互助效果。

第四，以阵地控制为重点，建立“信息管控”式的公共场所防控网。强化阵地控制是预防和减少发案的重要手段。实践中，以推行公共场所分级分类管理为突破口，建立高效灵敏的信息管控机制，严格公共场所长效管理措施，落实责任，确保安全。一是建立公共场所分级分类管理制度，根据场所类别、规模，确定分级管理任务和责任，建立长效管理制度。将全市110报警台受理的治安类报警、新闻媒体曝光和群众投诉的治安问题作为信息源，及时分析治安管理工作中的问题，并发布预警信息，对治安问题突出的行业和场所在公安网上进行公示，并向所在地分局和派出所下达督办通知，限期整治。二是推行电动警车巡逻。在江汉路步行街、汉口、武昌江滩等地区组建电动警车治安巡逻队，开展治安巡逻。三是建立突出治安问题排查预警制度，对全市重点地区定期分析、预警。在车站、码头、大型商业市场、大型广场安装电子监控措施，及时发现、整治突出的治安问题。

二、新时期武汉市社会治安治理体系存在的问题

武汉市提出构建一个完善的社会治安防控体系。毋庸置疑，通过不断地强化和完善已经初步形成了具有武汉特色覆盖面广，打击力度较

强，成果较好的社会治安防控体系，尤其是社区警务改革，“三方通话”快速出警，每周警情通报制度①，“民意无盗”②治安防控模式等成为具有地方特色的社会治安防控方法。但是，在实践中也出现了一些较为突出的问题，主要有过于依赖治安防控的硬性措施、治安防控地域的局限性、忽略治安防控效应等。这些问题的出现对武汉市社会治安综合治理目标实现提出了挑战。

（一）过于依赖治安防控的硬性措施

武汉市先后进行了社会治安视频监控一期、二期建设，全市视频监控探头已经达到 100 万个，2017 年 4 月全市启动社会治安视频监控三期建设。根据方案，至 2020 年全市将建成“全域覆盖、全网共享、全时可用、全程可控、智慧应用”的社会治安视频监控系统。但是，视频监控仅仅是立体化社会治安防控体系的一部分，并不等同于信息防控。视频监控设施具有更新快和成本高的特点，信息搜索功能耗时耗力，共享能力差。更为重要的是，视频监控在保护公民隐私方面缺乏相应的制度保障，缺乏严格的管理。只有把视频监控与人口基础信息库、实名登记制度、社会信用代码制度以及物联网结合实现互联互通以及信息共享机制，才能发挥信息防控的功能。因此，信息防控才是立体化社会治安防控体系发展的方向而非视频监控。

---

① 每周定时在新闻媒体发布一周警情，通过分析 110、122、119 报警台一周受理报警的数量及所占比例，将典型案件发案重点路段、时段向市民公布，配上警方提示，提高市民自我防范意识和能力、减少其受损失和侵害，同时对基层公安机关形成责任和督促。

② 江汉区民意派出所完善了“民意无盗”的治安防控模式，群防力量占辖区人口的 17%，在武汉各派出所中高居首位；该派出所完善物防、技防措施，实现了辖区电子监控全覆盖，盗抢等各类治安、刑事发案率在该市均为最低。这种治安防控模式得到了公安部领导的充分肯定。

(二)忽略治安防控效应

现有治安防控体系对效应的忽略包括不关注防控的社会效应和不重视防控的经济成本以及治安防控交易成本高三个方面。第一，对社会效应的忽略。目前网络电信诈骗日益猖獗，公安部门为了预防网络电信诈骗会教育群众不要相信陌生人，尤其是在官方网站和微信公众号公开“6 个一律”和“8 个凡是”以提醒公众在接到自称公检法的人电话时，一律不接，一律不信。这就造成民警给当事人打电话时往往受到当事人质疑，严重影响执法办案的正常展开。第二，对经济成本的忽视。作为社会控制的重要组成部分，社会治安防控亦应关注成本—收益，不能不计成本不重视实际经济效益。高投入的结果如果是低产出则会造成巨大的浪费以及治安防控边际效应的递减，在占有社会资源的同时对治安防控的效益缺乏科学的评估与解释。第三，治安防控交易成本较高分别体现在公安机关和其他政府部门之间缺乏实质的有效的协调和沟通联系以及行政架构导致的行政效率较低两方面。

(三)对轻微违法犯罪的打击缺乏应有的重视

现有治安防控体系建设中对重大刑事案件和群体性事件的查处较为重视，对影响社会治安和群众安全感的轻微违法犯罪缺乏应有重视，主要存在不处理和不依法处理两种现象。不予处理的情况主要体现在应当依据《治安管理处罚法》可以处罚的行为，公安机关往往定性为不文明行为而不予处罚。强制权力应当介入而没有介入会造成诸如景区宰客、黄牛党等影响地区安全感行为屡屡发生。见危不救行为越来越多，见义勇为行为越来越少，正是由于没有依法律规定的刑事处理诬告陷害和敲诈勒索分子，导致人们不敢对危难中人进行救助，公共道德观念更加淡薄。不依法处理体现在用简单直接的防控措施代替法律规定的形式处理轻微违法犯罪行为。例如在交通路口安排交通协管员和护栏、卷闸等做法虽然暂时解决了行为不遵守交通规则的行为，但只是通过阻拦物来阻断行人闯红灯，反而导致行人对是否闯红灯的判断根据是否存在阻挡物，并没有从根本上解决问题。

三、武汉治安防控模式的完善路径

目前我国正处于经济体制转轨、社会体制转型的历史时期，社会治安防控体系建设面临重大挑战。成熟的社会治安防控体系应当符合社会发展的基本价值判断，回应社会管理创新的时代需求。武汉市的立体化社会治安防控体系建设应当以社会管理创新理念和实践为引导，选择好发展路径。

(一)宏观层面围绕经济社会发展和社会治理创新战略开展

首先，坚持服务经济社会发展。立体化社会治安防控体系建设离不开良好的经济社会发展环境。虽然国家制定实施的经济社会发展政策，如转型发展、促进就业、社会保障、文化教育等，并不是直接以控制违法犯罪为目标和价值取向的，但对减少违法犯罪具有决定性意义。因此，立体化社会治安防控体系建设的规划、目标、策略等宏观决策，要与国家政治、经济、社会、文化建设相适应，坚持做到服务国家经济社会发展，维护国家经济社会发展大局。只有国家经济社会全面发展，社会财富极大丰富，才能使我国早日跨越“中等收入陷阱”，也才能从根本上减少社会矛盾和违法犯罪诱因，为立体化社会治安防控体系创造根本性的基础。

其次，坚持社会管理创新。当前世情国情党情发生了深刻变化，社会管理创新的基本任务是在党委领导、政府负责、社会协同、公众参与、法制保障格局下，以创新的思维协调社会关系、规范社会行为、解决社会问题、化解社会矛盾，以促进社会公正、应对社会风险、维护社会秩序、促进社会和谐、保障人民安居乐业。社会治安防控体系建设不仅是公安机关的一项警务部署，更是以人为本、社会协作、公众参与的长期警务战略，与社会管理创新的根本目的和价值取向是一致的。立体化社会治安防控体系建设应站在社会管理创新的高度，与社会管理创新紧密衔接，运用社会管理创新的理论、方法和手段，坚持社会管理创新实践，推动立体化社会治安防控体系建设的创新和发展。

最后，坚持社会治安综合治理。立体化社会治安综合治理的基本任务是，在各级党委和政府的统一领导下，各部门协调一致，齐抓共管，依靠广大人民群众，运用政治、经济、行政、法律、文化、教育等多种手段，整治社会治安，打击犯罪和预防犯罪，维护社会稳定。立体化社会治安综合治理是解决我国社会治安问题的根本途径，是全局性、长期性的治安战略方针。立体化社会治安防控体系建设作为社会治安综合治理的重要组成部分，是将社会治安综合治理方针、任务、目标、要求具体化的配套工程，应当纳入到社会治安综合治理的大格局中，在总结以往经验教训基础上，改进工作方法，走出创新和发展之路。

（二）中观层面建立完善多层次和高效能的运作机制

首先，建立基本机制。这是立体化社会治安防控体系的主体骨架，也是社会治安防控体系进一步完善的主要体现。社会治安秩序随社会发展具有动态性或波动性，这种动态性和波动性有时在某些领域和范围内反映突出，并导致一些社会问题复杂和多发，影响社会治安秩序。为有效应对社会治安秩序的动态性和波动性，立体化社会治安防控体系建设必须建立完善一系列基本制度，包括街面巡逻防控网、城乡社区防控网、单位和行业场所防控网、警务合作网、技术视频防控网、虚拟社会防控网“六张网”，以及社区导向警务、问题导向警务、情报导向警务、民生导向警务等机制，以形成对社会治安秩序控制的强力支撑。

其次，建立应急处置机制。“现代性产生稳定，而现代化却会引起不稳定。”①当今我国的经济结构已经是工业化社会的中期阶段，但社会

① ［美］塞缪尔·亨廷顿：《变革社会中的政治秩序》，李盛平等译，华夏出版社1988年版，第35页。

结构还是工业化初级阶段。我国目前所处的新阶段特征，是经济快速发展和社会矛盾多发。社会矛盾多发不仅对社会治安构成威胁，而且很难通过体制内部机制消化解决，建立应急处置机制便成为当务之急。作为处置突发事件的特殊形态，立体化社会治安防控体系应急处置机制建设应当在党委和政府领导下，建立科学灵敏的预警机制、权威高效的指挥机制、协作联动的处置机制，依法承担对社会矛盾和社会冲突的化解及控制职能，维护社会和谐稳定秩序。

最后，建立保障机制。保障机制是确保社会治安防控体系良好运行的必要条件。在立体化社会治安防控体系基本机制和保障机制的关系上，保障机制或许更为重要。因为立体化社会治安防控体系的基本制度需要一定的运作和维护条件，才能发挥出整体功能，使处于分散状态的局部效应得到整合，实现"整体大于部分之和"的系统优势。保障机制包括：情报信息预警机制、警务实战指挥机制、实战勤务运作机制、区域警务协作机制、教育培训机制、警力倾斜基层机制、警务改革创新机制、科学决策机制、社会监督评估机制，等等。

(三)微观层面突出基层基础工作重点

立体化社会治安防控体系建设是综合性的基层基础工作，其核心要求是改进工作方法，用更多的人力和精力，突出对人、地、事、物、组织等治安要素的源头管理。一是有针对性地加强对不同人员的服务与管理，要通过实有人口、实有房屋全覆盖管理模式，做到对社会治安要素底数清、情况明，对实有人口行知去向、动知轨迹。

二是加强对治安复杂地区和场所的防范与管控。要深入研究社会治安重点场所、社会影响力较大地区、群众不满意地区的违法犯罪规律，采取针对性的防范和打击措施，控制和减少违法犯罪机会和条件。据武汉市统计局统计，武汉目前高等院校已发展到85所，在校大学生和研究生总数已达到118.33万人，占全国在校大学生和研究生总数2473.1万人的4.78%，不仅在全国15个副省级大城市中名列第一，而且还超过了北京、上海、天津、重庆四个直辖市暨国家中心城市，超过了美国纽约、英国伦敦、俄罗斯莫斯科、法国巴黎、德国柏林、日本东京等知名国际大城市，位居全国全球大城市中第一名。① 目前，各高校内部以及高校聚集区高校之间治安存在人员骤增、层次复杂，校外闲散人员多，高校周边违法经营商贩多、网吧多、往来车辆多、社会青少年来校作案多等特点，因此学校自身需要建立健全各项规章制度完善责任制；构建以技防为主的防范体系——电脑网络、电视监控、通信联络、防火报警系统，校园内的主要公共场所和重点要害部位都安装了监控装置，一有案情可以做到快速反应、及时处理；对师生员工进行经常性的法治和安全防范教育。同时，政府应当高度重视并给与支持：明确管理权限，协调管理机制以及运用现有的管理机制规范学校周边的管理活动。

三是加强对社会矛盾的调处与化解。要发挥基层单位零距离服务群众、近距离防范违法犯罪的优势，依托现代信息技术和情报信息系统，及时准确掌握重点地区、领域、行业内的突出社会矛盾，并通过人民调解、行政调解、司法调解等手段，有效化解和处置。虽然近年来武汉一直推进城中村改造，但由于城中村涉及问题复杂，困难较多，城中村拆迁后一些还建小区中人流量依然巨大、复杂。由城中村、还建小区引发的环境、治安、社会保障等问题，也严重拖慢了武汉现代化进程的步伐。② 其中，除了继续加大对城中村、还建小区流动人口租房登记信息的备案与掌握力度外，对由于拆迁问题引发的恶性刑事案件和群体性事件的防控应当成为近期一段时间社会治安防控的重中之重。

四是加强对虚拟社会管理与控制。要紧跟虚拟社会发展变化趋势，建立网上实名登记、网上巡逻监控等机制，综合运用法律、行政、经济

---

① 翁晓波、王少海、丁冲、夏静：《武汉在校大学生人数在世界城市中名列第一》，载科学网，http://news.sciencenet.cn/htmlnews/2011/11/255511.shtm，2019 年 1 月 20 日访问。

② 东晓、王洁：《新型城镇化进程下城中村“双面性”的治理研究——以武汉市东湖新村为例》，载《决策咨询》2020 年第 1 期。

等手段，维护网上虚拟社会良好秩序，打击网上违法犯罪。

五是加强对社会组织的服务与管理。发挥社会组织在治安防控工作中的积极作用，是社会治安防控体系建设的重要内容。社会组织是政府职能转变的重要承接主体，公安机关既要加强与其良性互动与密切合作，又要加强对其的管理服务，防止不良社会组织与政府唱对台戏，甚至挑起社会事件。2013 年 3 月 20 日，汪集街堤围村八组一村民家中电线短路引发火灾，按“#9”报警，不到 2 分钟，30 多名村民立即前来救火，避免了一场毁财伤人事件。“十户联防”就是在一家的电话机上存在应急键“#9”，电话旁张贴着与其共同联网的其他 9 户人家的电话号码。如果一家遇到急难，只需按下家中电话的“#9”键，其他 9 户人家就会知晓，并立即过来帮助。新城区居民地处偏远，家中多空巢老人或留守儿童，将邻近的住户组成 10 户一组联网，一旦有人求助，确保及时提供帮助。“十户联防”治安体系在 2020 年战疫期间发挥了重要作用，具有向全市推广具有必然性和紧迫性。①

另外，还要处理好大案与小案的关系。公安部新闻发言人曾用“沙滩理论”对社会治安秩序进行过解读，即沙滩底部是社会秩序，上一层是治安案件，再上一层是刑事案件，最高一层才是大案。而事实上，多发性犯罪案件防控才是衡量社会治安防控体系建设效能的重要指标。因此，要从提高社会治安防控体系效能和公众安全感双重标准出发，改变基层公安机关对小案件侦破投入不足的状况。

社会治安防控体系的建设是维护国家安全和社会长治久安的一项基础性工程，也是破解当前公安工作面临的难题，促进公安事业科学发展，提高公安机关驾驭复杂局势能力的一项保障性工作，同时也是保障人民群众安居乐业的一项民心工程。党的十八大报告关于加强和创新社会管理工作中明确指出：“深化平安建设，完善立体化社会治安防控体

---

① 董晓松、谭雪姣：《湖北社区战“疫”见闻：“十户联防”密织防控网》，载中国新闻网，http：//www. Chinanews. com/sh/2020/01-30/9073264. shtml，2020 年 1 月 30 日访问。

系，强化司法基本保障，依法防范和惩治违法犯罪活动，保障人民生命财产安全。”社会治安综合治理是社会治安防控体系制度性建设中不可或缺的一部分，在社会治安综合治理更名为社会管理综合治理，确认综治委社会管理的宽口径的同时，社会治安防控体系必定要向立体化趋势发展，实现对社会治安的多层次、全方位、全时空的有效覆盖。由于我国改革发展正处于攻坚阶段，也正处于经济与社会双重转型的特殊历史时期，在当前及今后一个时期，影响社会治安的各种因素仍将大量存在，社会矛盾呈现复杂多变的发展态势，维护社会稳定的任务依然繁重。在此背景下，加强对社会治安防控体系立体化的研究，对理论研究与实证研究成果进行有效整合对于维护社会持续稳定，全面建设小康社会，构建和谐社会，保障中国特色社会主义现代化建设的可持续发展，有着重大的理论意义和紧迫的现实意义。

城市房产税立法的可行性研究

陈星月*

【摘要】我国城市房产税改革引发诸多争议，以房产税立法最为突出。分析我国的现状，能够挖掘出我国城区适宜推行房产税法的条件：从法学理论的角度看，城区房产蕴含充足的收益，且适应公益性的社会倾向，满足可税性的两大要求，同时反映了税收法定与税收公平的宪政思想；就政治环境而言，国家已经将房产税纳入立法计划，作为房产税征收的基础不动产登记制度相当完备；从经济层面分析，房地产行业市场繁荣，前景可观，房产类型固定便于征税；以社会现状来看，安土重迁观念影响深远，国域内外经验丰富，纳税意识深入人心，征税历史悠久，这些社会因素利于城市房产税推行。综上，我国城区实施房产税法的确可行。

【关键词】税收　城市房产税　课税对象　纳税人

一、我国城市房产税立法的法理依据

(一)房产的可税性理论分析

根据国际上公认的原则，任何税种的开征背后必须有该税种可税性

* 陈星月，湖北大学政法与公共管理学院 2016 级法学专业本科生。

的法理学依据作为支撑，房产税也不例外。一般来说，国家在确定税种和征税范围时，主要考虑两大因素：一是收益性，二为公益性。收益性要求国家立法机构制定新的税法时必须遵守一个底线，即纳税义务人基于此种课税对象会享有利益。“由于税收活动实际上是对社会财富的分配和再分配，因此，只有当存在收益时，才可能有收益的分配问题；同时，也只有存在收益，才可能有纳税能力，而只有在向有纳税能力的人课税，真正实行‘量能课税’的情况下，课税才会被认为是合理的，才是具有合法性的，从而也才是可税的。”①然则，在现实中，该因素的要求并非如此简单，收益考量起来较为复杂。事实上，就整个社会而言，当前的一切事物均可以为其所有人、使用人等带来不同程度上的经济收益，这就意味着国家范围内的所有物体都存在成为征税对象的可能性，便解决了收益性的较为浅显的问题。当然，此处的收益并不能局限在经济利益之上，还应包括所获得的心理安慰、社会名誉等非财产利益。比如，城市的居民可以通过出租等方式，获得基于自有房产产生的各项经济利润；也可以通过占有房产而获得社会名誉等非经济收益。国家征税不仅要求存在收益，且强调所获收益的大小。倘若受益者前期在该物上耗费的经济支出与后期所获收入相比，入不敷出，而此时，国家决定对这些受益人进行征税实属不公，毕竟，该收益人不仅在前期取得或者保存某一物种时有所付出，在后期的纳税环节亦要承担对于国家的税务负担，事实上，此受益人围绕着该物种统共存在两份支出。因此，国家在决定征税时应当注重观察收益，尤其是前后支出与回报的比较。即只有当城市居民基于房产所获得收益高于在房产上的支出与可能的税收之和时，对于这些房产的受益者征税才合理。就我国城市的居民而言，大部分都能够基于房产获得较高价值的收益，满足税收的基本要求。

在解决了可税性第一层面的问题——收益性之后，应当着重分析公益性，这也是整个可税性原理研究中最为重要的因素。“税法必须符合

---

① 张守文：《收益的可税性》，载《法学评论》2001年第6期。

正义之理念，而为正义之法。”[①]公益性是指税种的课征应当符合社会公平正义的要求，具体而言，应当符合两个基本要求：征税正当和用税正当，前者强调税收目的科学性，后者注重税收用途的正确性。[②] 税收的目的直接关乎社会大众对于该税种乃至政府和国家的看法，应当慎之又慎。关于房产税征税的目的，财政部部长楼继伟撰文指出：“完善房产税等相关制度，有利于稳定市场预期，引导居民形成合理的住房消费，也有利于为地方政府提供持续、稳定的收入来源。”[③]而在域外，对于房产税征收目的的阐述多如牛毛，且形成了较为成熟的几种学说，尤以受益论为主流。“房产税被认为是一种‘受益税’，且天然地适合作为组织收入的地方税种。与此相对则是财产税新论，即房产税并非一种良税，它会扭曲房产市场的供需和地方财政政策。”[④]这些学说都在强调房产税对于居民的消费观念以及政府财政收入当中的作用，对于我国房产税立法具有借鉴意义。相比于税收目的而言，税收的用途更值得关注，它与国民的直观感受息息相关，不仅能够影响大众对于政府的评价以及国家权威的建设，更关乎政权的稳定以及国家的和平。税收的使用尤应注意，稍有不慎，后果不可设想。在城市生活的居民，对基于房产税所获得的社区服务更有体悟。城市房产税可以看做是该区域内的纳税人使用政府提供服务的使用费，也是纳税人获得政府建造的基础设施之后付出的报酬。由此可知，税收的用途并非毫无限制，它应当取之于民而用之于民。因此，国家在决定对城市房产制定房产税法时，应当广泛收集民众的意见，提供平台以便市民讨论房产税收的用途和去向。

从目前的我国的社会现状来看，城区内的房产的确存在可税性。就

---

① 黄俊杰：《税捐正义》，北京大学出版社 2004 年版，第 2 页。

② 参见刘剑文：《房产税改革正当性的五维建构》，载《法学研究》2014 年第 2 期。

③ 楼继伟：《建立现代财政制度》，载《人民日报》2013 年 12 月 16 日，第 7 版。

④ 转引自刘剑文：《房产税改革正当性的五维建构》，载《法学研究》2014 年第 2 期。

收益这一元素而言，房产在我国属于高端消费品，多分布于经济较为发达的城市，房价居高不下，而能够购买房产的多为收益较高者，故房主符合税收的首要条件。至于是全款购买还是分期支付，则不是考量的范围。即使贷款买房者也享有此房带来的潜在的、预期的收益。再者，我国目前正在构建服务型政府，国家更是将提高社会公共服务率作为重要政策指引，对于国民热切关注的医疗和教育更是投入巨大。鉴于此，可以肯定的是，城市内的房产税最终还是用于改善市民的生活水平。如此一来，城市内的房产便满足了税法最为基本的要求，城市房产征税切实可行。

（二）房产税征收的宪法学依据

宪法作为一国安身立命的总章程，对于国家的所有事务都做了明确的规定，税收亦不例外。然而，我国关于税收的规定只是第 56 条①，该条文只笼统地强调了纳税的必要性，而关于税种的开征以及税率，乃至税务机关等都未作规定。将房产税开征的宪法学依据局限于此实在过于狭隘，此时，则需要运用法律原则、法律精神等理论层面进行论证。

1. 税收法定的宪政原则

税收法定原则是近代宪政的标志，它是宪政制度的核心内容，也是现代社会限制国家权力以保证私人自由的法治要求。尽管税收法定原则至今已经有长达 800 年的历史，但是其对当今社会的影响力并未衰减，反而越发强烈，已经成为各国税法理论中最为重要的原则。税收法定原则缘起于 13 世纪孕育宪政思想的摇篮——英国，兴盛于文艺复兴时期，直至近现代，仍旧被民主国家宪政所采用，可见其生命力之旺盛。“税收法定主义的基本内涵是税定于法，无法则无税；法为税之源，税以法

① 《宪法》第 56 条规定：“中华人民共和国公民有依照法律纳税的义务。”

为先。”①具体而言，税收的种类、税基、税率乃至征税机关等都应当有明确的法律规定，即便是纳税人的税收优惠，也应当遵从法律条文。任何人、任何机关不得擅自征税，无法可依的征税行为无效。税收法定原则的内涵是不断演化的，是在历史发展中不断丰富的。日本学者北野弘久对于税收法定原则的演化作了较为科学的解读，将该原则的发展划分为三个阶段。第一阶段为传统税收法定主义，在该阶段，法学家认为只要按照法律规定的形式征税便实现了课税法律化，而具体的法律内容则不加以衡量。在该阶段，税收仅仅实现了形式意义上的法定，而未达实质意义上的法律化。鉴于此时理论的缺陷，第二阶段的学者在吸收了约束议会权力的精髓，重新界定该原则。此时，法学学者认为，税收法治化还应当遵守私人住宅权不受侵犯原则、量能课税原则。在这一时期，租税法治主义一跃成为税收法定原则的权威解读，它不仅强调立法机关在创制法律的过程中要恪守此项原则，税务机关的征纳活动也要遵守法律的规定，司法工作者在处理争议纠纷中更应当谨记。税收法定主义突破了以往重实体轻程序的致命性缺陷，使实体法与程序法实现了一致性。而到了现代，由于公民的私权意识的增强，纳税人对于基本权利的关注达到空前的高度，不仅强调征税，也关注于用税。法学家在此基础上从征税和用税统一的角度剖析税收的概念。② 经过各个时代法学者的努力，税收法定主义不断吸收营养，内涵也愈发丰满、合理。税收法定原则作为我国税法理论中的核心原则，也是我国房产税法出台的基础原理所在，为房产税法的制定提供了方向。

2. 税收公平的宪政原则

公平作为社会主义法治理念之一，它一度被视为现代法律的基本价

① 王世涛：《税收原则的宪法学解读》，载《当代法学》2008 年第 1 期。

② 参见［日］北野弘久：《税法学原论》，陈刚、杨建广等译，中国检察出版社 2001 年版，第 73~80 页。

值，指引近现代法律的发展与完善。公平不仅是法律正义与否的判断标准之一，更是评判社会善恶的前提。在国家征税的领域内，公平体现出来的则是税负公平，而对于纳税人而言，则意味着税负平等。尽管公平对于一个国家和社会而言相当重要，然而实际上，并不存在绝对的公平，税收公平追求的绝非完全的公平，而是让纳税义务人能够欣然接受征税中的不公待遇，这绝非易事。“制宪就是公平正义的政治结构的制度设计，宪法应当确定平等的公民权利和各种自由权。”①在罗尔斯看来，宪法是确定平等的首要举措。宪法平等原则要求，在立法机关制定的法律面前人人平等。税收公平应当广义化理解，既包括国家与公民之间的纵向的税收公平，也包括公民与公民之间的横向公平。② 前者要求国家在制定税法时注重平衡国家与公民之间利益的分割，缓解国家与公民之间课征关系的紧张度，做到张弛有度。具体就是国家在保证年度财政收入的前提下，最小程度地课税。后者则是强调纳税义务人之间地位的平等性。即所有公民均须依法享有税收权利和承担纳税义务，无论是税务管理的规定，还是税收优惠的政策，亦或者是实施税收的强制手段都应当对所有纳税人不偏不倚，依法而作为。尽管国民对于税收中的一些原则不甚了解，但是自古以来，我国尤为崇尚公平的价值观念，该意识已经上升到社会核心价值观中的一个要求。深受公平理念影响的市民在涉及自身利益时会尤为关注自己与他人的横向比较，这对于房产税法在全国的城市范围内推行具有重要意义。

(三)私人财产权不可侵犯的精神

谈论房产时，首先应当关注的是财产，房产与财产具有相似的属性，隶属于财产的项下。财产在公民与国家生活中发挥着重要的作用，于国家而言，它是政府对内管理、对外交往的基础；于国民而言，它是

---

① 转引自王世涛：《税收的宪政原则》，载《税务研究》2007 年第 6 期。

② 参见王世涛：《税收原则的宪法学解读》，载《当代法学》2008 年第 1 期。

衣食住行的条件，也是获得幸福的途径之一。财产作为一个体系，其内容不胜枚举，既包括有形财产，亦涵盖无形财产。房产的概念相较财产则显得较为狭窄，它包含的仅仅是以房屋作为标的物之上的存有经济利益的财产。美国第五宪法修正案和第十四宪法修正案中指出生命、自由和财产三项权利；我国《宪法》第 13 条则规定："公民的合法的私有财产不受侵犯。"由此可见，许多国家已经通过宪法规定的形式对公民的私人财产权加以保护。近些年，随着私人财产权研究的深入化，国民对于其关注程度日益高涨，房产作为财产的对象之一，更是处于争议的风口。不仅如此，房产作为我国当前经济发展的重要支柱，关系着整个国家的国计民生，与房产相关的内容应当固定下来，杜绝围绕房产的社会矛盾的现象。首先，房产税与财产税、住房税存在显著的区别。"房产税强调静态财产价值，忽略固定性和居住功能。即强调住房等不动产与其他私人动产所共有的静态财产价值，因而相同对待动产和不动产一并征税。"①财产税相较于其他两种税，尤其强调标的物之上的经济利益，标的物的性质则不加过问。房产税相较于财产税，两者均强调课税对象的静态的财产价值，不同点在于房产税的标的物性质须为不动产，且征税时存在社会公益性。房产税较于住房税，前者关注的是经济利益，后者则以房屋的稳定和居住功用为前提。由于房产税本身所具有的特殊属性，因此，不能以其他税种代替房产税。倘若企图以财产税抑或住房税涵盖房产税，则会造成税收领域内概念的混同，不利于税法体系的完善。再者，税收作为国家的一项重要权利，难免会存在被滥用的危险，只有通过法律将其固定，才能杜绝侵犯公民合法权利的现象。限权是法治建设过程中的首要条件，在宪政发展中不可忽视。"宪政的根本原则是限政与法治。宪政的核心特征就是对国家权力的法律限制。"②美国著名法学家斯科特·戈登在比较古罗马与雅典的政治制度基础上指出：

① 刘志鑫：《论房产税征税对象选择与税收减免——以税负平等为视角》，载《清华法学》2014 年第 5 期。

② 贺卫方等：《市场逻辑与国家观念》，三联书店 1995 年版，第 22 页。

“古代雅典可能是世界历史上第一个建立稳定、有效的民主政治的国家，并且值得赞扬的是，它开创了一种通过制衡的方式控制权力的制度结构。”①限权的思想由来已久，最初表现为英国的限制国王和议会的权力，近代，则主要强调限制国家的权力。近年来，限权的意识不断增强，已经为大众所追求，整个法学界都环绕着限权的声音，国家的各种文件更是常常强调。国家权力机关应当通过法律的形式将房产税的实施细则确定。实践中，房产税主要适用于城域内。一旦房产税法出台，国家的各种机关则必须遵循法律的规定，权力机关不得再制定有悖于房产税法的各种规则，税务机关也必须依照法条征税、实施税务管理，进而能够切实保护城市公民合法的权利。房产税的目的之一则在于保护私人财产。在我国私人权利意识高涨的今天，房产税法的出台亦在响应国民的呼唤，特别是满足了城市居民的法治要求。

二、房产税立法的政治环境

(一)国家政策与法律的支持

房产税的征收必须有一个明确的条件，纳税人与房产之间须存在财产关系。财产关系的确定依靠房产税法是无法完成的，它需要借助其他的法律文本进行辨析。我国 2013 年出台的《物权法》正是确定财产制度的基本法，该法的出台表明我国的私人财产的保护制度得到了完善，更是为我国房产税开征过程中辨别财产关系扫清了障碍。《物权法》对于土地上的使用权与所有权作了充分的明示，这为确定房产上何种权利者作为纳税人提供了依据。同时，《物权法》第 149 条规定：“住宅建设用地使用权期间届满的，自动续期。”该规定解决了土地所有权人与使用

① [美]斯科特·戈登：《控制国家——西方民主的历史》，应奇等译，江苏人民出版社 2001 年版，第 82 页。

权人之间的冲突，避免了纳税人不明确的问题的出现，这便于在城市切实实施房产税法，尤其是对于确定税基和纳税人具有必要的现实作用。除了已出台的法律条件外，房产税法的制定更有国家政策的支持。2017年，财政部长肖捷撰文提出要对工商业房地产和个人住房按照评估价值征收房地产税①；2019年，十三届人大会议上，栗战书指出要将房产税纳入立法计划。这些无不表明房产税法的制定已经成为一项既定的国家政策，房产税法的出台势在必行。基于以上法律和国家政策的支持，房产税法的制定不存在任何政治层面上的争议。这为房产税法创造了良好的政治条件。

（二）一元化的立法体制

“立法体制是指关于立法权配置方面的组织制度，其核心是立法权限的划分问题，即在一个国家中，哪些主体享有立法权或可以参与立法，各立法主体享有哪些立法权限。”②有的国家将立法权分配给国家与地方政府两级主体，例如美国的国会和州议会均可以就某一事项进行立法；有的国家则采用一元化的立法体制，例如我国，将立法权赋予最高权力机关，即全国人大及常委会。全国人大及常委会是我国基本法制定的主体，对于民事基本制度、经济基本制度以及税收的基本制度均享有独一无二的制定权。房产作为国民生活的重要场所，对于所有居民而言意义非凡；同时，房产税作为税收的一类，则是税收基本制度当中的一项内容，理应由国家权力机关进行立法。在我国一元化的立法体制下，房产税法的制定机关只能是全国人大及其常委会，而地方人大、人民政府均无权进行立法活动，这样既能保证房产税在整个国域内的统一性，也能减少地方机关的阻碍，使得房产税的开展能够有序进行。

---

① 参见肖捷：《加快建立现代财政制度》，载《人民日报》2017年12月20日，第7版。

② 付子堂主编：《法理学初阶》，法律出版社2015年版，第244页。

(三)不动产登记制度的完善

不动产登记作为物权法中的一项重要制度，成绩斐然，理论和实践均取得了较为突出的成就，不动产登记多存在于城市地区的房屋，目前，乡镇地区则无此项制度。不动产登记作为物权公示的手段，对于辨别不动产之上的物权人具有重要意义。有学说认为，“不动产登记具有双重含义，即物权法上的不动产登记与不动产登记法上的不动产登记，前者强调的是登记与否的事实状态，后者指的是登记机关实施登记的流程、过程，也就是法律上所说的登记程序”。① 作为房产税征收的基本条件的不动产登记，其关注的是在所有的房产进行登记过程中的程序性事项。我国在2015年已经出台了《不动产登记暂行条例》，这一行政法规对于不动产登记的具体内容、注意事项等均作了详尽的要求，迅速推进了不动产在登记范围内的发展，弥补了我国早前在登记过程中的缺陷。《关于地方不动产登记职责整合的指导意见》文件的下发意在解决登记机关的乱作为问题，纠正该部门工作人员在登记过程中出现的不恰当行为，对于提高机关人员的素质、强化登记官员的专业程度举足轻重。以上法律文件都是我国不动产登记制度体系的要素，宣告了我国物权公示的完整。不动产登记制度是进行房产征税的基础，尤其是不动产登记簿，该登记簿是国家查清房产之上的权利类型和物权归属的唯一依据。只有通过该登记簿，国家才能发现房产税的课征对象，分析税率和税基，决定是否进行税收优惠。我国在不动产登记领域内的成果为后续的城市房产税法的制定创造了必备条件。

三、房产税立法的经济基础

(一)房产市场的繁荣发展

经济基础决定上层建筑，税收的基础则是充足的课税对象。房产税

① 孙宪忠：《不动产登记基本范畴解析》，载《法学家》2014年第6期。

推行的前提则是房产行业的发展，具体而言就是既要房产的数量达到一定规模，还要房产领域内的产值能够不断增加。只有这样，才能保证国家基于这种较为特殊的不动产获得持续可观的财政收入。倘若房产业的发展时好时坏，国家看到了该行业的经济价值执意制定税法，那么势必会造成社会的不安定。事实上，在我国城市范围内，房地产行业欣欣向荣，产值更是与日俱增。近些年，我国的房地产持续发展，尤其是城镇新建住宅面积也在不断增加，这些都表明当前我国的房地产行业已经到了发展的鼎盛时期，我国房产税的开征正合时宜。综合来看，房产的数量与价值正是房产税征收的基础，房产领域内的持续不断的发展更是为开征房产税提供了充分的条件。

（二）房产类型的精准划分

当前，我国的房产可以划分为商品房、房改房、集资房、经济房、公租房、廉租房、安置房以及小产权房。基于这些种类，我国的房产税法可以针对性地作出具体的规定。此种划分的依据主要是房产的性质以及出资形式。就我国的国家制度而言，我国的土地所有权人是国家和集体，私人并不是土地的主人。在城镇，由于居民并不是土地的直接所有人，仅仅享有土地的使用权，这一土地状态短期内不会发生变化，以该事实为基础的城镇房产类型也相对稳定，短时期内不会发生显著的变化。基于这一社会现实，国家可以在城市内开展调查，结合实际情况有针对性地制定房产税法的相关实施细则。我国固定化的房产类型既利于房产税法的制定，也便于房产税法的施行。国家只需要确定各种类型房产的税基和税率，至于税收管理等制度不会存在较大差异。在房产税法的实施过程中，税收机关的工作人员不用面对冗杂而法律又未规定的新型房产，只需要确定所要征收对象的性质即可。

四、房产税立法的社会条件

(一)安土重迁的思想观念

自古以来，中国人对于房子就有着难以割舍的情结，将房子作为安身立命的必备场地。“安土重迁，黎民之性；骨肉相附，人情所愿也。”①房子已然成为安家乐业的基础。在我国国民的眼中，房子便是家，有了房子人生奋斗过程中的最大难题就解决了，其他的问题便能够迎刃而解。“富者田连阡陌，贫者无立锥之地。”②房子已然成为贫富的象征。当前，房子作为提高幸福感的重要工具，也是年轻人进行对象抉择的重要考虑因素。饱受安土重迁思想观念影响的当代国民，必然会选择在毗邻住宅的领域工作，而我国当前营业性住宅多集中在城市地区，且城区交通、就业等状况相较乡镇更优。随之而来的结果便是居民固守在自有房产的地区生活、工作。由此一来，一方面能够保证国家迅速、精准地对纳税人课收房产税；另一方面，会减少逃税、避税现象的发生，毕竟房产所有人基本上依附于该住宅，便于登记机关查询、管理。这为房产税的实施提供了方便，解决了房产税在适用过程中可能碰到的难题。

(二)国域内外的借鉴经验

2011年，上海和重庆开始试点房产税改革，这拉开了我国在城区内开征房产税的序幕。结合两地税收的实际情况，分析两地的税收管理办法，可以发现两者的不同之处。上海主要针对的是居民新购的二套房，关注的是增量住房；重庆则针对于独栋别墅公寓进行征税，关注的

---

① 班固:《汉书 · 元帝纪》。
② 班固:《汉书 · 食货志》。

是高档住房。对这两处进行试点的目的在于抑制房产行业内的投机行为，引导居民合理消费。“上海市 2012 年全年上海房产税收入约为 92.5 亿元，占 2012 年税收收入总额 1.04 万亿元的 0.8%，2011 年这一比例约为 0.7%。2013 年一季度上海房产税收入 22 亿元，2013 年上半年房产税收入高达 62.6 亿元。”①上海市的这次改革为其增加了可观的财政收入。“据相关资料统计，2012 年 1—6 月份，上海商品房销售面积和去年同期相比下降 13.8%；重庆多数高档住宅商品住宅楼盘访客量下降 30%~50%，且主城区应税住房交易价格也都有所下降，较房产税实施前同类房屋成交价下降 10.48%。”②沪渝两地通过此次改革，房产的价格有所降低，房地产行业内的不正当行为有所纠正，尤其是减少了投机行为，更是引导了居民良性合理的消费。两地在这次试点过程中取得的巨大成就表明我国开征房产税切实可行。此外，两地在这次房产税的改革过程中积累了丰富的可取的经验，为房产税在全国城市范围的开展有所借鉴。

英国作为老牌的工业国家，其开征房产税的历史较为久远，拥有一套比较成熟的税收管理体系，其在房产税的制定与实施中有着大量的经验值得中国进行学习。英国特别重视对于房产的评级，建立了科学的评估制度——分级计量法，结合社会现状，提出科学的划分依据。通过对房产进行分级评选，国家可以迅速地决定征收对象和计税税率，节省不必要的人员耗费，节约国家的财政支出。同时，由于该制度的准确性，英国税务机关在征税过程中能够减少不必要的冲突和矛盾，有效地缓解了国家与纳税人之间关系的紧张程度。美国在房产税领域内的创举则是建立了完善的评估制度，具有大量的税收评估师，且这些评估师隶属于县政府，是国家工作人员。税收评估师要经过专业的培训和考核方能上

---

① 李永刚：《中国房产税制度设计研究——基于沪渝试点及国际经验借鉴视角》，载《经济体制改革》2015 年第 1 期。

② 陈霞、边江璐：《浅谈房产税改革——以上海、重庆房产税改革试点为例》，载《财政金融》2013 年第 2 期。

任，这就要求其须具备卓越的工作能力和谨慎的工作态度。以上国家和地区在对房产进行税务管理过程中开创的制度和取得的成就为我国在日后的房产税实施中指明了方向。

(三)齐全发达的配套制度

房产不同于一般的财产，其价值更高，意义更加重大，导致房产税也具有不同于一般财产税的特性。因此，税务机关在对房产进行课税时应当审慎，尤其是对于房产价值的评估更是要严格谨慎。我国的社会现状是公民对于国家机关的信任度不高，两者之间的关系非常紧张，一味地主张让税收人员进行估值必然会造成民众的逆反心理，造成的结果便是社会纷争不断。此时，便需要专业的评估机构进行估价。我国对于房产价值的估算相当重视，已经将房产评估列为国家级考试之一，要求从业者必须具备该行业的职业资格证，且考试的内容涵盖了房子周边配套设施的分析。通过该资格考试的人员对于房产的了解程度较高，尤其是在评估方面更加科学谨慎。此外，我国还建立了统一的房地产估价行业管理信息数据库，实现公民对于自有房产价值查询的自主化、便利化、科学化，尤其是在房主对于税务机关推荐的评估机构存有疑问时，可以借助该网站进行答疑，寻找专业性的回复。同时，房产评估公司在我国的所有公司中占据一席之地，房产评估公司数量多，评估人员丰富，这些都是房产税在日后实行中的条件。除了完善的评估制度外，我国的信息公开化也是房产税必备因素。我国不仅有房产信息的查询网站，还有大量的软件设置如中指云、物业云、房天下等，民众可以通过种种设备在网上进行比对、查找和咨询。随着房产信息的公开，税务机关可以一站式寻找纳税人的信息，义务人也能够借助这些条件应对在缴税过程中遇到的不正现象。以上的网站和软件对于我国的房产税的执行可谓是如虎添翼。

(四)深入人心的纳税意识

经济发展的步伐愈来愈快，随之而来的是政治领域内的自主化和思想范围内的开放性和包容性。自改革开放以来，我国国民对于各种文化的接受程度日渐上升，尤其是英美国家的法律文化，更是民众所崇敬。作为法律文化中的核心所在，纳税意识已经成为衡量国家法治化的标准。就整个世界的现状来看，公民纳税意识强烈的国家其法治化的进展越快。一方面，我国在经济交流中越来越重视文化的借鉴与学习，民众在国际交往中吸收域外的意识形态，权利与义务观念愈发深厚，注重财产权保护的同时也自觉履行各种法律义务；另一方面，我国正在建设法治国家，尤其重视法制观念的宣传和普法活动的展开，法律教育活动已经成为中小学的课程之一。这些活动促进了国民守法意识的强化，在税收领域内的表现则是纳税意识的形成。公民的纳税自觉程度直接关联着国家的税收管理活动。当前中国公民尊重法律，遵守法律，这说明我国房产税的开征存在广泛的民众基础。

(五)悠久长远的历史习惯

房产税作为典型的财产税，自古以来便是我国的财政收入之一，其课征历史久远。从古至今，我国房产税征收以城市地区为主，乡村建造的房屋并不在政府的考量范围之内。《周礼》中记载着“掌管廛布千泉府”，廛布是周代官府征收的商贩存货邸舍和居住房屋之税，标志着我国征收房产税的开端。唐朝对于房产税的征收更加合理，开展“间架税”，且制定了间架税的征收办法，对房屋分级，等级越高者税负越重。清朝则改变了唐朝时房产税受制于中央的历史，使得地方有权设立税收，出现了各地税收相交的局面，宛平两县的钱面行税、钱塘的间架税以及江宁的市廛输纱。房产税并非在我国古代昙花一现，在现代，税法中仍有房产税的一席之地。20 世纪 50 年代，中华人民共和国刚刚成立，便决定对于城市的房屋征税，这是我国现代房产税的雏形。到了

1973年，出于简化税制的目的，更为了进一步提高税收效率，国家决定将企业需要缴纳的城市房产税和工商税合二为一，只对有房产的个人、外国侨民等私人征收房产税。以上时期的房产税只是强调实践，并没有制定统一的法律加以管制，为了让房产税有法可依，1986年国务院制定了《中华人民共和国房产税暂行条例》，该条例沿用至今。国务院发布的是行政法规，房产税的性质要求其应当以法律的形式出现，这正是我国房产税的不足所在，也是广大纳税人反对的原因。鉴于此，我国有必要制定房产税法。

结论

房产税作为典型的财产税，是国家财政收入的来源，我国虽然征收房产税，但是并没有统一的房产税法。就法理学的角度分析，我国城市的房屋符合可税性的要件，且符合宪政制度的原则，制定房产税法有理有据。房地产行业是我国经济发展的热门，为房产税提供了稳定的课税对象。房产税立法有着独到的政治条件，无论是政策要求，还是相关的法律规定，我国都已经解决了房产税法在政治层面的要求。房产税法制定的社会条件非常充足，既有思想观念的影响，也有国内外充足的借鉴经验，还有配套制度的支持。综合来看，我国城市满足房产税法实施的基本条件。

【城市风险防控研究】

城市治理中重大风险法律防控的基本原则

陈焱光*

【摘要】城市作为社会治理最复杂、人类活动最密集、风险范围最广泛、灾害后果最严重的区域，为了更规范有效地应对城市治理中的重大风险，需要从法律上完善城市治理中重大风险的防范化解的制度、机制和措施，首要的是遵循依法行政原则、正当程序原则、尊重和保障人权原则、比例原则、协调性原则和责任法定原则。

【关键词】城市治理　风险　法律防控　基本原则

2019年1月21日，习近平总书记在省部级主要领导干部坚持底线思维着力防范化解重大风险专题研讨班开班式上的重要讲话中指出，要完善风险防控机制，建立健全风险研判机制、决策风险评估机制、风险防控协同机制、风险防控责任机制，主动加强协调配合，坚持一级抓一级、层层抓落实。在社会治理方面，维护社会大局稳定，要切实落实保安全、护稳定各项措施，下大气力解决好人民群众切身利益问题，全面做好就业、教育、社会保障、医药卫生、食品安全、安全生产、社会治安、住房市场调控等各方面工作，不断增加人民群众获得感、幸福感、安全感。要推进社会治理现代化，健全平安建设社会协同机制，从源头上提升维护社会稳定能力和水平。城市作为社会治理最复杂、人类活动

* 陈焱光，湖北大学政法与公共管理学院教授，法学博士。

最密集、风险范围最广泛、灾害后果最严重的区域，如何做好社会治理重大风险防范化解既是各级城市党和政府的一项长期而重大的政治责任和义务，也是城市治理最基础性的工作，是衡量城市治理现代化水平的重要衡量标准。基于城市建筑和市民活动的密集性等特征，社会各方力量也负有共同参与协同合作的道德与法律两个层面的责任和义务，由于风险防控既涉及政府公权力的行使和部门责任的划分，也涉及公民城市生活和生产中诸多权利的行使和限制，只有在明确了依法进行风险防范和化解的基本原则的前提下，细化法律防控的制度、机制和措施才能有效应对风险，取得防范和化解风险的良好效果。

概括而言，完善城市治理重大风险法律防控制度、机制和措施应遵循的原则主要有：

一是依法行政原则。城市治理中重大风险的防范和化解首先是政府的责任，政府必须将各类风险及其防控和化解的基本要求制度化规范化，这种制度和规范首先需要符合法治国家和法治政府的总体要求，即在法治轨道上依次展开。依法行政原则是法治国家、法治政府的基本要求，但平常时期和紧急状态时期的行政权的行使有一定区别。基于风险防控和化解的预防性、紧急性、事故后果的严重性甚至不可挽回性和不可补救性的诸多特征，执行的法律更有特定的要求，除了遵循宪法、法律法规之外，还需要适时启动宪法中的紧急权力条款、突发事件应对法、单行的应急法律法规、规章以及临时发布的应急性命令与决定。在应对风险时，应急性的法律发挥主要作用。对法律保留的事项，应急机关也会进行暂时性介入和处理，如对公民人身自由或财产权的限制或剥夺，但这些限制措施也必须取得法律的事先授权。

二是正当程序原则。作为依法防控和化解重大风险的行为，需要遵循正当的程序，政府及其职能部门、社会组织要严格依据风险防范化解的基本程序要求，将风险排查、研判、预警、处理和评估作为追究责任的重要依据和标准。习近平总书记指出，防范化解重大风险，是各级党委、政府和领导干部的政治职责，大家要坚持守土有责、守土尽责，把防范化解重大风险工作做实做细做好。只有通过完备而严格的程序，才能实现“实”“细”“好”，才能见微知著，防患于未然。对于防范和化解风险程序不到位的，也要严格追责，因为风险之所以演变成灾害和事故往往体现为小的瑕疵或疏忽的未及时处理。所以古人说“祸患常积于忽微，而志勇多困于所溺”。① 习近平总书记在不同场合也强调，“小洞不补，大洞吃苦”、“积羽沉舟，群轻折轴”、从小事情切入，铁面问责、刚性约束、严格执纪。公民也应该依据正当程序参与风险防范化解，配合党和政府做好风险防控和化解工作。同时，由于有些风险事故存在人力所无法完全控制的一面，因此，国家机关及其公职人员，只要在防范化解程序上尽力而为，没有程序瑕疵，即使最终发生了人们不愿看到的后果，直接人员和相关部门也应当免责或减轻责任。所以，正当程序具有双重功能。

三是尊重和保障人权原则。作为宪法的一项重要原则，尊重和保障人权既是行使一切国家权力的目的和行为准则，也是国家权力在任何情形下必须恪守的底线，更是衡量国家权力行使是否正当合理的终极标准。城市治理过程中重大风险一旦变成重大灾害，侵害的首先是广大人民群众的生命权、财产权、自由权、劳动权、安全权和家庭权等一系列基本权利，对重大风险的防范和化解是对人民基本权利最直接的尊重和保障。同时，各级党和政府防范和化解重大风险所采取的一切制度和措施都必须始终在尊重和保障人权的原则指导下展开。由于城市是公民生活和生产最复杂最丰富的场域，政府应对重大风险的任何制度和行动必然与市民的权利发生法律关系，在保护绝大多数市民权利的同时，必然会限制或剥夺部分市民的权利，尽管有些是暂时性的。尊重和保障人权原则要求，在城市治理过程中，政府即使采取限制或剥夺措施，也必须遵循紧急状态下保障不可克减的基本人权的原则要求，在可以克减的具体人权

① 欧阳修：《伶官传序》。

上，遵循必要性、最小限度、最小损害的要求。坚持该原则有利于防止行政权滥用紧急权导致市民人权受到不必要的限制或剥夺。另外，尊重和保障人权原则要求，在城市治理领域，要坚持打击犯罪与保障人权结合起来。依法打击犯罪就是保障绝大多数人的人权，在打击的过程中，也需要尊重和保障犯罪分子的人权，对于需要限制或剥夺的人权同样需要通过正当程序进行。特别是"黑恶"势力的滋生及犯罪，既是城市治理中的重大风险源，更是破坏城市秩序、严重侵犯人权的"毒瘤"。要贯彻习总书记所指示的，坚持保障合法权益和打击违法犯罪两手都要硬、都要快。对涉众型经济案件受损群体，要坚持把防范打击犯罪同化解风险、维护稳定统筹起来，在打防并举、标本兼治上下工夫。要创新完善立体化、信息化社会治安防控体系，保持对刑事犯罪的高压震慑态势，增强人民群众安全感。获得安全生产生活的权利是法律的最基本价值，正如西方著名法律思想家霍布斯所言，"人民的安全乃是至高无上的法律"，只有在安全的基础上，人们才享有诸如生命、财产、自由和平等等其他人权并使它们稳定化和可持续。

四是比例原则。由于城市运行的各个系统之间错综复杂的关系，在重大风险防范和化解过程中，行政机关实施行政行为应兼顾风险防范化解目标的实现与适当手段的选择、保障公共利益和受影响市民权益的平衡。具体而言，政府需要考虑设立制度、机制特别是采取措施的适当性、必要性和均衡性。适当性要求政府采取的措施应当能够切实防范化解风险，如只有隔离才能防止疫病传染，隔离就是适当的，如果无须隔离，采取其他措施也可以阻断传染，则隔离就是不适当的。必要性要求在可供选择的多种手段中，采取对相对人侵害最小的手段，如在可能损害市民人身权和财产权时，选取损害财产权；在损害财产权的手段多选时，采取征用而非征收手段。均衡性要求应对城市治理重大风险需要充分考虑投入的成本与可避免的损失之间的成本收益关系，只有收益大于成本，政府采取的措施才具有合理性。当然，成本与收益不仅仅是指物质利益的衡量，也包括社会利益等。

五是协调性原则。城市治理作为一个极其复杂的运行系统，在个人行为、政府治理与技术和环境等交互作用过程中，经常蕴藏着重大风险，而风险从隐藏到最终化解是一个或长或短的生命周期，一般可将其分为风险的排查与识别、预防与应急、监测与预警、应急处置与救援、事后恢复与重建五个阶段，每个阶段需要城市政府的众多部门参与，而五个阶段任务的完成更需要几乎所有部门共同参与、紧密配合，并且还有相关专家和市民参与协助的共同应对体系。这就需要建立以政府为主导的应急协调体系，通过法律法规、政府规章和行政命令等多种规范将各种应急力量整合起来，形成信息共享、行动协调、政令统一、市民参与、全面统筹、运行高效的风险应对体系。正如习总书记指出的，要提高风险化解能力，透过复杂现象把握本质，抓住要害、找准原因，果断决策，善于引导群众、组织群众，善于整合各方力量、科学排兵布阵，有效予以处理。当风险超越城市的地域范围，还需要跨区域政府间、上下级政府间、政企间、军民间的协调联动。坚持协调性，才能实现防范化解重大风险的及时性和高效率。

六是责任法定原则。习总书记指出，要完善风险防控责任机制，主动加强协调配合，坚持一级抓一级、层层抓落实，但具体落实不能仅仅停留在思想重视、会议传达和应付性检查上，而是必须坚持责任法定的法治原则，依法明确、细化具体责任。责任法定原则是根据法律的规定确定责任的范围和承担方式，即只有法律上的明文规定，才能成为确认和追究违法责任的依据。对违法责任的确认和追究，必须严格按照事先规定的性质、范围程度、期限、方式追究相关机关和人员的责任，一般情况下排除类推适用。要做好城市治理过程中重大风险防范化解，落实每个部门、社会组织和市民的责任。具体而言，在法定性、合理性和明确性等维度上将责任细化，通过广泛宣传和严格实施，贯彻到城市治理的风险防范和化解的全过程，深入到党政机关和社会组织及市民的工作、学习和生活中。城市治理中重大风险防范化解责任制的落实是最为关键的环节，是决定城市重大风险能否长期成功应对的重要法律保障。古人说："天下之事，不难于立法，而难于法之必行。"①千百年来，秦孝公向商鞅提出"法令以当时立之者，明旦欲使天下之吏民，皆明知而用之如一而无私，奈何?"这一"孝公难题"，在全面依法治国的今天可以破解：以"谁执法谁普法"责任制为重点，发挥司法机关的法律职能、法律院系专家和学生的专业知识在全市经常开展重大风险防范化解方面的法治宣传、法律服务活动，发挥公安、监察、检察和法院等专门机关的法律保障职能作用，用法律之手合力"围猎"风险点，打好防范化解重大风险"法律战"，坚持和发展全市各政府部门和企事业单位主要领导负总责、相关领导具体负责、职能部门抓好落实的工作格局，建立完备的工作督查机制和责任追究机制，树立法定职责必须为、法无授权不可为的法治理念，坚持权责统一，切实做到有权必有责、用权受监督、失职要问责、违法要追究。不因追责对象职务变动、岗位调整、辞职、辞退、退休等免予追究。实行责任到人、记录在案、问题倒查的风险防控事项终身负责制。作为风险防控的法律法规在执行层面更应强化问责机制，不能囿于传统的损害后果论和社会影响论，因为特大城市的诸多风险一旦因为人为的原因演变成重大灾害事故或事件，其影响或后果是无法用具体的数额估量、用通常救济方式可以恢复的，许多是无法恢复的，如巴西国家博物馆大火烧毁的不仅是文物，还有整个国家的记忆和文化，是该国重大风险防控制度的悲剧，也是人类文化的悲剧，其损失无论采取什么手段和方式都是无法恢复的。

当然，坚持责任法定原则，不仅仅是对城市治理重大风险防范化解失职者和违法违规者追究的准则，同时也是对尽职尽责者的保护。从客观上讲，不是所有的城市治理中存在的重大风险都是可以化解的，无论是防范还是化解都有一个过程，也有无法预料和控制的突发因素的影响，作为一种法律规范的调控手段，只能在现有科技和人力等限度内、

---

① 张居正：《清稽查章奏随事考成以修实政疏》。

以具体行为显现出来的领域内产生规制作用，只要政府机关、公职人员、社会组织及市民依法履行了职责和义务，即使风险最终因其他各种因素酿成事故或灾害，依法应当免责。

上述六个基本原则构成了指导城市治理重大风险法律防范化解的主要准则，这些原则不是孤立存在并发挥作用的，而是彼此联系、相互协调的体系。在城市治理重大风险法律防控制度建构和规范运行上缺一不可，如果不能坚持依法行政原则，则政府的权力就不能顺利由平常时期权力向非常状态的紧急权力转变，也可能导致行政权力越界行使，缺乏制约；如果不恪守正当程序原则，程序的瑕疵和缺失将会酿成城市治理更大的风险；如果缺少尊重和保障人权原则，则市民的自由和权利则会在风险防范化解的过程中被任意限制和剥夺，使执行效果与制度初衷背道而驰；如果没有比例原则的保障，则会为恣意的权力留下专横任意的空间；而一旦放弃对协调原则的坚守，则各自为政、彼此短路的权力运行只会加大风险演变成事故和灾难的概率，也会导致不同部门间在应急行动上互相观望、互相推诿；如果没有责任法定原则断后，则重大风险的防范化解将会变成海市蜃楼、一厢情愿的美好愿望，同时也会使政府机关和公职人员变得无所适从，因为无法预测法律后果的法律行为，留给执法者和市民的只会是迷茫、困惑和不敢作为。只有建立在六个原则基础上的重大风险防控的法律法规体系才能确保城市治理中重大风险防范化解在法治的轨道上平稳运行，实现防患于未然、妥善处理已然的目标。

风险社会视阈下城市公共安全风险防范化解的行政法规制研究

燕如菁*

【摘要】随着风险社会理念的盛行和城市现代化的飞速发展，城市公共安全风险问题突出，各类公共安全事件都昭示着承担城市公共安全维护职责的政府需要继续提高风险治理能力，特别是风险防范化解能力的重要性。为防范化解城市公共安全风险，我国构建了突发事件应急预案规范和突发事件应急法制规范两套相对成熟的城市公共安全行政规范体系，但是规范施行背后存在实践不足，有必要完善城市公共安全风险防范化解的行政法规制对策。

【关键词】风险社会　城市现代化　防范化解城市公共安全风险　行政法规制

引言：问题提出

自改革开放以来，国民经济的快速增长推动我国城市化进程，城乡壁垒被打破，越来越多的人口流入城市，城市数量和容量都在急剧增加，根据国家统计局发布的数据显示，截至 2018 年末我国城市数量达 672 个，常住人口城镇化率为 59.58%，申言之，城市已然成为全国人口主要聚集地。人口密集膨胀带来的城市公共安全风险问题不容小觑，

---

* 燕如菁，女，湖北大学政法与公共管理学院法学专业硕士研究生。

因为此类风险在没有得到及时防范化解的情况下极易“由潜伏状态转化为激活状态”①，进而演变为城市公共安全问题，给城市造成无法估量的损失，产生极恶劣的负面影响。特别是近些年城市频繁爆发公共安全事件，比如2012年7·21北京特大暴雨事故、2014年12·31上海外滩踩踏事件、2015年8·12天津滨海新区爆炸事件、2019年3·13成都七中实验学校食品安全事件、2019年香港持续暴力违法事件等，都从正面说明城市公共安全治理迫在眉睫，尤其是及时防范化解风险避免演变成突发性公共安全事件刻不容缓。从传统公法视角，城市公共安全维护应当是政府基本职责，是现代法治国家行政法领域的重要内容。但是城市现代化带来的人为风险和次生风险，使得传统行政法规制“突发性”和“不确定性”特征显著的城市公共安全风险力不从心，实践中存在明显的不足值得思考和探究，如何通过行政权规制城市公共安全风险防范化解工作需要重点把控。

一、城市公共安全风险防范化解的行政法规制背景

（一）风险社会与城市现代化

“公共安全风险”从字面意义上可理解为“对不特定人或多数人的生命、健康或重大财产带来危害”②的事件发生的一种可能性，从此角度来看，其并不是现代性的发明。远古氏族时代，我们的祖先们聚合起来建立群落组织生产生活，共同抵御自然灾害和猛兽侵袭带来的安全风险；封建农耕时期，洪涝灾害和瘟疫疾病等灾害一直在侵蚀着灾害频发区人们的安全感。可以说从人类社会建立开始，公共安全风险就始终如

① 韩新、丛北华：《超大城市公共安全风险防控的主要挑战》，载《上海城市管理》2019年第7期。

② 公共安全风险，参见百度百科，https：//baike. baidu. com/item/公共安全风险/970012，2019年9月29日访问。

影随形。然而在我国传统文化中并没有公共安全风险概念，该理念的提出和发展是基于西方的风险社会理论——1986 年德国社会学家乌尔里希 · 贝克在《风险社会》一书中首次提出的。他认为现代社会已经进入“风险社会”，即“后工业化时期，科技经济不断发展所带来的‘潜在副作用’使得人类生存和发展造成严重威胁，而人类又对此失去控制的一种状态”①。在传统社会，公共安全风险是一种外部风险，由于传统或者自然的不变性和固定性所带来的危险。现代社会人们笃信科学技术带来的确定性变化，在致力于解决传统风险过程中改变着生态环境，在追求经济政治利益的过程中持续制造新的人为风险，这些风险的累积导致社会公共安全事故频发，产生了环境恶化、安全事故、卫生疾病、恐怖袭击等一系列关联事件。

而根据地域划分，在所有的公共安全风险类型中，城市公共安全风险最受关注、最为突出。究其根本在于我国城市化进程的日益加快，城市人口、功能和规模的扩大与人们的城市安全发展需求不适应不平衡的矛盾。我国在改革开放以后，城市发展迎来高速期，城市数量和人口显著增加，伴随着科学技术发展和互联网普及，现代化程度不断加深，城市渐渐成为人们生活工作的重要场所，是社会关系和社会活动最为活跃的区域，同时也发展成公共安全风险多发区。城市除了要承担自身复杂运行系统的灾变，还要遭受外界灾害以及外来恐怖袭击等影响，这进而连锁放大了城市运行系统中的公共安全风险，使得城市中的人、物乃至运行系统的安全面临巨大隐患，降低城市居民公共安全感的同时，也威胁着城市居民的生命安全。虽然“风险社会”的趋势不可逆转，但城市发展仍需坚守尊重和保障人权原则，决不能以牺牲居民的生命财产安全为代价，这是一条不可逾越的红线。

---

① 转引自张道许:《风险社会的刑法危机及其应对》，知识产权出版社 2016 年版，第 12 页。

（二）城市公共安全规范建设情况

“城市公共安全问题集中反映了一个社会的综合发展水平和政府的行为责任能力。”①因而建立一整套系统完善的城市公共安全规范体系，已经成为各级政府公共安全治理中极为重要的组成部分。为防范化解城市公共安全风险，党中央、国务院部署了“一案三制”（突发事件应急预案、管理体制、运行机制、法制）应急管理体系；此外，为了树立国家总体安全观，提高政府重大风险防范治理能力，2005 年底组建了国务院应急管理办公室，2018 年 3 月设立了中华人民共和国应急管理部，皆为指导各地区各部门应对突发事件，推动全国应急管理体系建设相关工作。应急体系和办事机构的配套机制对保障我国城市公共安全意义非凡。本文将着重从公共安全规范的建设情况探讨风险社会对政府行政的具体要求。

首先，关于突发事件应急预案规范体系。在宏观体系层面，我国采取的是“依据特定情境和对象制定的、灵活的”应急预案编制办法②，形成了以《国家突发公共事件总体应急预案》为核心，国务院及其部分编制重点专项应急预案，各部门针对管理领域易发的公共事件制定应急预案，各地方再因地制宜编制地方预案的从中央到地方，“横向到底、纵向到边”的规范体系。在微观内容层面，具体明确突发公共事件的工作原则与预案框架体系，规定了政府应对重大风险的组织体系、工作机制，以及监督管理等内容，预案规范的编制模式基本形成，标志着我国政府公共安全管理登上新的台阶。但是应急预案主要是为了降低事故造成的人身、财产与环境损失，预先计划安排事故发生后的应急救援组织、行动的方法程序等，核心是围绕事故发生后的

① 孙斌：《公共安全应急管理实务》，浙江工商大学出版社 2013 年版，第 1 页。

② 游志斌：《应急规划、预案与演练：借鉴与思考》，国家行政学院出版社 2013 年版，第 2 页。

处理展开规制，所以在城市公共安全风险的事先防范化解层面欠缺具体规划。

其次，在突发事件应急法制体系方面，制定了运用在公共安全风险领域并适用于各类突发事件的基本法律，即《中华人民共和国突发事件应对法》，其立法围绕规范突发事件应对活动展开，制度设计以突发事件发生和发展过程为主线，辅之应对突发事件的机制，包括风险评估体系、社会动员机制、应急预案制度、安全管理制度等，综合各种突发事件处理程序和原则的共性，为现实中难以穷尽种类的各类突发事件给予最大限度的法律规制涵盖。但是由于该法主要从应急管理的角度出发强调突发事件发生前后的应对体制，因而事件潜伏期的风险防范化解内容被轻轻带过，只在第二章预防与应急准备的第 20~24 条中规定了政府和单位风险识别排查和消除隐患的职责，对于风险化解程序没有规定。另外，制定了“某些特别单行的突发事件应对法律、法规，规定某一特定突发事件领域或特定突发事件事项的较具体的突发事件制度”①，比如《破坏性地震应急条例》《突发公共卫生事件应急条例》《重大动物疫情应急条例》《生产安全事故应急条例》等专项应急法律法规，然而也是遵循相似的结构编排模式，可见风险防范化解规范针对性弱的现状亟待被重视和解决。

从我国公共安全规范体系建设概况来看，城市公共安全风险治理基本有赖于政府积极的行政作为，政府承担着风险识别、风险分析与评估以及风险排查处理等职责，同时负责着风险转化为突发事件后的应急处置与救援，事后的责任认定与奖惩等工作。因而，在城市公共安全维护和保障领域，我国更多地强调政府全面履行职责，逐步形成以政府治理为核心的应急法治体系。

---

① 戚建刚：《法治国家架构下的行政紧急权力》，北京大学出版社 2008 年版，第 226 页。

二、城市公共安全风险防范化解行政法规制的不足

（一）风险防范意识和风险识别能力欠缺

政府作为城市公共安全治理的主导者，在风险防控如此严峻的态势之下，却存在严重的思想落伍现象，受我国城市公共安全规范建设的影响，多年来我国政府一直是事件导向型的工作思路，遵循着"事故发生——事故调查——责任认定"的处理模式，即使规范中有规定事件前的预防和应急准备，但基本是在以往事故的基础上加强相关领域的防治，2012年北京特大暴雨事故让政府了解到城市设计规划对风险防范的重要性，加强城市运行系统的韧性，提高政府面对自然灾害的弹性和修复力成为城市公共安全治理重核。"头痛医头脚痛医脚"的工作思维在城市风险防范治理中是万万不可取的，树立全方位、多角度的风险防范意识，才能尽可能地避免高额管理支出和低效治理水平的结果。其次，政府相关部门负责人缺乏对城市未知风险识别排查能力，典型事例就是2015年天津港爆炸事件中消防部门没有事先调查危险化学品的性质而直接采取非针对性的救援，造成大批一线消防人员壮烈牺牲。未来随着现代化水平的不断提高，"技术风险"将成为威胁城市安全的利刃，如果政府过度依赖企业自觉防控，不综合统筹增强技术领域专业知识，提高风险预先识别排查能力，城市整体治理水平的提升将不容乐观。

（二）风险沟通机制不完备

风险沟通是"风险引致者、风险承受者、风险管理者等多个利益者之间进行信息共享和沟通交流"①的过程，它覆盖城市公共安全治理过

---

① 马小飞：《风险社会视域下城市公共安全风险防范与应急管理策略研究》，载《中国应急救援》2018年第1期。

程中的各个阶段，本文主要分析风险防范阶段的沟通机制现状。在风险孕育成险之前，相较于其他社会主体，政府作为风险管理者，应当具备敏锐的风险识别能力，然而如上文所述，政府对未知首发性风险欠缺预先识别能力。即使识别排查出风险点，后续的风险评估分析等程序则不成体系，缺乏长期稳定的各类风险领域专家学者参与评估制度，与风险引致者、风险受害者等多方主体也未形成固定期的沟通交流机制，很显然这将不利于后期风险化解工作。2019 年香港持续暴力违法事件爆发之初，香港特别行政区政府忽略修例背后的利益冲突风险，与社会各界在修例层面没有达成一致意见，给中外反动势力可乘之机发动事件，并在事件发酵之初没有向市民做积极正面疏导，使得部分市民受到愤青团体的蛊惑，加剧舆情事态恶化。这一事件给城市风险防范敲响警钟，也侧面说明面临“制度风险”时，政府构建完备风险沟通机制的重要意义。

(三)风险化解中资源整合低效

城市公共安全风险经过沟通评估程序固定风险源并确定应对措施后，下一个环节就是风险化解程序，通过降低、规避和转移等手段将风险源控制在源头处理，而政府依托丰富的行政资源则应当为城市风险化解兜底。风险成因不是单一的，造成现代化城市风险的因素往往多元化，涉及多个行政部门的职能属性，要求政府有关部门间相互对接，实现信息资源的互通交流，整合优势资源集中处置风险源，然而“行政资源配置短期内难以摆脱条块分割效率低下的固有弊端”①。以 2019 年成都七中实验学校食品安全事件为例，城市学校食堂食品安全的监管应当由教育局和市场监督管理局共同负责，教育局督促学校公开食堂对外承包企业及从业人员的基本情况，市场监督管理局审核供餐服务企业资质

---

① 邵慧文：《我国城市公共安全风险治理对策研究》，中国矿业大学 2019 年硕士论文。

和定期检查食堂食品安全质量，独自负责的工作内容尚且没有完善，彼此间需要合作的领域即对承包企业的监管又缺乏合作意识，资源整理力度不强导致政府在风险化解上的失灵。

三、城市公共安全风险防范化解行政法规制的对策

(一)完善城市风险防范化解的地方立法

2019 年 1 月 21 日，习近平总书记在省部级主要领导干部坚持底线思维着力防范化解重大风险专题研讨班上，对政府及领导干部提出防范化解重大风险的具体要求，说明党中央已深切认识到在政府提高防范风险意识，引导负责风险化解工作的重要性，而为了构建法治国家、法治政府，也为解决城市公共安全风险突出严重的问题，更是为政府提供依法行政的规范依据，有必要制定城市公共安全风险管理法律法规。而从上文论述的我国城市公共安全规范建设情况上来看，我国正迫切需要完善城市公共安全风险防范化解规范性文件的建设。

如果由统一专门立法规定城市公共安全风险防范化解机制，一则由于各个地区城市差异导致风险突出类型可能不尽相同，专门立法不能因地制宜解决城市风险问题，二来该领域还没有成熟的制度，贸然立法不具有科学性，还加大立法成本，从提高行政效率的角度考虑由地方牵头制定依据地方具体情况的风险管理法规规章更具有合理性。地方立法为有效防范化解管控各类风险，首先，应当制定城市公共安全风险防控管理办法，以风险管理流程为脉络，构建机制为主要框架，建立风险识别研判、决策风险评估、风险防控协同、风险防控责任等机制，加强风险引致者、风险承受者、风险管理者等多方主体协同配合。同时在办法总则部分可试点“风险预防原则”，即指政府对可能给城市公共安全造成隐患的活动和事物存在很大怀疑时，就应当在后果发生之前采取行动，而不用非得等到确切证据之后才采取行动，一则可以“回应风险社会中

风险规制与常态管理相互交融的现实需要”①，二来从“风险预防”原则的发展历史出发，虽然最早应用于德国清洁法案，但在城市遍布风险隐患，挑战着政府管理的大环境下，风险预防原则逐渐扩展到众多法律领域，被认可为具有普遍适用性原则，是立法所需，作为法律问题应当予以考虑，重视该原则在行政法中运用将一定程度上解决政府行为不足的风险规制难题；另外，在政府日常事务管理过程中此原则也同样普适，因其本质上“强调决策制定并不严格受规则约束，而是可以自由裁量、灵活决策”②，是行政裁量在风险行政领域里的特殊表现形式，即都是政府面对千差万别的个案无法设定统一标准下出现的，可以考虑回归到“合理行政”中的“考虑相关因素原则”“比例原则”，亦即政府在个案风险决策中不得滥用职权，这样规范既可保障城市公共安全，也不会反应过度，从而实现损害最小、利益最大。但是否确定为行政法理论基本原则，笔者认为需要结合我国实践试点和城市公共安全风险治理结果再慎重考虑。其次，为配套该办法的原则机制，针对本城市突出典型的风险，贯彻落实国家层面出台的涉及食品药品安全、安全生产、社会治安综合治理、质量安全、反恐、防灾减灾等法律法规的同时，进一完善高发风险防范化解实施细则。

(二)落实风险战略意识，加强行政主体职责

从2014年“总体国家安全观”的提出，到2015年《中华人民共和国国家安全法》出台，再到“坚持底线思维防范化解重大风险”的重要讲话，国家战略层面正在积极应对风险社会浪潮带来的挑战，风险战略意识不仅需要中央的重视，还需要下沉至各地方政府领导干部，“既要打好防范和抵御风险的有准备之战，也要打好化险为夷、转危为机的战略

① 戚建刚：《风险规制的兴起与行政法的新发展》，载《当代法学》2014年第6期。

② ［英］费雪：《风险规制与行政宪政主义》，沈岿译，法律出版社2012年版，第131页。

主动战"①。地方层面落实风险战略意识，需要提高政府对该工作的重视度，从强调事后处理"行政行为"的传统行政法模式转向全环节"行政过程"的风险行政法体系，这已然是国际社会行政法发展的必然趋势，强化风险防范的过程控制，从而实现全过程的保障。

首先从政府部门的绩效考核中增加对风险识别排查工作的相关指标，目前很多政府部门出于绩效考虑，不愿意花费高额成本在难以提供可视化绩效的城市公共安全风险治理的前期阶段中，所以明确风险识别排查的绩效指标，利于政府积极开展风险前期治理工作；其次建立风险识别排查奖励机制，调动政府及其部门工作人员的积极性，但是这两项机制建立基础在于政府有足够的技术能力支撑风险识别排查工作，建立一支具备专业知识能力的风险识别排查队伍，建议由地方政府牵头，分管城市公共安全应急管理的应急管理局负责，从各个部门抽调具有风险治理专业知识的人才组建专业团队，地方财政拨款支持开展教育培训工作，同时整合已有跨部门的信息资源和平台，建立统一的城市公共安全风险识别排查工作系统，实现对风险的精准识别研判，强化源头治理，最大可能地消解风险。

在正面促进风险治理工作的同时，也需要严格规范行政主体职责确保工作持续推进。因为行政主体开展风险排查工作会影响到企事业单位、城市居民的日常工作，所以行政主体依法履行风险排查职责前，充分论证分析并精准识别，在掌握充分证据的情况下采取行动，保护相关主体的合法权益；走出权力本位的桎梏，也要避免步入权利本位的泥潭，如果风险涉及未知领域，且没有充分证据但有排查必要时，可在征求上级政府批示许可后开展行动。而在排查过程中，必须严格遵循法定程序，做到不失职不越权，遵循合理原则，避免行政不当，构建政府治

① 赵银平：《防范化解各领域重大风险，习近平有明确要求》，载新华网，http：//www.xinhuanet.com//politics/xxjxs/2019-01/22/c_1124024148.htm，2019 年 1 月 22 日访问。

理城市公共安全风险的威信力。

(三)加强风险防范的行政监管，做好行政指导

近些年城市的扩张和发展，促使城市风险类型由自然风险愈来愈偏向人为风险，风险引致者往往缺乏风险防范意识忽视对风险隐患的定期检查，待风险发酵后为逃避责任，不会及时向政府部门反映或者隐瞒汇报，政府为克服“市场失灵”的弊端应当加强行政监管，确保风险信息资源汇集到政府部门手中，督促风险引致者即时检查消除风险。

借鉴美国在食品行业中应用的“HACCP(Hazard Analysis and Critical Control Point)管理体系，即危害分析和关键控制点分析法，旨在通过危害分析确定各关键的控制点和关键限值，建立风险关键点控制检测系统，检测并纠正风险行为”①，以此来强化对风险引致者的监督。首先，对于容易引致重大事故安全风险的企事业单位，比如重化工企业、矿山、建筑施工单位、学校、医院等单位，政府应该与其建立协作沟通机制，建立风险信息共享平台，监督单位开展隐患排查消解隐患，同时便于单位将难以化解的隐患即时反馈给政府部门，由政府内部专业排查队伍协同组织涉及该风险领域的部门技术人员前往现场及时解决，而政府认为棘手的新兴风险，也可利用行政资源邀请专家学者和技术人员配合处理。其次，公共场所、公共交通等人员密集场所，政府可以与互联网公司合作，利用信息技术打造在线监控联网系统，对交通工具、公共场所配备安全防护装置等情况实时监测，防患于未然，同时也能第一时间发现公共安全风险隐患，监督管理经营单位作出防护措施。

城市公共安全预防工作正在逐步转型，由预防突发事件本身，开始转向研究背后的风险诱因，采取措施将风险化解。这是政府承担的主要职责，同时也是所有负有公共安全责任的企事业单位、社会组织、城市

---

① 洪颖、卢海荣、晏红、陈梦莹、王轶：《国外风险防控制度的初探和启示》，载《财经界》2014 年第 4 期。

居民的义务和责任，但是利益主体往往缺乏主动性，比如企事业单位为了追求经济效益往往会忽略生产等日常工作运转中的风险；社会组织在资金链支撑上仍有赖于政府财政；城市居民风险意识薄弱，日常生活工作节奏快致使风险防范信息处于被动获悉的状态。政府在加强风险风范的行政监管的同时，应当做好行政指导，“实现政府有限地退出，去培养市场、公民社会以及个人的能力”①，与利益主体建立良好的风险沟通机制。在物质、精神层面给予主动防控风险的企事业单位高度赞扬和认可；鼓励社会组织拓宽资金来源渠道并给予前期的财政支持，扶持其形成良好资金运转链条；指导联合社区组织通过多种方式宣传公共安全信息，以及公众预防教育培训，以城市社区为基本单位，构造风险治理社区基层网络。风险相关主体参与模式也逐步实现转型，“从‘告知性参与’‘限制性参与’走向‘合作性参与’‘决策性参与’”②，填补政府风险信息收集过程中的遗漏。

(四)强化风险防范化解的行政协作，落实行政责任

早在2002年英国内阁政府发布的《风险：提高政府应对风险与不确定性的能力》报告中曾提出风险改革的内在逻辑，即“风险是公共决策的共同特征，政府各部门需研发构建共同的评估和管理技巧，以此实现更有效的决策与更优质的公共服务”。③ 因而城市公共安全风险化解过程需要统筹安排各类行政资源，特别是将属性重合的部门资源抽调出来，让各类资源要素在风险化解体系内发挥所长，又避免重合资源监管不力的弊端。整合城市风险化解资源，最要紧的是打破行政资源条块分

---

① 高卫明、黄东海：《论风险规制的行政法原理及其实现手段》，载《南昌大学学报》2013 年第 3 期。

② 邵慧文：《我国城市公共安全风险治理对策研究》，中国矿业大学 2019 年硕士论文。

③ ［英］费雪：《风险共同体之兴起及其对行政法的挑战》，马原译，载《华东政法大学学报》2012 年第 4 期。

割问题，强化行政协作实现行政系统内部资源的互通共享。横向上建议由各地方应急管理局牵头成立城市公共安全风险化解小组，将前期识别评估到的却无法简单排查解决的风险源进行信息属性划分，对于无法独立化解的风险，及时联动负责该风险领域的各部门单位，建立临时联动资源整合机制，共同研讨对策处理风险。纵向上中央应急管理部成立全国城市风险化解办公室，建立全国风险化解网络，对各地风险化解措施办法进行信息共享。

在确保风险化解过程中资源能够灵活流动的同时，也不能忽略对行政主体的监督工作，落实行政责任是规范行政执法的合理举措，而除了在地方立法完善中落实风险化解的行政责任，也有必要在行政体系内部建立良性机制，促使行政主体在忌惮责任后果基础上履行职责，最终实现风险消解和公共安全综合水平提高。首先，应当摒弃按照风险类型划分部门责任的方式，尤其是城市系统复杂性带来的风险的多样性和复杂性，使得职权交叉、问责不严的情况普遍。因此以风险防范化解程序中各个环节，即以行政程序方式划分责任主体，建立城市公共安全风险责任清单，规定责任主体的“职权边界”，严格规范每个环节参与部门的责任，在界限明晰的基础上展开风险防范化解合作。其次，构建风险行政责任追究机制，加强对分管工作的责任主体问责，将风险治理内容纳入部门定期考核体系中，量化科学指标评定责任主体的风险防控工作，并与职务晋升和降职相挂钩；而对于玩忽职守等严重失职行为导致风险未及时化解演变成突发公共事件的行为严肃处理，由监察机关依法追究行政责任并给予行政处分，涉及重大刑事责任向检察机关提出法律制裁的建议。

风险社会视阈下城市公共安全风险防范化解的刑法规制研究

刘培森*

【摘要】随着我国进入风险社会，我国城市治理工作面临许多公共安全风险挑战，然而强调事后救济的传统刑法规制手段存在滞后性的不足。强调社会本位的风险刑法理论对于改造传统刑法和有效预防化解公共安全风险具有开拓性意义，有必要将目前零散的风险刑法理论进行体系化并纳入刑法教义学体系。根据风险刑法理论，刑法分则应增设危险犯、社区矫正应当回归刑罚本质以及城市治理者应综合运用行政法与刑法两种规制手段。

【关键词】风险社会　风险刑法　公共安全风险　刑法保护早期化

一、引言：我国城市治理工作面临重大公共安全风险的挑战

目前我国正在经历全球范围内最大规模的城市化进程，科学技术与经济社会的发展十分迅猛的同时带来了各种各样的城市公共安全风险，是城市治理工作中的不稳定因素之一，例如食品安全风险、公共交通风险、生产安全风险、医疗安全风险、经济安全风险、政治安全风险、文化安全风险、生态环境安全风险、国家安全风险等。但与此同时，城市

* 刘培森，男，湖北大学政法与公共管理学院法学硕士研究生。

公共风险在没有被有效预防的前提下极容易演变为城市公共安全事件，从而给城市居民人身财产安全利益带来巨大损害。按照目前的形势来看，我国在推进国家治理能力和治理体系现代化的过程中已经相当重视运用法律规制手段，不过并没有充分考虑不同部门法系统在预防和化解城市公共安全风险工作中的功能定位，众所周知，刑法由于其独有的事后救济法特征而往往在安全事件发生后才给予回应，难以满足在城市治理法治化工作中预防化解重大安全风险的基本要求。例如在重庆公交坠江案中，刑法只是在违法行为人通过严重干扰公交司机驾驶过程而制造出的重大公共交通安全风险演变为实害结果后才介入，然而事实是这种刑法的事后干预手段对于预防重大安全风险难以发挥实效。最高人民法院公布的司法大数据也显示，近三年来的公交车行驶过程中的司乘冲突刑事案件中，有 33. 96% 的案件结果是公交车撞击道路旁的物体，11. 32%的案件中司机受伤，11. 32%的案件中乘客受伤，8. 49%的案件中涉事公交车撞上其他行驶的车辆或者路上行人，7. 55%的案件中车辆处于剧烈摇晃等危险状态，2. 83%的案件中存在财物损失的后果，只有19. 81%的案件尚未造成重大不良后果。① 这说明进入立案程序的危害公共安全行为大多具备实害结果，而仅造成较高程度危险结果的风险行为难以被认为具备危害公共安全罪的结果构成要件。另外，在长生疫苗造假案中，长春长生公司制造假疫苗的行为涉嫌生产、销售劣药罪，不过该罪属于实害犯，成立该罪必须要满足《刑法》第 142 条中的“对人体健康造成严重危害的”的构成要件，故如若不能证明长生公司的制作以及销售假疫苗行为对人体健康造成严重损害，则不成立生产、销售假药罪。尽管国家食品药品监督管理总局和吉林省卫生行政部门对其作出严厉的行政处罚，然而难以达到预防化解此次以及其他类似药品生产安全事件。可以看出，现行刑法教义学倾向于惩罚实害犯，刑法分则条文和

---

① 最高人民法院：《司法大数据专题报告之公交车司乘冲突引发刑事案件分析》，载最高人民法院网，http：//www. court. gov. cn/fabu-xiangqing-130611. html，2019 年 12 月 14 日访问。

历次刑法修正案主要规定的是实害犯，并且极其重视如何限制刑罚权和保障公民自由。换句话说，现行刑法重点解决的是如何保护公民个体权利，而忽视了公民的社会权利，更遑论如何运用刑法手段保障公民的社会权利。

习近平总书记指出，在改革开放的现阶段，重大风险防范工作应当被给予相当程度的重视，不仅要提升风险处理能力，更要加强风险防范意识，在重大风险尚未造成严重实害后果时运用法律手段予以化解，目的就是更好地维护社会稳定和保障人民群众生命财产安全。① 党的十九届四中全会也提出要建设和推进平安中国，并且完善公共安全体制机制，这对城市治理工作提出了更高要求。目前党委政府已经足够重视城市重大公共安全风险的预防化解工作，城市法治治理工作也需要刑法这个法律子系统对社会结构变迁作出积极的回应并且承担起部分风险预防化解功能。因此，现行刑法需要形成与外部社会环境之间的长效互动模式，从而提升自身的预防功能，我国刑法学界关于风险社会理论和风险刑法理论的探讨便应运而生。

二、风险刑法相关理论的探讨

(一)国内学者对于风险刑法理论的争论

德国学者乌尔里希·贝克首先提出了"风险社会"理论，当然这是个社会学概念，他认为随着人类进入后工业时代以及现代科学技术的飞速发展，人们正面临着越来越多的不可预估与不可控制的全球性风险。风险社会中的人们应当制定对策去化解与防控该类风险，从而将损失降到最低。风险社会理论对于我国刑法学界产生了巨大影响，有的学者受

---

① 新华社：《习近平在省部级主要领导干部坚持底线思维着力防范化解重大风险专题研讨班开班式上发表重要讲话》，载中国政府网，http://www.gov.cn/xinwen/2019-01/21/content_5359898.htm，2019 年 12 月 14 日访问。

到风险社会理论的启示，提出了风险刑法的概念。

提倡风险刑法理论的学者目前一般按照先承认风险社会理论然后推导出刑法应当积极回应风险社会的逻辑思路来论证风险刑法理论的合理性。例如劳东燕教授指出，刑法在风险社会的大环境下应当积极转换自身的功能定位，人们要明确的是刑法并非为了预防或者惩罚犯罪为目的而是控制风险。作为风险控制机制中的组成部分，刑法不再为报应与谴责而惩罚，主要是为控制风险进行威慑；威慑成为施加刑事制裁的首要理由。① 除此之外，有学者认为刑法保护早期化作为我国刑法修正案的主旋律，应当被作为风险刑法的典型特征，例如具体危险犯和抽象危险犯的增设就是风险刑法的存在依据。另外，有学者指出在责任领域，风险刑法应当实行严格责任，不用再煞费苦心地认定行为人是否存在故意或者过失的主观心态。有学者甚至指出，犯罪设定不再由传统的罪责所主导，而由风险以及未来的预防和安全所左右。②

风险刑法自诞生之初便招致许多刑法学者的声讨和批评，其中不乏合理的成分，一方面说明风险刑法理论仍处于发展初期阶段且亟待完善，反对意见可以作为风险刑法支持者自我反思的一面明镜；而另一方面也显示了目前刑法体系相对保守和封闭的现状，大有固守学科门庭而怠于回应社会时代发展状况之嫌。目前，反对风险刑法理论的学者主要有张明楷和陈兴良两位学者，接下来主要介绍这两位学者以及其他批判风险刑法理论的学者意见。张明楷教授提出，“风险社会”并不是真实的社会状态，只是文化或社会治理的产物，并不需要运用刑法手段来予以回应。他指出：“人们可以说现代社会是一个‘风险社会’，但不能说现代社会是一个违法社会。因此，不能将‘风险社会’本身当做刑法必

---

① 劳东燕：《公共政策与风险社会的刑法》，载《中国社会科学》2007年第3期。

② 姜涛：《社会风险的刑法调控及其模式改造》，载《中国社会科学》2019年第4期。

须作出反映的社会真实背景。"①另外，他认为不能希冀于通过刑法禁止所有风险来提高社会安全性，因为风险和科学技术进步两者的关系是如影随形一般，盲目禁止风险会让人类社会停滞不前，甚至严重干涉公民日常生活。陈兴良教授也从刑法教义学的角度对风险刑法理论予以抨击。他首先指出，贝克提出的"风险社会"理论中的风险并不是指工业社会风险，而是后工业社会中的技术风险以及技术带来的间接风险。这个意义上的风险首先是技术风险，其次是随着科学技术的广泛应用而导致的社会各个领域发生的风险，例如转基因、环境污染、核辐射、生物危机等。② 而他认为风险刑法理论的支持者混淆了"风险社会"理论中的风险与我国目前工业社会中存在的风险，所以我国风险刑法理论与贝克的"风险社会"理论不存在可衔接处，运用贝克的"风险社会"理论作为风险刑法理论的基础的路径是不合理的。传统社会的事故型风险不可能导致全球性灾难，交通事故与核风险、基因风险、生化风险等存在根本区别。③ 同时，陈兴良教授也主张不论刑法处罚的根据是实害结果还是危险结果，都必须以法益侵害为前提，而不能把风险作为根据，这样会使刑法犯罪化不当扩大。除此之外，其他否定派的学者们也有许多精彩的论述。有学者认为我国并未进入"风险社会"阶段，因为我国社会处于转型关键阶段，或者说是"压缩性社会形态"，即属于农业社会、工业社会、后工业社会因素共同存在、传统风险与现代风险并存的社会状态。与风险社会理论强调的传统与现代风险历实存在不同，中国当前社会风险却呈现历时性风险共时性存在的格局，即目前中国处于一个传统与现代兼具的混合型社会形态，中国的社会风险结构和西方有明显不

---

① 张明楷：《"风险社会"若干刑法理论问题反思》，载《法商研究》2011 年第 5 期。

② 陈兴良：《风险刑法理论的法教义学批判》，载《中外法学》2014 年第 1 期。

③ 南连伟：《风险刑法理论的批判与反思》，载《法学研究》2012 年第 4 期。

同。① 总而言之，学者们的批判观点可以被简单归纳为三点：一是我国刑法体系不需要对风险社会进行回应，只需要研究刑法体系的自主性即可；二是将风险社会理论中的风险与刑法理论中的危险混为一谈，认为防控风险的刑法目的是不合理的，且会不当限制公民个人自由；三是认为我国并不处于贝克所说的后现代社会，故当前社会并不处于风险社会。

(二)风险刑法之证成

1. 风险刑法理论研究存在的不足

目前我国风险刑法理论备受质疑和批评的主要原因在于支持风险刑法的学者们尚未处理好风险社会理论与风险刑法理论之间的关系，即社会学与刑法教义学之间的关系，这是目前风险刑法理论研究存在的一大不足。贝克的风险社会理论属于社会学范畴，探讨的是人类社会的结构变迁，是经验性的实然，而现行刑法体系属于法学范畴，是规范性的应然，风险社会理论的相应概念本不应该被直接镶嵌在刑法体系之中，因为两者的语义逻辑并不相同。而许多风险刑法理论研究者采用直接的“拿来主义”的方法，简单地根据人类进入风险社会的经验认识而推导刑法体系也应当将防控风险当做目的的结论，而这种研究路径是不可取的。例如风险社会理论中的风险和刑法教义学范畴的危险并非同一概念，而且在刑法视角下现代城市社会中蕴藏的风险与社会学上的风险存在着巨大差异。若简单地将风险刑法理解为防控一切风险的理论，自然会容易被认为有损法益保护原则和刑法谦抑性原则。另一大不足在于目前风险刑法理论研究学者忽视了刑法体系的应变性研究，仅仅将贝克的风险社会理论当做风险刑法理论的唯一理论基础，殊不知可以通过深入

---

① 王伯承：《西方风险社会理论困境与中国本土化启示》，载《内蒙古社会科学(汉文版)》2015 年第 6 期。

分析法与社会的关系来探讨目前我国风险多发的社会现状是否需要刑法来予以积极回应的问题。

2. 风险刑法存在的必要性

贝克的风险社会理论具有一定的借鉴意义，它提醒了刑法学者应当积极关注刑法与社会之间的关系，但是该风险社会理论在西方法治社会环境下是成立的，范围具有特定性，而我国社会存在不同于西方社会的特征，即多种社会形态并存。故不可直接地把风险社会理论移植到我国刑法体系中来从而简单地得出我国进入风险社会阶段的结论，而应当综合贝克风险社会理论和我国现如今城市社会变迁的现状来分析。如果从外在观察者的视角来看我国目前城市社会发展现状，毫无疑问会得出我国目前城市社会潜藏着大量可知与未知的公共安全风险。如果按照西方法治社会对于风险社会这个概念的界定标准，我国城市社会当然不符合，这是具体国情差异所决定的。但是，如果把风险社会界定为工业社会以及后工业社会中科技进步与社会发展带来的大量人为风险的话，结论肯定是我国当前社会已经进入风险社会阶段。如果盲目采用既有理论的标准和视角而在我国是否处于风险社会的问题上纠结的话，就纯属按图索骥而不顾城市治理工作对于刑法规制手段的强烈需求了。

按照前述内容的分析，可以知道我国已经进入风险社会阶段，根据就是我国进入中国特色社会主义新时期，城市治理法治化工作面临许多前所未有的新型风险的巨大挑战，而且党委政府要求城市治理者和法学研究者提升对现代风险的感知力。当前我国城市治理存在着法律规制不力与城市迅猛扩张之间的矛盾，这些矛盾制约了城市各方面的发展。党的十九届四中全会指出目前我国国内外风险挑战明显增多，需要推动社会治理体系的创新和发展，而推动国家治理体系和治理能力现代化的内在要求便是推动城市治理法治化。然而根据前述内容得知，有学者认为刑法体系应当坚持自身的封闭性而拒绝对风险社会进行回应，即传统刑法知识体系仅靠自主转型即可，例如四要件理论与违法有责阶层论之间的争论就是在刑法体系内部展开的，无须和法律系统所在的社会环境系统进行交流和沟通。

现行刑法体系作为法律系统的子系统，需要承担特定的功能，否则会导致整个法律系统乃至社会系统的紊乱。殊不知，刑法体系目前面临两个方面的问题，一是刑法体系自主性如何建设，二是刑法体系的应变性如何维护，而后者容易被现行研究所忽略，前后两个问题也容易被对立开来。目前刑法体系的自主性建设得比较好，德日刑法的违法有责二阶层论在和四要件理论的争论中逐渐取得优势地位，同时将限制刑罚权、保障公民权的观念进行普遍传播。然而仅仅是关注刑法理论体系自身的逻辑建构而忽视刑法体系与社会环境的互动沟通的做法容易使得刑法理论愈加封闭和欠缺时代发展力。

从系统的角度上看，法律系统包括刑法子系统、民法子系统、行政法子系统等部门法子系统，各自承担法律系统部分的规范性功能，而法律系统存在于社会系统之中，包括刑法体系在内的法律系统面临来自于社会环境的各种刺激和压力。目前城镇化速度加快以及城市公共安全风险对法律系统造成很大压力，这就需要法律系统对社会环境保持基本的感知和反馈，并作出内部调整与演进。法律系统若是无法对外部环境保持认知上的开放，将外部环境所产生的压力传递回体系内部，对体系作出相应的自我调整与演进，必然会导致其功能失调的问题，从而影响全社会系统的正常运行。① 故刑法作为子系统也应当根据外部环境变化作出反应和调整，改革自身内部不适应社会系统发展的部分。当然实现刑法体系与社会环境的良好互动沟通的前提是感知目前社会环境存在的经验性知识，然后将感性的、客观存在的社会现象翻译或者转化为法律系统以及刑法子系统能理解的法言法语，从而促进刑法系统在不断分析和解决社会发展问题的过程中实现不同于以往刑法教义学研究的突破性发展。

---

① 劳东燕：《风险刑法理论的反思》，载《政治与法律》2019 年第 11 期。

总而言之，研究风险刑法理论具有必要性，即我国目前处于风险社会，而风险社会的来临给刑法发展提出一个新问题：如何运用刑法理论有效预防和化解重大公共安全风险？接下来以此为逻辑起点，进一步探讨风险刑法理论研究中应有的基本思路。

3. 风险刑法理论研究的基本思路

从上述内容得知，风险刑法理论的产生和发展有其独特的必要性，可以说是传统刑法正面临一次提升自身应变性的绝佳机会。而研究风险刑法理论的基本思路可以概括为：将社会系统中经验性的实然转化为法律系统中规范性的应然。其中经验性的实然指我国当前社会面临的客观状况，是法律系统之外的社会系统中的现实状况。熟悉经验性的实然是构建风险刑法理论和改造现行刑法体系的前提和基础。而规范性的应然指法律系统内部的刑法教义学，可以看得出经验性的实然处于包括刑法教义学体系的法律系统之外的社会系统之中，经验性的实然不能被规范性的应然所直接识别和容纳，类似于一台电脑无法识别某不知名文件，必须要通过电脑自身已有的软件程序将该文件转换为电脑能识别的文件才能打开该文件。法律系统中的刑法教义学体系是一个相对封闭的子系统，按照不同于社会系统的逻辑进行运作，如果风险刑法理论研究者仅仅是简单地罗列和归纳风险社会变化发展的经验性认识而未把这些经验性的实然认知转化、整理为法律系统所能识别的概念，那么这种理论研究不仅难以推动现有刑法学体系的创新发展，而且也很难实现风险刑法理论的体系化和专业化。所以，风险刑法理论研究的主要思路在于如何把经验性的实然转化为刑法教义学领域中的规范性的应然。可以预见的是，如果无法按法教义学的进路与逻辑对自身展开建构，无法与现有的刑法体系相融合，风险刑法理论的学术贡献就较为有限，也难以确保其理论的生命力。①

---

① 劳东燕：《风险刑法理论的反思》，载《政治与法律》2019 年第 11 期。

具体而言，风险刑法研究者首先要对当前社会变化情况有基本的认识，秉持着刑法理论研究是为了解决现实问题而非滋生不必要的法学概念的态度；然后风险刑法理论研究者要根据法律系统自身的特有逻辑来对风险社会中各类经验性认识进行识别和评价，因为风险社会的相关概念无法和刑法自身体系中的相关概念一一对应。从法律作为国家认可的现代社会治理规则体系的功能来看，随着风险社会的来临，必然意味着现实社会的法是预防性的法。在危险防御和秩序管制的思维下，有造成社会系统风险之虞的行为自然应受刑法规范的调整。① 例如城市治理过程中面临的重大公共安全风险需要由刑法体系进行评价，其中被法所允许的、且低程度的风险被识别和评价为被允许的风险，自然被排除出刑法规制的范围，而对法益造成较高程度的危险结果或已经造成实害结果的风险，刑法子系统便会将其评价为不被允许的危险，并将其归入刑法调整的范围。最后，归根结底而言，刑法教义学作为社会系统和法律系统的子系统，需要根据风险社会的现实来调整自身的结构从而更好地适应现实生活的需要，这也是目前刑法理论中预防功能愈加明显的原因。

三、城市公共安全风险防范化解刑法规制的不足

（一）现行刑法体系的预防功能有待加强

目前我国刑法理论的思想基础是古典政治自由主义，强调刑法作为事后救济法，主要通过在违法行为造成实害结果后介入并对行为人进行惩罚，从而实现预防犯罪的衍生功能。背后的逻辑便是刑法通过限制国家刑罚权来保障公民权，在平衡国家与个人之间的权利义务关系的同时侧重于保障公民自由，避免国家公权力过早过频地干涉公民私人领域和给公民贴上犯罪标签。总的来说，目前刑法教义学研究主要集中于提升

① 何荣功：《预防刑法的扩张及其限度》，载《法学研究》2017 年第 4 期。

刑法体系的自主性，从而形成了一个相对封闭的空间，但是忽略了法律系统外部的社会环境，即在我国城市公共领域中重大安全风险明显增加，而传统的刑法事后救济手段难以实现法益保护的圆满目的。换句话说，传统刑法主要关注个人与国家之间的关系，并在国家刑罚权的实现过程中倾向于保护个人，因为国家公权力相对于个人比较强势，然而传统刑法忽视了社会的作用和地位，对于公民的社会权利研究得不够充分。具体表现在我国刑法立法工作尽管增设了危险犯的规定，但是仍存在不少立法漏洞，难以应对目前社会公共法益频繁遭遇不同类型重大公共安全风险的威胁的局势。

(二)社区矫正作为新型刑罚执行方式，预防功能和报应功能不够协调

社区矫正是近年来新出现的形式，和监狱矫正并列为我国两大刑罚执行方式，具体内容是国家将犯罪人置于社区中进行犯罪行为矫正，以期达到预防其再次犯罪的效果。根据我国刑法规定，被判处管制、宣告缓刑、裁定假释和暂予监外执行四类人员能够适用社区矫正处遇。① 然而社区矫正工作开展十几年来，并不完全符合一般刑罚执行方式的预防属性和报应属性，不仅不利于国家安全观的实现，而且也增加了城市基层社区公共场域中的不稳定和不安全因素，试想犯罪习性还未完全褪去的犯罪人自由活动在公共场所，若服刑人即未感受到来自社区矫正的足够的惩罚效应，也没有在社区矫正工作中得到合乎要求的行为矫正，那么社区矫正能否有效预防服刑人员继续实施危害城市公共安全的犯罪行为就不得而知了。目前社区矫正法刚刚出台，暂时解决了社区矫正工作“无法可依”的问题，然而依然存在以下问题需要解决：首先，社区矫正的刑罚执行属性未能在社区矫正法和实际运行过程中得到充分体现。《社区矫正法》在结构中将监督管理一章安排在教育帮扶一章的前面，

① 韩斌：《论社区矫正惩罚功能的再提倡》，载《法制与社会》2019 年第 9 期。

显示了立法者对社区矫正工作的监督管理功能的重视，但是同时显示立法者倾向于将社区矫正理解为行政管理而非刑罚执行。同时在现实工作中社区矫正工作也被当做行政管理类型的工作，城市基层治理者未能充分重视到其重要性。其次，《社区矫正法》仍然规定司法行政机关负责司法矫正工作，其中的第 9 条明确规定基层司法所接受社区矫正机构的委托来承担具体的社区矫正工作。但现实情况是缺少公安力量的社区矫正工作缺少强制力和威慑力，基层司法所难以有效监督管理社区服刑人员。最后，司法行政部门作为社区矫正工作的主导部门，囿于自身人力资源、资金资源的有限，难以提升社区矫正工作的专业性和针对性。社区矫正工作往往由司法所和社区居委会共同开展，不仅社区居民、社会组织、企业等社会力量参与较少，而且难以帮助服刑人员重新融入社会。《社区矫正法》第 12 条、第 13 条确定了司法所、社区居委会、社区矫正对象的监护人、家庭成员、所在单位、就读学校、其他企业事业单位组织、社会组织和志愿者等多方参与的社区矫正工作模式，然而缺少现实可行性和具体规定，亟待完善和修改。

（三）针对城市公共安全风险的刑法规制手段和行政法规制手段之间缺少有效联通

风险刑法理论强调刑法学者要多运用跨学科的研究方法，因为其他法律规制手段可以给刑法理论带来宝贵的经验教训以及有益的建议。然而现实情况是，有的城市治理工作者不擅长于综合运用跨部门法的学科知识来分析和研判城市公共风险的预防化解方法，往往是要么过于强调行政法规制手段而忽视了刑法规制手段，以为行政处罚手段足够防止类似安全事件再次发生，或者过于强调刑法规制手段，笃定只有把所有安全风险都纳入刑法规制并且通过刑罚严厉惩罚风险制造者才能有效预防化解风险。然而事实证明这些都是行不通的，刑法和行政法体系完全可以被综合运用来提升对城市公共安全风险的规制功能。

四、城市公共安全风险防范化解刑法规制的对策

(一)通过刑事立法工作积极推动刑法保护早期化

毫无疑问，风险刑法的目的和传统刑法的目的都是保护法益(包括个人法益、国家法益和社会法益)，而非单纯防控风险，不仅因为并非所有风险都会给社会带来巨大的消极影响，而且还因为风险这个概念并非能为刑法教义学所识别，必须把“风险”一词进行转换。社会学意义上的风险应当被识别和归纳为对社会法益造成实害结果或者严重危险结果的风险和尚未对社会法益造成严重危险结果的风险，前者被称为危险或危险行为，后者则不被纳入刑法规制。风险刑法研究的是损害或者威胁到公民的社会利益的重大公共安全风险，故可以把风险刑法研究领域限制在危害公共安全犯罪领域。故风险刑法理论研究主要是在刑法分则第二章“危害公共安全罪”开展，当然还有旨在保护包括食品安全法益、药品安全法益、交通安全法益、生产作业安全法益等其他具体社会公共法益的刑法条款散落在其他分则章节中。

传统刑法保护法益的手段具有事后救济的特征，即主要对违法行为造成实害结果后进行惩罚，这种保护手段对于主要针对个人人身财产法益的犯罪行为十分奏效，但是对于如何保护遭受重大公共安全风险损害或威胁的社会法益，则需要传统刑法相应调整自身，把刑法防卫线往前推，尽量在风险行为对法益造成较高程度的危险结果时便运用刑罚手段予以制止，这也是预防化解城市公共安全风险的前提和关键。刑法保护早期化的主要内容是故意责任状态的危险犯的设立，目前一系列刑法修正案的出台也印证了目前刑法保护早期化潮流的存在，接下来简要分析一下刑法分则中关于危害公共安全犯罪领域刑法保护早期化趋势。

《刑法》第 114 条规定的放火罪、决水罪、爆炸罪、投放危险物质罪、以危险方法危害公共安全罪属于具体危险犯，该类罪名基本犯的危

害结果是危险结果，即危害公共安全且未造成实害结果，责任状态是故意。《刑法》第 116 条、第 117 条和第 118 条规定成立破坏交通工具罪、破坏交通设施罪、破坏电力设备罪、破坏易燃易爆设备罪的基本犯要求违法行为造成具体危险结果即可，责任状态也是故意。《刑法》第 124 条规定成立破坏广播电视设施、公用电信设施罪要求违法行为人造成"危害公共安全"的具体危险结果，责任状态为故意。《刑法》第 125 条规定成立非法制造、买卖、运输、邮寄、储存枪支、弹药、爆炸物罪和非法制造、买卖、运输、储存危险物质罪的基本犯要求违法行为人造成抽象危险结果即可，责任状态是故意。而涉及枪支、弹药的危害公共安全的犯罪行为只要造成对社会安全法益的危险结果就能成立基本犯，说明刑法立法者为了实现预防对社会公共安全法益造成严重危险结果的风险已经较为普遍地认可和采用刑法保护早期化的手段，而非等到实害结果发生后才认定属于基本犯。这跟侵犯公民个人法益的犯罪类型有所不同，后者的基本犯基本上都要求犯罪行为造成对个人人身财产法益的实害结果，例如故意杀人罪的基本犯要求行为人实施了故意杀人行为且造成了轻伤以上的实害结果。

从以上分析得知，我国刑法立法者在规定保护社会法益的条款中规定了这些故意犯罪行为只要造成对社会法益的严重危险结果既可以被认定为基本犯，无疑提升了刑法的预防功能，也承认了我国刑法立法过程中刑法保护早期化趋势。但是刑法体系尚未在所有旨在保护社会公共法益的刑法条款中确立危险犯，这类法律漏洞需要予以填补。客观地说，风险刑法理论主要研究的犯罪类型不止是危害公共安全罪这一章，刑法第三章中第一节"生产销售伪劣产品罪"也属于风险刑法规制的领域，因为食品安全利益和医疗安全利益都属于社会公用法益一部分，食品安全利益和医疗安全利益一直都遭受一系列安全风险的威胁和侵害，多年以来我国食品安全问题和医疗安全问题给经济发展造成了严重阻碍，同时也让人民群众深恶痛绝。刑法分则规定，生产、销售劣药罪属于具体危险犯，生产、销售假药罪属于抽象危险犯，生产、销售不符合安全标准的食品罪属于具体危险犯，生产、销售有毒、有害食品罪则属于抽象危险犯，生产、销售不符合标准的卫生器材罪是具体危险犯，这些罪名都只需要行为人造成具体危险结果或者抽象危险结果即能成立，有利于刑法尽早发现和制止这类危害食品药品生产安全的犯罪行为。但是刑法立法者忽略了有些罪名并没有规定危险犯，例如《刑法》第 148 条规定成立生产、销售不符合卫生标准的化妆品罪要求造成实害结果，《刑法》第 147 条规定成立生产、销售伪劣农药、兽药、化肥、种子罪的基本犯要求“使生产遭受较大损失”，也是实害犯，《刑法》第 146 条规定成立生产、销售不符合安全标准的产品罪的基本犯要求“造成严重后果”，《刑法》第 140 条规定成立生产、销售伪劣产品罪的基本犯要求达到特定的销售金额，同样属于实害犯。

在接下来的修法工作中，立法者可以将旨在保护社会法益的罪名都规定为危险犯，即只要具备故意主观责任状态的违法行为造成较高程度的危险结果就能成立相应的基本犯，从而使得刑法预防工作更加具有前瞻性和预防效用。这既是为应对当前经济发展过程中各种人为的重大安全风险的挑战所要求的，同时也是推动城市治理法治化的重要步骤，即有法必依，违法必究，这里的违法就是指确确实实地对社会法益造成较高程度的危险结果，间接或直接侵犯了特定多数或不特定人数的公民的人身财产法益。而对于尚未对社会公共安全造成较高程度危险结果的风险或风险行为，刑法规制便显得多余和偏重，因为经济发展和科技进步是和风险并存的，立法者没必要把这类风险纳入刑法规制的范畴。这就需要城市治理者综合运用多种法律规制手段打击危害城市公共安全利益的风险行为，建立多层次风险防范化解机制。

除此之外，城市治理者要通过客观数据和材料精准确定何种风险行为属于刑法规制的行为，应当牢牢掌握一个客观标准：对公共安全造成较高程度危险结果的人为风险属于违法犯罪行为。还要依据刑法、司法解释以及社会现实状况来具体分析城市治理过程中层出不穷的人为风险，将实害结果发生可能性较高的人为风险行为规定为刑事违法行为进行精准打击。例如根据最高人民法院官网提供的司法大数据显示，公交车行驶过程中司乘冲突刑事案件中超半数案件有乘客攻击司机的行为，其中 54. 72%的案件中乘客直接攻击司机，27. 36%的案件中乘客抢夺车辆操纵装置，2. 83%的案件中乘客持刀威胁公交司机，而乘客盗窃司机财物和与司机发生口角的案件分别占比 2. 83%和 1. 89%，乘客因为其他非典型性行为与司机发生司乘冲突的案件仅占比 10. 37%。① 由此可见，乘客在公交运行过程中直接攻击司机和抢夺公交车操纵装置的行为最为典型，同时该类行为危害公用交通安全的可能性较高，说明乘客采用该类风险行为给城市安全造成较高程度危险结果，完全可以通过刑事立法、司法解释将其定性为危害公共安全罪的具体行为。总而言之，刑法需要贴近生活，仔细观察生活并且通过多种渠道和途径了解社会生活。

（二）完善社区矫正立法，建立多方主体参与的社区矫正工作体制

社区矫正是行刑社会化的结果，主要是通过将罪犯放入社会通过非监禁的方式改造罪犯，利用社会力量使其再社会化。② 我国的社区矫正工作目前还处于初步探索阶段，还有很长的路要走。

首先要明确广义的刑罚执行方式包括监狱矫正和社区矫正两种，两者都应当具有刑罚的基本属性，即报应属性和预防属性。根据刑罚理论，社区矫正的正当化根据是相对报应刑论，即一方面注重社区矫正的惩罚性，强调运用刑罚手段让服刑人员感受到痛苦，从而从心理上对其实施有效威慑，另一方面也要关注社区矫正的预防性，不仅对社会其他人员进行宣传教育，同时也要从根源上去除服刑人员的犯罪习性。而目

---

① 最高人民法院：《司法大数据专题报告之公交车司乘冲突引发刑事案件分析》，载最高人民法院网，http：//www. court. gov. cn/fabu-xiangqing-130611. html，2019 年 12 月 14 日访问。

② 陈丹、陈宝军：《海南省社区矫正实施之调查研究》，载《延安职业技术学院学报》2019 年第 4 期。

前社区矫正工作一方面惩罚性不够，这不利于预防服刑人员重新犯罪，另一方面矫正效果并不如意，不少社区服刑人员仅满足于“走个流程”。接下来应当通过修法或立法解释的手段明确社区矫正兼具司法行政和刑罚执行的属性，并且强化社区矫正工作中对服刑人员的强制力，广泛运用电子定位手段，综合运用大数据和互联网手段，实时掌握服刑人员的行为动态，从而彻底改变社区矫正手段“软绵绵”的现状。在我国，将刑罚当做摧残人、折磨人的报复手段，固然是错误的，但如果超越国情、社会的平均价值观念，以及人道主义所能允许的限度，将刑罚视为仁慈的东西，视乎不应有任何剥夺性的痛苦，甚至将服刑人的生活待遇提高到超过国民的一般水平而令人向往的地步，也是背离刑罚的基本属性，不能为国民所接受。①

其次，社区矫正工作不应当由司法行政机关开展，毕竟司法行政机关自身无刑罚强制力，基层司法所和社区工作人员难以对服刑人员形成有效威慑，可以在未来通过修改《社区矫正法》，明确公安机关在社区矫正工作中的职责，如在各级公安机关内部设立社区矫正警察大队，兼具行政管理和刑罚执行功能，而社区矫正警察大队在基层乡镇街道设立社区矫正中心，由警察、社区工作人员、社会组织、志愿者以及社区矫正对象的亲属担任社区矫正小组。例如目前吉林省为探索刑罚执行一体化，针对目前司法行政机关工作队伍力量不足和威慑力不够的现状，从而将监狱民警选派到司法局和司法所并且参与社区矫正工作，已经做到了吉林省全省县级司法行政机关社区矫正用警全覆盖。这反映了目前社区矫正工作对于警力资源的强烈需求，从吉林省的刑罚执行一体化改革举措中便可见一斑。2019 年刑罚执行一体化建设以来，监狱民警共参与社区服刑人员集中教育 341 次、个别谈话教育 460 人次、社区服务 80 次、调查评估 162 次、入矫宣告 440 次，入户走访 477 次、训诫教育 1226 人次，2019 年上半年，社区服刑人员收监执行人数比去年全年总

① 张明楷：《刑法学》，法律出版社 2016 年版，第 503 页。

数增长了43%。目前，吉林省在矫人员近1.8万，矫正期间再犯罪率始终低于0.2%的全国平均水平，取得了良好法律效果和社会效果。①

最后，社区矫正工作消耗的社会资源较多，专业要求也很高，仅仅靠官方矫正力量和社区工作人员是远远不够的，而且会增加服刑人员对于矫正教育的抵触心理。可以在《社区矫正法》的指导下通过立法解释和制定相关规范性文件等途径来建立和完善多方主体共同参与的、且由政府主导的社区矫正工作体制，一方面通过政府资金支持和购买社会服务来解决矫正工作的资金难题，另一方面提高社区矫正工作门槛，让多方主体中具备专业素养的人才全职或兼职担任社区矫正工作人员，完全可以补好社区矫正工作中预防功能的短板。

（三）建立跨学科和跨部门法的法律规制体制，提升刑法的安全性

单靠某一种法律规制手段难以预防和化解重大安全风险，同时将针对城市公共安全风险的刑法规制手段和行政法规制手段对立起来的做法也不利于建立完善的城市公共安全风险法律规制体制。这就需要城市治理工作者具备多部门法的基本专业知识，在面对重大安全风险时，对于对社会法益造成实害结果或者较高程度的危险结果的人为风险或者人为风险行为，应当启动刑法规制程序，配合刑事政策并运用刑罚手段进行严厉打击，而对于尚未造成以上结果但是扰乱了行政管理秩序且具备一定危险程度的人为风险或人为风险行为，就应当合法合理地作出具体行政行为，给风险制造者施加行政法律义务，从而在做到防微杜渐的同时也根据风险的危险程度不同对风险制造者施加不同程度的消极影响。而对于非人为的自然风险、意外事件、不可抗力，行政法规制手段也能完美地填补刑法规制体制留下来的漏洞，例如《中华人民共和国突发事件应对法》规定了行政机关在城市突发事件中的权利义务内容，可以有效

---

① 刘中全：《全面推进刑罚执行一体化建设　吉林实现县级司法行政机关社区矫正用警全覆盖》，载中国政府法制信网，http：//www.moj.gov.cn/Department/content/2019-10/31/607_3234968.html，2019年12月15日访问。

处理人为和非人为风险。总而言之，由于刑法和行政法是预防化解城市公共安全风险的两大主要手段，完全可以把两大规制手段合并为法律综合规制体制，基本上就能做到对城市重大公共安全风险的法律规制全覆盖，即包括城市重大公共安全风险预警和发现机制、风险信息沟通机制、风险化解机制，而这个法律综合规制体制在法律法规层面上就包括刑法、刑法司法解释、行政法、行政法规、部门规章以及地方法律法规体系。一言以蔽之，建立和完善城市重大公共安全风险法律规制机制就是推动城市治理法治化的重要部分，也是树立和完善国家安全观的关键。

【城市房地产管理研究】

城市住房租赁管理法律制度存在的问题及对策研究*

邹爱华　谢晓丹　欧阳颖珊**

【摘要】我国当前的城市住房租赁管理法律制度存在着缺陷：缺乏综合管理城市住房租赁活动的法律，欠缺保护城市承租人权益的指导思想，限制出租住房规则不合理，欠缺保护城市承租人权益的许多制度，阻碍了“住有所居”社会建设目标的实现。重住房所有轻住房租赁，重管制轻服务，重私法轻公法，是导致我国当前的城市住房租赁管理法律制度存在缺陷的原因。为了实现“住有所居”的社会建设目标，应当完善我国当前的城市住房租赁管理法律制度，坚持不重复原则、不相抵触的原则和科学的原则，出台综合管理城市住房租赁活动的行政法规，采用保护城市承租人权益的指导思想，修改限制出租城市住房规则增加租赁住房供给，完善保护城市承租人权益的制度。

【关键词】城市住房　住房租赁　住有所居　承租人权益保护　租金控制

早在2007年的中共十七大报告中就提出了实现“住有所居”的社会

---

* 本文是邹爱华主持的武汉市住房保障和房屋管理局2018年度招标课题《房屋租赁法律制度存在的问题及对策专题研究》的阶段性成果。

** 邹爱华，湖北大学政法与公共管理学院教授、法学博士、法学博士后、博士生导师，主要研究经济法基础理论和房地产法；谢晓丹，湖北大学政法与公共管理学院2019级法学专业研究生；欧阳颖珊，湖北大学政法与公共管理学院法学2018级本科生。

建设目标。2012 年的中共十八大报告同样认为实现“住有所居”是我国的社会建设目标。2017 年的中共十九大报告在两个地方提到了“住有所居”。先是在总结我国当前的建设经验时，认为不断推进“住有所居”目标的实现是我国新时代中国特色社会主义思想的重要内容。后来在论述提高保障和改善民生水平的目标与措施时，明确指出：要坚持房子是用来住的、不是用来炒的定位，加快建立多主体供给、多渠道保障、租购并举的住房制度，让全体人民住有所居。为了实现这个目标，其中有一个重要任务是保证城市新居民能够“住有所居”，这是一个新任务。为了完成新任务，我们需要检视过去的住房租赁管理法律制度，废除和修改与完成新任务不适应的制度，创新完成新任务所需要的制度。鉴于住房租赁的种类分为市场化的私有住房租赁和保障性的公房租赁，两者之间的管理制度并不完全相同，而当前急需解决的是私有住房租赁管理制度，因此，为了集中研究力量，本文仅研究私有住房租赁管理法律制度的缺陷和完善问题。

一、城市住房租赁管理法律制度存在的缺陷

(一)缺乏综合管理城市住房租赁活动的法律

从国家的层面来看，国家对城市住房租赁活动的管理有三类四种。第一类是国家对城市住房租赁民事关系的间接性管理。在这种管理过程中，国家以中立者的身份调整出租人和承租人之间的关系，国家并不成为一方当事人，进行这种管理的法律在本质上属于民法范畴，调整的是出租人和承租人平等民事主体之间的关系。第二类是国家对城市住房租赁市场调控关系的直接管理。在这种管理过程中，国家作为一方当事人直接与出租人或者承租人发生关系，进行这种管理的法律在本质上属于经济法范畴，调整的是国家和出租人或者承租人不平等主体之间的城市住房租赁调控关系。根据管理的内容不同，这种直接管理又可以分为保

护租赁当事人权益的城市住房租赁市场调控管理和维护公共安全的城市住房租赁市场调控管理两种。第三类是落实城市住房租赁调控关系的管理形成的城市住房租赁行政管理。这种管理也是直接管理，这种管理的内容是执法机关依照经济法的规定管理城市住房租赁市场，落实经济法的规定，进行这种管理的法律在本质上属于行政法范畴，调整的是执法机关和出租人或者承租人不平等主体之间的城市住房租赁行政管理关系。在资本主义法治国家，只有国家立法机关制定的法律才能对全国范围内的城市住房租赁关系进行调整，中央政府出台的行政法规和中央政府所属的主管部门出台的政府规章只能对国家立法机关的法律进行补充或者解释，落实法律的实施，而不能直接对全国范围内的城市住房租赁关系调整进行原创性规定。在我国目前现阶段，根据我国《立法法》的规定，在国家没有出台法律调整某种社会关系的情形下，允许国务院出台行政法规进行调整，法律和行政法规都欠缺的情形下，允许中央政府主管部门出台部门规章进行调整。此时，国务院出台的行政法规或者中央政府主管部门出台的部门规章履行的是法律的职能，行政法规调整的是国家和出租人或者承租人之间的关系，并不是调整国务院和出租人或者承租人之间的关系；同样，部门规章调整的也是国家和出租人或者承租人之间的关系，并不是调整中央政府主管部门和出租人或者承租人之间的关系。

从地方层面的角度来看，地方对住房租赁活动的管理也是三类四种，只是进行管理的依据与国家层面管理的依据有差别。国家层面的管理依据是法律、行政法规或者部门规章，而地方层面的管理依据是地方性法规①或者地方政府规章。在资本主义法治国家，在国家没有出台法律对城市住房租赁关系进行调整的情形下，只有地方上的立法机关制定的地方性法规才能对本地的城市住房租赁关系进行调整，地方政府出台的规章只能对地方性法规进行补充或者解释，落实地方性法规的实施，

---

① 在联邦制国家，地方上的立法机关可以制定法律。

而不能直接对本地的城市住房租赁关系调整进行原创性规定。在我国当前，根据我国《立法法》的规定，在地方立法机关没有出台地方性法规调整某种社会关系的情形下，允许地方政府出台地方政府规章进行调整。此时，地方政府出台的地方政府规章履行的是地方性法规的职能，地方政府规章调整的是地方和出租人或者承租人之间的关系，并不是调整地方政府和出租人或者承租人之间的关系。

城市住房租赁调控关系和城市住房租赁行政管理关系之间的区别还没有引起学术界和实务界的注意，详细地论述这个问题，需要大量的篇幅，限于本文的主题，本文不在这里展开详细论述。本文只是在这里指出，从国家层面来看，这两种关系存在着根本区别：一是两者的主体不同。城市住房租赁调控关系和城市住房租赁行政管理关系中的住房租赁当事人相同，但是城市住房租赁调控关系中的调控主体和城市住房租赁行政管理关系中的管理主体不同。城市住房租赁调控关系中的调控主体是国家，而城市住房租赁行政管理关系中的管理主体是某个城市的执法机关。二是两者产生的时间不同。在资本主义法治国家，城市住房租赁调控关系先产生，城市住房租赁行政管理关系后产生。国家进行调控时，在资本主义法治国家，先要由国家的立法机关出台法律，才能对城市住房租赁当事人的租赁行为进行管制。在法律作出规定后，法律授权的执法机关才能执法，在执法过程中才会与城市住房租赁当事人之间形成住房租赁行政管理关系。三是两者消灭的逻辑顺序不同。在资本主义法治国家，城市住房租赁调控关系和城市住房租赁行政管理关系在时间上应当是同时消灭，但在逻辑顺序上，应当是城市住房租赁调控关系先消灭，城市住房租赁行政管理关系后消灭。四是两者的抽象性不同。城市住房租赁调控关系是国家与不特定的城市住房租赁当事人之间的关系，是抽象的。城市住房租赁行政管理关系是执法机关与具体的城市住房租赁当事人之间的关系，是具体的。五是两者的稳定性不同。一旦法律出台，在没有修改之前，城市住房租赁调控关系中的双方当事人之间的权利和义务是稳定的，不会发生变化。可是，由于执法人员的认识水平、能力和廉洁程度不同，就会导致不同地方的执法机关的执法尺度存在着差异，导致城市住房租赁行政管理关系存在着变动性和差异性。

根据上述，综合管理城市住房租赁活动的法律需要调整城市住房租赁民事关系、城市住房租赁调控关系和城市住房租赁行政管理关系三种关系。审视我国当前的法律可知，我国当前缺乏这样的法律。我国当前涉及城市住房租赁管理的法律主要有《合同法》《城市房地产管理法》《治安管理处罚法》，这三部法律只调整了城市住房租赁管理关系中的一部分。

《合同法》只调整了平等主体的出租人和承租人之间的城市住房租赁民事关系，没有涉及国家与出租人或者承租人不平等主体之间的城市住房租赁调控关系和执法机关与出租人或者承租人不平等主体之间的城市住房租赁行政关系的调整，易言之，《合同法》仅涉及国家对城市住房租赁民事关系的间接性管理，不涉及国家对城市住房租赁市场调控关系的直接管理和城市住房租赁行政管理。

《城市房地产管理法》涉及了国家与出租人或者承租人不平等主体之间的城市住房租赁调控关系的调整，即仅涉及国家对城市住房租赁市场调控关系的直接管理。而且《城市房地产管理法》与《合同法》不同，还存在着一个严重缺陷，调整住房租赁调控关系中的保护住房租赁当事人权益的规定非常抽象，缺乏详细规定。虽然《城市房地产管理法》在房地产交易这一章设专节对城市住房租赁的管理进行了规定，但仅仅只有 4 个条文，与城市住房租赁管理相关的仅仅只有 2 个条文。① 一条是第 54 条，该条规定："房屋租赁，出租人和承租人应当签订书面租赁

① 还有两个条文与国家对住房租赁市场调控关系的直接管理没有关系。第 53 条给房屋租赁下了一个定义："房屋租赁，是指房屋所有权人作为出租人将其房屋出租给承租人使用，由承租人向出租人支付租金的行为。"第 56 条是关于国有资产权益保护的规定："以营利为目的，房屋所有权人将以划拨方式取得使用权的国有土地上建成的房屋出租的，应当将租金中所含土地收益上缴国家。具体办法由国务院规定。"

合同，约定租赁期限、租赁用途、租赁价格、修缮责任等条款，以及双方的其他权利和义务，并向房产管理部门登记备案。”另外一条是第 55 条，该条规定：“住宅用房的租赁，应当执行国家和房屋所在城市人民政府规定的租赁政策。”第 54 条的租赁合同登记备案规定，从住房租赁的角度来看，属于维护公共安全的城市住房租赁市场调控管理。第 55 条是一个非常宽泛授权的规定，授权国务院、国务院的主管部门和住房所在地的城市人民政府出台城市住房租赁市场调控管理规定。因此可以说，《城市房地产管理法》仅涉及国家对城市住房租赁市场调控关系的直接管理。

《治安管理处罚法》仅涉及维护公共安全的城市住房租赁市场调控管理。2006 年起施行的《治安管理处罚法》中关于住房租赁管理的是第 57 条①。根据该条规定，法律对出租人施加的义务有三点：一是不能将房屋出租给无身份证的人居住；二是要按照规定登记承租人姓名、身份证件种类和号码；三是明知承租人利用出租房屋进行犯罪活动，向公安机关报告。据此可知，《治安管理处罚法》仅涉及维护公共安全的城市住房租赁市场调控管理。

综上可知，我国当前缺乏综合管理城市住房租赁市场的法律。

（二）欠缺保护城市承租人权益的指导思想

我国当前处于社会主义发展的新时代，在该时代，应当是城乡一体化发展的时代，努力让人民过上美好生活的时代。原有的一些城市住房租赁管理制度的指导思想与当前的社会需要相冲突。

中共十八大和十九大报告都提出，要加强社会建设，必须以保障和

---

① 《治安管理处罚法》第 57 条规定：“房屋出租人将房屋出租给无身份证件的人居住的，或者不按规定登记承租人姓名、身份证件种类和号码的，处 200 元以上 500 元以下罚款。房屋出租人明知承租人利用出租房屋进行犯罪活动，不向公安机关报告的，处 200 元以上 500 元以下罚款；情节严重的，处 5 日以下拘留，可以并处 500 元以下罚款。”

改善民生为重点。提高人民物质文化生活水平，是改革开放和社会主义现代化建设的根本目的。要多谋民生之利，多解民生之忧，解决好人民最关心最直接最现实的利益问题，在住有所居上持续取得新进展，努力让人民过上更好生活。为了实现“住有所居”的目标，需要花大力气解决城市新居民的住房问题，在房价高企的背景下，解决此问题的重要途径是建立租购并举的制度，大力培育和发展城市住房租赁市场。为了落实中共十七大、十八大和十九大报告提出的“住有所居”的目标，2016年国务院办公厅发布了《关于加快培育和发展住房租赁市场的若干意见》，推动各地大力培育和发展城市住房租赁市场。《关于加快培育和发展住房租赁市场的若干意见》提出的发展目标是，到2020年，“基本形成市场规则明晰、政府监管有力、权益保障充分的住房租赁法规制度体系，推动实现城镇居民住有所居的目标”。为了实现这个目标，核心是建立“权益保障充分的住房租赁法规制度体系”。

遗憾的是，住房和城乡建设部的《商品住房租赁管理办法》以及各城市的人大通过的地方性法规或者政府通过的地方政府规章规定的城市住房租赁市场调控管理内容局限于维护公共安全。主要规定了出租人不得出租的住房种类，包括不得出租违法建筑，不符合安全、防灾等工程建设强制性标准的住房和违反规定改变房屋使用性质的住房，不能将住房分割出租，不得将原设计为厨房、卫生间、阳台和地下储藏室的房间出租用于居住等，还规定了住房租赁合同必须备案等。但是对于保护承租人权益方面的内容却缺乏规定，例如保护承租人权益的租金管制制度、押金管制制度、保障承租人长期承租权的制度和限制出租人非法驱逐承租人的制度等。正是由于我国当前欠缺保护租赁当事人权益的城市住房租赁市场调控管理制度，导致我国的承租人必须承受不断上涨的租金，不停地变换租赁住房，押金经常遭受非法扣押等各种不公平待遇，如果不采取措施，有些承租人将面临无力租房的困境，许多承租人无法获得稳定的居住场所，导致承租人缺乏通过租赁解决居住问题的信心，中共十七大、十八大、十九大报告提出来的解决城市新市民的“住有所居”的目标面临着实现障碍。

(三)限制出租住房规则减少了城市租赁住房的供给

当前地方性法规和地方政府规章规定，禁止出租的城市房屋的种类有以下几种：(1)无房屋所有权或房屋所有权人未授予经营管理权的；(2)未依法登记取得房地产权证书或者无其他合法权属证明的；(3)共有房屋未取得其他共有人同意的；(4)房屋所有权或使用权权属有争议的；(5)危险房屋或有其他重大安全隐患的；(6)不符合房屋消防安全标准的；(7)司法机关或行政机关依法裁定、决定查封或者以其他形式限制房地产权利的；(8)改变房屋用途，依法须经有关部门批准而未经批准的；(9)违章建筑及超过期限的临时建筑；(10)在依法发布房屋拆迁公告范围内的。

从法理上来讲，既然地方性法规和地方政府规章禁止出租这些房屋，当出租人出租以上房屋时，双方当事人之间签订的合同就应当无效。否则，地方性法规和地方政府规章的规定就没有任何意义了。可是，根据《合同法》第52条的规定，只有下列合同才无效：(1)一方以欺诈、胁迫的手段订立合同，损害国家利益；(2)恶意串通，损害国家、集体或者第三人利益；(3)以合法形式掩盖非法目的；(4)损害社会公共利益；(5)违反法律、行政法规的强制性规定。根据该条规定，只有当法律和行政法规明确规定什么房屋不能出租时，出租这些房屋才是违法的，双方当事人之间签订的合同才是无效的。

遗憾的是，当前的法律和行政法规都没有明确规定不得出租的城市住房的种类。根据前述，《合同法》并没有明确规定不得出租的城市房屋的种类，而且根据该法第233条的规定：“租赁物危及承租人的安全或者健康的，即使承租人订立合同时明知该租赁物质量不合格，承租人仍然可以随时解除合同。”即使是不安全、不卫生的房屋，也可以出租，双方当事人签订的合同是有效的，只是承租人可以随时解除合同。而国务院当前根本就没有出台城市住房租赁管理方面的行政法规，当然也就不存在行政法规对禁止出租的城市房屋的种类作出规定的可能性了。在法律和行政法规都没有明确规定不得出租的城市房屋的种类的情形下，地方性法规和地方政府规章作出的禁止出租某些城市房屋的规定，不仅与《合同法》的规定相冲突，而且还大量地减少了可以用于出租的城市房屋种类。例如，如果规定“未依法登记取得房地产权证书”的房屋不能出租的话，许多没有登记获得房地产权证书的商品房就不能出租；又如，如果规定“在依法发布房屋拆迁公告范围内的”房屋不能出租的话，在房屋拆迁公告之日起至拆迁实施之日往往有一段时间，在此时间内，处于该区域的房屋都无法出租。

（四）欠缺保护城市承租人权益的制度

1. 缺乏促进城市租赁住房供给的制度

由于公安部、住建部和各地方城市的住房租赁管理的指导思想主要着眼于维护公共安全，防止出现各种危及公共安全的治安事件，例如，楼房垮塌、火灾事故、食物中毒事件、聚众赌博、卖淫嫖娼、打架斗殴、凶杀等。为了防止出现这些影响社会公共安全的事件，将各种隐患消除在萌芽状态，公安部、住建部和各地方城市出台的规章或者法规，多是列举一些不得出租的房屋，抑制了城市住房租赁市场的住房供给。在管理城市租赁住房的目的就是为了维护公共安全的思想指导下，住建部和各地方城市出台的规章或者法规缺乏促进城市租赁住房供给的制度。

2. 缺乏平等保护城市承租人权益的制度

由于财政负担能力有限，长期以来，各地城市不能在公共服务方面给予非户籍人口与户籍人口同等待遇。为了吸引资金购买本地商品房，许多城市出台了购买规定面积的住房可以落户的政策，但是，仅仅在本地城市租赁住房居住是不能落户的。这种区别对待住房购买人和住房租赁人的政策导致了“租购不同权”的后果，承租人遭遇了不平等对待。这种区别对待住房购买人和住房租赁人的政策缺乏合理性。原因在于，住房租赁人和住房购买人一样，都是在本地工作，在本地创造财富，在本地缴税，为本地经济发展作出自己的贡献，同样是作出了贡献，应该享受一样的公共服务。

3. 缺乏城市租金管制制度

《商品住房租赁管理办法》第 9 条第 2 款规定：“房屋租赁合同期内，出租人不得单方面随意提高租金水平。”从规定的意图看，住房和城乡建设部的这个规定是想保护承租人的合法权益，让承租人免受高租金的侵扰。不得不说的是，这个规定很难落实。原因在于，在住房租赁市场处于供不应求的卖方市场的背景下，出租人处于强势地位，出租人可以采用各种手段来规避这个规定。例如，出租人可以缩短租赁期限，可以事先在合同中约定比较轻的违约责任等。通过缩短租赁期限，将现在的 1 年期改为 6 个月，就可以每半年调整一次租金，遇到租金上涨过快的情形，可以通过支付一个月的租金作为违约金解除合同，向后来的承租人收取涨价后的租金，从而达到涨价的目的。① 在一些资本主义国家和地区，为了保护承租人的利益，对房租的上限和涨幅有限制。

例如，美国的华盛顿州规定，除了属于法律规定的享受豁免的城市房屋之外，出租人在出租房屋之前，出租人均应向租赁管理官申请注册，在注册时，须载明基本租金，基本租金加上 1985 年 4 月 30 日以后授权增加之租金，即为租金之上限，承租人转租时，次承租人所给付之租金不得高于原租金。房租的一般性年度租金调整幅度由出租住宅委员会每年决定，此一调整幅度相当于前一年(1 月 1 日至 12 月 31 日)华盛顿特区劳工消费者物价指数之变动程度，然而无论如何，此一调整幅度

---

① 姚丽颖：《北京超 20 万人被迫合租　租赁管理办法难治高房租》，载《北京晚报》2010 年 12 月 16 日，第 5 版。

均不得高于10%。① 美国纽约州专门设立了房屋与社区维护局(Division of Housing and Community Renewal，DHCR)，负责管理租金处于受管制状态的出租房屋的租金水平。首先，每一栋房屋的最高租金数额由房屋与社区维护局根据建造与出租年代、房屋不动产税额、运营和管理费用、建筑结构与年限、建筑内出租房屋的数量等多项因素的影响确定(9NYCRR § §2201.3-4)。其次，租金的增加需要经过批准。每隔1~2年，出租人可向DHCR申请提高其租金，后者将参照纽约市租金指导委员会(Rent Guidelines Board，RGB)的报告决定是否准许。再次，租金的上涨幅度有限制。一年内租金上涨幅度不得超过原租金的15%。最后，租金上涨决定可以被撤销或修正。调整后若有重大情事变化，可随时被撤销或修正。按照纽约市的规定，出租人不得禁止承租人转租，以便承租人在短期离开所租住房后(如求学)仍可返回原租赁房屋居住。法律的限制只是：承租人转租的租金水平不得超过控制租金的110%，否则，次承租人可要求3倍于超过部分的赔偿(9NYCRR §2525.6)。根据有关规定，超出控制租金水平的租金支付无效，承租人可事后随时请求返还(9NYCRR §2105.1-2)。根据1969年的租金稳定法，承租人甚至还可以向出租人请求3倍于超出部分的惩罚性赔偿(RSC §2525.1)。②

在德国，在新租赁合同签订时，当事人原则上可自由确定租金数额。当然，和其他交易一样，租金数额也要受民法一般规则的调整，过高的租金将构成暴利而被认定为无效(§138BGB)。另外，根据联邦最高法院的判决，若租金水平高于当地一般水平的50%，还可能构成暴利罪(§291IStGB)。德国法上对租金的限制主要着眼于租金上涨。当事人在订立租赁合同时，若对租金的调整有约定，则适用该约定，若没有约定(通常如此)，则只能根据住房所在地的可比租金水平

① 谢哲胜：《房租管制法律比较法之探讨》，载《中兴法学》(台湾)第41期。
② 许德风：《住房租赁合同的社会控制》，载《中国社会科学》2009年第3期。

(Ortsübliche Vergleichsmiete)调整租金。另外一个值得注意的是法律对上涨幅度的限制，根据《德国民法典》第 558 条第 3 款的规定，租金上涨的幅度在三年内不得高于 20%。即使在最初租金很低且长时间未予调整的情况下(无论出于友情、帮助或者其他任何原因)，该规则同样适用。和上述美国法类似，这相当于给租金的提高设置了"涨停板"。①

而我国当前对此缺乏规定。随着房价的不断上涨，房租也在快速上涨。2010 年房租的上涨幅度超过了房价的上涨幅度。例如，2010 年 11 月份，北京市普通住宅平均租金为 3179 元，从 4 月到 11 月，涨幅已超过 15%，这个涨幅超过了房价的上涨幅度。② 房租的高涨让部分低收入的流动人口难以承受，正是因为这个原因，有些人才被迫租赁分割的房屋，租赁地下室等。采用租金管制制度才有可能限制出租人单方面提高租金。

4. 缺乏城市押金管制制度

押金又可以称为押租，还可以称为租赁保证金。在民国时期即作为一项民间习惯而在城市住房租赁中采用，南京国民政府司法行政部《民事习惯调查报告录》③即记载："江苏省江北各县有如下租赁房屋之习惯，承租者每月应纳行租(即每月之租赁金)外，须有一定之押租"；当时的立法对押租虽无规定，但司法实践认可押租的效力。中华人民共和国成立后，政府认为出租人收取押租具有剥削性质而加以禁止。④ 虽然

---

① 许德风:《住房租赁合同的社会控制》，载《中国社会科学》2009 年第 3 期。

② 周亚霖:《住建部禁止群租 规定容易执行难》，载经济观察网，http://www.eeo.com.cn/industry/real_estate/2010/12/17/189217.shtml。

③ 南京国民政府司法行政部编:《民事习惯调查报告录(下册)》，中国政法大学出版社 2000 年版，第 504 页。

④ 1964 年《关于私有出租房屋社会主义改造问题的报告》与 1983 年《城市私有房屋管理条例》第 16 条。

政府禁止押租，但在实践中却屡禁不止，更有地方网开一面。[①] 至2008年国务院发布第516号国务院令《国务院关于废止部分行政法规的决定》，明确规定废止《城市私有房屋管理条例》，理由是《城市私有房屋管理条例》已被2007年公布的《物权法》、2007年修订后的《城市房地产管理法》、2001年公布的《城市房屋拆迁管理条例》所代替。《物权法》《城市房地产管理法》《城市房屋拆迁管理条例》并无押租的规定，因此，押租作为一种非典型担保，在法律、行政法规上没有强制性禁止规定，所以实践中押租约定应在许可之列。至此，押租方脱去其"非法"的外衣，名正言顺地登上法律的舞台。[②]

在我国现行的相关法律法规当中，对于押金如此常见的现象，除了上海和深圳对押金有规定之外，无论是《合同法》分则中的租赁合同，或是2011年《商品住房租赁管理办法》及其他城市的住房租赁管理规定都没有任何具体规定。2000年的《上海市住房租赁条例》第19条规定："出租人可以根据租赁期限、租金支付期限、房屋用途、维修责任等因素，与承租人约定收取住房租赁保证金，但公有住房出租人不得收取房屋租赁保证金。租赁关系终止时，房屋租赁保证金除用以抵充合同约定由承租人承担的费用外，应当归还承租人。"2011年7月7日发布的《上海市居住住房租赁管理办法》第16条规定："出租人可以按照租赁合同约定的数额，向承租人收取租赁保证金；未约定数额的，租赁保证金不得超过2个月的租金。"上海市的规定还不属于公法范畴的城市租金管制制度，只是属于地方对出租人和承租人之间民事关系的间接性管理。因为上海市的规定采取的是私法自治，约定的数额优先，只有在没有约定的情况下，才不得超过2个月的租金。虽然如此，本文认为这个规定具有进步性和示范意义，比对租赁保证金不做任何规定及限制更有利于

---

① 参见2000年《上海市房屋租赁条例》第19条与2000年上海高院《关于民事案件审理的几点具体意见》。

② 朱绵伟：《论房屋租赁押金的管制》，载《中国商界》2008年第9期。

保护承租人的利益。2013 年 2 月 25 日修正的《深圳经济特区房屋租赁条例》第 29 条规定："出租人可按租赁合同约定向承租人收取不超过三个月租金数额的租赁保证金。"深圳的规定比上海的规定有进步，采取了强制性的规定，但是还是属于私法范畴的强制性规定，还不是公权力机关直接参与管理押金的公法制度。遗憾的是，《深圳经济特区房屋租赁条例》已经在 2015 年被废止了。深圳市人口和房屋综合管理办公室 2017 年起草的《深圳市租赁房屋综合管理办法》(征求意见稿)则取消了押金的规定。

5. 缺乏保护城市承租人长期承租权的制度

为了建立稳定的城市住房租赁市场，除了要限制租金的不合理增长之外，还需要保护城市承租人的长期承租权，即只要承租人愿意，没有特殊情形，出租人就应当将住房出租给原有的承租人居住，非经有权机关同意，任何人都不得通过暴力或者威胁使用暴力驱逐承租人。

例如，德国法律从正反两个方面规定了出租人解除不定期租赁合同的条件。从正面规定，出租人只能在有"正当利益"(Einberechtigtes Interesse)的情形下才能解除合同(§573IS. 1BGB)，包括：承租人过失重大违约；出租人欲将房屋自用及供亲属或同住者使用；出租关系的存续影响有关房屋的价值发挥，但房屋可以更高的价格租于他人或出售除外(§573IIBGB)。同时还从反面规定，出租人不得以提高租金为目的解除合同(§575IS. 2BGB)。特别需要指出的是，为了更大限度地保护承租人，德国法还设定了"兜底"性的"社会化条款"(Sozialklausel)：若承租人对租赁合同的利益大于出租人，解除对承租人、承租人家庭、承租人其他亲属而言过于严苛，即便出租人有正当理由解除合同，承租人仍可拒绝(§574IBGB)，例如承租人虽经合理努力仍无法找到合适的替代住宅(§574IIBGB)。①

---

① 许德风：《住房租赁合同的社会控制》，载《中国社会科学》2009 年第 3 期。

美国纽约市的法规禁止非法驱逐承租人。美国纽约市的住房租赁法规规定，除非在法律允许的范围内，根据驱逐令或主管法院的其他命令或政府腾退命令，任何人不得驱逐或企图驱逐已经在合法占有的住房连续居住 30 日以上的承租人，通过：(1)使用或威胁使用武力诱使承租人腾退住房；或者(2)通过实施干扰或意图干扰或扰乱该承租人使用或占用该住房过程中的舒适、休息、安宁或安静的行为，以诱使该承租人离开该住房，包括但不限于，打断或中断基本服务；或者(3)实施或者威胁实施阻止或者意图阻止该承租人合法占有该住房或者诱使该承租人离开该住房的任何其他行为，包括但不限于，将该承租人的个人财产从该住房中清除出去，拆卸住房的大门；拆卸、堵塞或以其他方式使住房大门上的锁失效；或者在不向承租人提供钥匙的情况下更换住房大门上的锁。如果出租人实施了任何不法行为或者不作为，或者有理由知道这种非法行为或者不作为，或者如果这种非法行为或者不作为发生在驱逐承租人请求提出之前的 7 天内，如果因为出租人实施前面所列行为，导致承租人被清除出住房或者不能进入住房的，出租人应当采取一切合理和必要的行为让承租人恢复对住房的占有，或者在承租人提出请求，要求在该住房所在楼栋范围内提供适合的住房用于居住时，出租人应该提供合适的住房，否则，出租人的行为构成一项新的违法行为。① 任何人故意违反或者协助违反法规规定的，属于 A 类轻罪。每一种违反都应是单独的、明显的违法行为。出租人每实施一次这种违法行为，还需要给予 1000 美元以上 10000 美元以下的行政处罚。每一次违反都是单独的、明显的违法行为。出租人如果没有根据法规规定，采取一切合理和必要的措施来恢复承租人对住房的占有或者根据其请求提供合适的住房居住的，从承租人提出恢复占有之日开始到出租人恢复承租人对住房的占有之日为止，出租人需要承担每日不超过 100 美元的额外行政处罚，

---

① § 26-521, New York City Unlawful Evictions.

该行政处罚数额计算的期限可以长达6个月。①

很显然，我国当前缺乏保护城市承租人长期承租权的制度。

二、城市住房租赁管理法律制度存在缺陷的原因

(一)重住房所有轻住房租赁

1993年11月，中共十四届三中全会通过了《中共中央关于建立社会主义市场经济体制若干问题的决定》(以下简称《中央市场经济体制决定》)。《中央市场经济体制决定》提出，发展房地产市场是当时培育市场体系的重点之一。《中央市场经济体制决定》提出的政策措施包括：切实保护耕地，严格控制农业用地转为非农业用地；国家垄断城镇土地一级市场；加快城镇住房制度改革，控制住房用地价格，促进住房商品化和住房建设的发展。为了落实该《中央市场经济体制决定》，国务院于1994年7月发布了《关于深化城镇住房制度改革的决定》。《关于深化城镇住房制度改革的决定》提出城镇住房制度改革的根本目的是：建立与社会主义市场经济体制相适应的新的城镇住房制度，实现住房商品化、社会化；加快住房建设，改善居住条件，满足城镇居民不断增长的住房需求。《关于深化城镇住房制度改革的决定》提出城镇住房制度改革的基本内容是：把住房建设投资由国家、单位统包的体制改变为国家、单位、个人三者合理负担的体制；把各单位建设、分配、维修、管理住房的体制改变为社会化、专业化运行的体制；把住房实物福利分配的方式改变为以按劳分配为主的货币工资分配方式；建立以中低收入家庭为对象、具有社会保障性质的经济适用住房供应体系和以高收入家庭为对象的商品房供应体系；建立住房公积金制度；发展住房金融和住房保险，建立政策性和商业性并存的住房信贷体系；建立规范化的房地产

① §26-523，New York City Unlawful Evictions.

交易市场和发展社会化的房屋维修、管理市场，逐步实现住房资金投入产出的良性循环，促进房地产业和相关产业的发展。《关于深化城镇住房制度改革的决定》还指出了需要立即着手推进的事项：全面推行住房公积金制度，积极推进租金改革，稳步出售公有住房，大力发展房地产交易市场和社会化的房屋维修、管理市场，加快经济适用住房建设，到20世纪末初步建立起新的城镇住房制度，使城镇居民住房达到小康水平。据此可知，当时国务院的城镇住房制度改革的目标是为城镇居民提供有所有权的住房，为高收入家庭提供商品化住房，为中低收入家庭提供具有保障性质的经济适用房，实现“居者有其屋”。为了取消福利分房，建立城市住房交易市场，国务院采取了提高公有住房的租金和按照成本价销售公有住房的措施。

国务院的重视城市住房所有权的政策目标在分税制的压力下得到了土地财政的支持。为了解决中央掌握的财政收入在全国财政收入中占比过低，不利于中央对全国经济进行宏观调控的弊端，《中央市场经济体制决定》提出实行财税体制改革，建立分税制，分别建立中央税收和地方税收体系。将税种分为三类：维护国家权益和实施宏观调控所必需的税种列为中央税；同经济发展直接相关的主要税种列为共享税；其他的列为地方税税种。合理确定中央财政收入和地方财政收入的比例。实行中央财政对地方的返还和转移支付的制度，以调节分配结构和地区结构，特别是扶持经济不发达地区的发展和老工业基地的改造。分税制的结果是，中央财政在整个税收收入中的比重日益增加，地方财政所占比重逐渐下降。随着财权的逐步上收，事权并没有随之上收，事权和财权不配套。为了完成任务，在地方竞争中获得好的政绩，各地城市政府将筹集财政收入的目标放在了土地财政上。国家明确规定，国家垄断城镇土地一级市场，商品房只能修建在国有土地上。凭借这个制度，城市政府通过低价征收农民集体所有的土地和高价将土地出让给房地产开发公司修建商品房，可以快速地筹集巨额财政收入。通过为房地产开发公司提供土地可以筹集巨额财政收入，城市政府纷纷走上了土地财政支撑的经营城市的发展模式，该模式的结果是城市政府在配置土地资源时优先将住宅用地配置给商品房用地。

在土地资源和建设资金都有限的背景下，优先发展城市商品房政策的必然结果是对城市住房租赁市场的发展重视不够。20 世纪 90 年代开始，通过城镇住房商品化改革，我国的城镇化建设进入了快速发展时期。在这个阶段，需要巨额资金用于城镇基础设施建设。城市政府的建设资金主要来源于土地财政。城市政府手中掌握的建设用地具有双重功能，既是城市住房建设需要的物质条件，也是筹集城市基础设施建设资金的摇钱树，将城市建设用地提供给房地产开发商修建商品房，可以一举两得，反之，如果将城市建设用地用来修建租赁住房，可以说是地和钱皆受损的结果。在发展的压力下，城市政府更倾向于将建设用地用于修建商品房。在国家和各地城市政府更重视为城镇居民提供住房所有权的背景下，国家和各地城市对住房租赁制度重视不够，导致其存在一些缺陷。

(二)重管制轻服务

在改革开放之后，随着我国商品经济的发展，工业化和城市化进程开始加快，大量的人口涌入城市。首先是大量的农民工开始进城务工经商；在 20 世纪末之后，大学开始扩招，大量的大学生开始在城市里就业。随着市场经济体制的建立和发展，不同城市之间的劳动力流动也开始加速。进城人口加上城市之间的工作变动导致的流动人口，给城市带来了大量的流动人口。这些流动人口，除了少部分购房安居之外，多数流动人口，特别是进城务工的农民和进城经商的农民需要在城市里租赁住房。当然，进城务工的农民也并不是都需要租赁住房，有些从事建筑行业的进城务工人员直接居住在工地，有些工厂的进城务工人员居住在工厂提供的集体宿舍。虽然如此，进城务工农民中的一部分和进城经商的农民仍需要租赁住房。

表 1　　**流动人口在城市居住模式**①

流动人口的居住模式	比例
租赁私房	67.3%
廉租房和公租房	0.3%
在现住地购房	8.6%
其他(宿舍、工地工棚、生产经营场所)	23.8%

刚开始，进城务工经商的农民和进城的大学生比较多，流动人口的供给处于供过于求的阶段。此时，各地城市并不是很重视人力资源，而是重视城市的基础设施建设和经济发展问题，此时处于重物轻人的阶段。随着大量流动人口进入各城市，各色人等鱼龙混杂，城市租赁住房成为了许多违法犯罪案件发生的场所，成为了危及公共安全的场所。各地城市为了保证公共安全，出台了许多措施加强对流动人口的公共安全管理，出台住房租赁管理办法加强对城市租赁住房的管理，从而加强对居住其中的流动人口的管理，只是其中的措施之一。由于此时各地城市出台住房租赁管理办法的主要目标在于维护公共安全，所以，各地城市的住房租赁管理办法的主要内容都是为出租人和承租人设定义务，规定了出租人不得出租房屋的种类，不得出租的对象，要求出租人登记备案租赁合同等。

在重视租赁住房公共安全管理的思想的指导下，各地城市缺乏为城市承租人服务的情怀。这就导致在西方资本主义发达国家的租赁住房管理法中经常有的一些制度在我国欠缺。例如，限制租金过快上涨的城市租金管制制度，有效平衡出租人和承租人利益的城市押金管制制度，建立稳定的城市住房租赁市场的合同期限制度、合同解除制度等。这些制

① 正解局：《失控的高房租，比高房价更可怕》，载新浪网，https：//finance. sina. com. cn/china/2018-08-15/doc-ihhtfwqr8987883. shtml，2019 年 1 月 3 日访问。

度都需要各地城市的执法者为承租人服务，执法者往往需要亲临租赁住房现场或者处理一些款项，利用公权力维护承租人的权益，而不是仅仅要求承租人不能做某事或者必须做某事。

(三)重私法轻公法

从1992年中共十四大提出我国的经济体制改革目标是建立社会主义市场体制以来，我国在总体上是朝着放开市场、扩大市场在资源配置中的作用的目标前进的。在此过程中，调整市场主体之间平等民事关系的私法发挥作用的空间越来越大。虽然国家早在1994年就制定了《城市房地产管理法》，但是该法并没有就城市住房租赁活动的国家管制作出明确规定。反倒是1999年出台的《合同法》设置专章比较详细地规定了租赁合同双方当事人的权利义务。在发展市场经济的过程中，随着市场主体处于平等地位的观念和私人合法财产受国家保护的观念日益深入人心，出租人和承租人都接受了这样一种规则：城市住房租赁活动中形成的关系是一种平等主体之间的民事关系，受属性为私法的《合同法》调整。国家应该在出租人和承租人之间的城市住房租赁活动中保持中立，既不需要帮助出租人，也不需要帮助承租人。

随着大量的农民进入城市打工，加上大量的大学毕业生在全国范围内流动就业，许多下岗工人重新就业，全国各地城市出现了许多流动人口，城市住房租赁市场开始逐渐发展起来了。随着城市住房租赁市场的发展，鱼龙混杂，在租赁房屋中发生的危及公共安全的事故日益增加，引起了国务院房屋管理部门和各地城市的注意，于是国务院房屋管理部门和各地城市根据《城市房地产管理法》的授权，纷纷制定了城市住房租赁管理办法。此时，国务院房屋管理部门制定的部门规章和各地城市制定的地方性法规或者地方政府规章，将注意力集中在预防和处理城市住房租赁活动引发的危及公共安全的事故，而缺乏采用公法制度保护出租人或者承租人权益的意识。

正是随着市场经济体制的逐步建立，市场调节在城市住房租赁市场的发展中发挥着越来越重要的作用，政府和公民都认为城市住房租赁市场中出租人和承租人的关系受私法调整，国家无须作为一方当事人参与其中，从而导致我国当前缺乏保护承租人权益的公法制度。

三、完善城市住房租赁管理法律制度的基本原则

(一)不重复原则

不重复原则是指当某一社会关系已经由某一法律性文件进行了规范时，新出台的法律性文件就不需要重复规定该法律性文件已经规定的内容，而只需要就该法律文件还没有涉及的内容作出规定，就可以了。

在完善已有法律或者制定新的法律或者行政法规时，就应当贯彻不重复原则。

城市住房租赁所引发的关系是多重的，既有城市住房租赁当事人之间的平等的民事关系，也有国家和住房租赁当事人之间的不平等的城市住房租赁调控关系，还有执法机关在执行住房租赁管理过程中形成的不平等的城市住房租赁行政管理关系。

对于以上三种关系，可以从社会活动领域的角度，由同一个法律性的文件来加以规范，也可以从社会关系的角度，由不同的法律性文件来加以规范。当前，《合同法》已经对住房租赁当事人之间的平等的民事关系作出了规定，新制定的法律性文件就不需要重复《合同法》中已经有的内容，只能对《合同法》中尚未规定的内容作出规定，或者对《合同法》中的一些规定作出细化或者解释，还需要对国家和住房租赁当事人之间的不平等的城市住房租赁调控关系和执法机关与住房租赁当事人之间的不平等的城市住房租赁行政管理关系作出规定。也就是说，在完善已有法律或者制定新的法律或者行政法规时，对《合同法》已经规定的内容，不需要重复，重点任务是就出租人可以出租的房屋和承租人的范围、出租人发现承租人实施损害社会公共利益的行为时的报告义务、住

房租赁合同的登记备案、驱逐承租人的制度、租金管制制度、押金管制制度、行政主管机关的设置、职权和执法措施、法律责任等问题作出规定。

(二)不相抵触的原则

不相抵触的原则是指下位法不得与上位法相冲突、相违背。一是下位法的规定不得与上位法的具体条文的内容相冲突、相违背，即直接相抵触；二是下位法的规定不得与上位法的精神实质、基本原则相冲突、相抵触，即间接抵触。

在完善已有法律或者制定新的法律或者行政法规时，也应当贯彻执行不相抵触的原则。

贯彻执行不相抵触原则，意味着以下两点：一是不得与《宪法》《合同法》《城市房地产管理法》《行政许可法》等法律的具体条文相冲突、相违背。例如，在完善已有法律或者制定新的法律或者行政法规时，就不能规定城市出租人在出租房屋之前需要取得住房租赁许可证，才能出租房屋。原因在于，《城市房地产管理法》规定住房租赁当事人只需要将自己的住房租赁合同向行政主管机关登记备案就可以了。二是不得与宪法和法律的精神实质、基本原则相冲突、相抵触。例如，在完善已有法律或者制定新的法律或者行政法规时，就不能规定，在城市租赁住房居住的流动人口和购买商品房的流动人口，在享受居住地的基本公共服务方面存在差异，而应该实行租购同权的制度。原因在于，如果对租赁住房居住的流动人口和购买商品房的流动人口在享受基本公共服务方面实行差别待遇，与宪法所规定的法律面前人人平等的基本原则相违背。

(三)科学的原则

科学的原则是指出台的法律性文件符合社会的需要，能够解决社会中面临的问题。在完善已有法律或者制定新的法律或者行政法规时，在立法理念上，应当贯彻执行科学的原则。贯彻科学的原则，意味着要做到以下三点：

1. 摒弃过时的立法理念

要摒弃以社会控制为主的治安管理的理念、重管理轻服务的理念、户籍人口与暂住人口双轨制管理的理念、职能部门管理为主的理念和政府管理为主的理念。

2. 符合当前社会需要的理念

应当采用城市统筹规划、综合管理的理念、管理服务并重、寓管理于服务之中的理念、统一为社会实有人口管理服务的理念、以完善社区管理服务体系为主的属地管理的理念和政府依法行政、社区依法自治、基层组织广泛参与的社会化管理服务的理念。

3. 采用适应未来社会需要的理念

应当采用向承租人倾斜的保护弱者的理念。随着中国工业化和城市化的进一步发展，将有越来越多的农民进入城市生活，而随着房价的不断高涨，贫富差距的不断扩大，将有越来越多的流动人口需要租赁房屋。随着住房租赁市场的不断发展，需要国家出面干预住房租赁市场，对出租人的行为进行管制，向承租人倾斜，保护承租人的利益，从而维护社会的稳定。原因在于，众多的承租人的利益受损将危及社会的稳定。城市住房租赁当事人之间存在着利益冲突，出租人希望尽可能多地获得租金收入，而承租人则希望尽可能少地支付租金，这种冲突是不可避免的，而且，在这种冲突中，除了特殊情形之外，承租人往往处于弱势地位。出租人往往是本地人，而且是有产者，发生冲突不会严重影响其生活，而承租人往往是外地人，而且是无产者，发生冲突将严重影响其生活。在缺乏国家干预的背景下，承租人在本质上的弱势地位决定了其利益容易受到伤害。当城市住房租赁市场不发达，承租人不是很多时，出租人和承租人之间的冲突不会影响到社会的稳定，因为受影响的人数有限。可是，当承租人的人数巨大时，如果不能有效地保护承租人的利益，出租人和承租人之间的冲突将会影响社会稳定。也就是说，当众多的承租人利益受损时，公共利益将会受到损害。

为了适应未来城市住房租赁市场不断发展后维护社会稳定的需要，在完善已有法律或者制定新的法律或者行政法规时，应当秉持保护弱者的理念，适当地向承租人倾斜，借鉴其他国家和地区的规定，合理地控制出租人的提高租金和解除租赁合同的行为。

四、完善城市住房租赁管理法律制度的具体对策

(一)出台综合管理城市住房租赁活动的行政法规

为综合管理城市住房租赁活动提供顶层设计的办法有两个：一是修订完善现有法律；二是制定新的法律或者行政法规。

本文认为，修订现有的法律不是一个可行的办法。首先，我们不能通过修订《合同法》和《治安管理处罚法》来综合管理城市住房租赁活动。原因在于，《合同法》调整的是处于平等地位的出租人和承租人之间的民事关系，不可能通过修订《合同法》将调整国家和出租人或者承租人之间的城市住房调控关系和执法机关与出租人或者承租人之间的城市住房租赁行政管理关系的法律规范放在《合同法》中。《治安管理处罚法》的功能在于维护社会公共安全，适用对象是一般的社会公众，无法容纳促进城市住房租赁市场稳定和健康发展的保护租赁当事人权益的制度。其次，虽然我们可以通过修订《城市房地产管理法》来综合管理城市住房租赁活动，但是这个方案也存在着缺陷。大规模地修改《城市房地产管理法》中的城市住房租赁管理部分，会涉及众多群体的利益，法律的修改将成为一个不同利益群体之间的一个博弈过程。由于涉及的群体众多，这就决定了这个修法任务不是一件容易的事情，这个过程将比较漫长，效率不高。另外，我国当前还处于社会转型时期，随着房价的不断

高涨，将会有越来越多的人加入到住房租赁人群当中去，城市住房租赁市场的容量将会不断地扩大，城市住房租赁市场中的各种问题将会不断地涌现出来，不同问题的性质可能会有变化，人们对这些问题的认识可能也会发生变化。也就是说，中国当前的城市住房租赁市场还处于快速发展过程中，还没有成熟。在市场还不成熟、问题没有充分暴露之前，制定法律进行规范不符合我国的立法传统。我国的立法传统是，当某一个领域的问题还没有制定法律进行规范，而立法机关对该领域又不是很熟悉时，一般是先由国务院出台行政法规进行规范，经过一段时间的实践，取得经验后，再出台法律。考虑到修改《城市房地产管理法》的效率不高和采用法律对城市住房租赁行为进行规范的时机不成熟，修改《城市房地产管理法》综合管理城市住房租赁活动的方案不可取。

本文认为，在当前，出台一部行政法规综合管理城市住房租赁活动是一个可取的方案。国务院曾在1983年发布了一个与城市住房租赁相关的行政法规:《城市私有房屋管理条例》，不过，该条例已经被国务院2008年1月5日发布的《关于废止部分行政法规的决定》所废止。《城市私有房屋管理条例》制定于1983年，当时的城市住房租赁市场与当前的市场相比，已经有了天壤之别，废止根据当时的情形出台的《城市私有房屋管理条例》是合理的。但是，就城市住房租赁管理出台新的行政法规是有必要的。原因在于现有的法律、部门规章、地方性法规和地方政府规章都缺乏城市住房租赁调控管理关系和城市住房租赁行政管理关系调整方面的规定，缺乏促进城市住房租赁市场稳定和发展的公法制度。与修订法律相比较，出台行政法规综合管理住房租赁活动，具有高效率的优点，可以为我国未来的城市住房租赁管理法提供立法经验，也符合立法传统。因此，出台综合管理城市住房租赁活动的行政法规是一个可行的方案。

(二)采用保护城市承租人权益的指导思想

当前，为了实现“住有所居”的目标，新制定的行政法规应该采用保护承租人权益的指导思想。在这种思想的指导下，国家就不能仅仅作为中立者来调整出租人和承租人之间的民事关系，还需要国家直接作为一方当事人与出租人发生关系，不仅要防止住房租赁活动中出现危及公共安全的事故，还需要采取有效措施保护承租人的正当利益。这些措施包括：要求各城市采取措施增加租赁房屋的供给；要求各城市实施"租购同权"制度，允许承租人可以享受当地城市的基本公共服务；规定出租人的租金上涨规则以免承租人遭受不正当的高租金；规定出租人的押金收取、使用和返还规则以免承租人遭受不合理的高额押金或者押金被非正当扣押；保护承租人的长期租赁权，禁止出租人运用暴力或者威胁使用暴力等手段自行驱逐承租人，而应该明确规定，只有公权力机关按照程序才能驱逐承租人。

（三）修改限制出租城市住房规则增加租赁住房供给

从维护公共安全和保护承租人权益相平衡的视角来看，当前已有的法律、部门规章、地方性法规和地方政府规章的规定，存在值得商榷的地方，需要修改。

首先，从维护公共安全的角度来讲，《合同法》第 233 条[①]允许出租危及承租人生命健康安全的危房或者不卫生的房屋的规定值得商榷。根据《合同法》第 233 条的规定，即使是可能危及承租人生命健康安全的危房或者不卫生的房屋，出租人都可以用来出租，出租合同有效，只是承租人有权随时解除该合同。从法理上来讲，危及承租人生命健康安全的危房或者不卫生的房屋不应该允许出租。1998 年通过的《消防法》第 13 条明确规定："依法应当进行消防验收的建设工程，未经消防验收或者消防验收不合格的，禁止投入使用；其他建设工程经依法抽查不合格的，应当停止使用。"根据《消防法》的规定，消防验收不合格的房屋不

---

① 《合同法》第 233 条规定："租赁物危及承租人的安全或者健康的，即使承租人订立合同时明知该租赁物质量不合格，承租人仍然可以随时解除合同。"

能使用，也就是说存在安全隐患，可能危及承租人生命健康安全的危房不能使用，也就意味着房屋的所有权人或者管理人不能出租这样的房屋。据此可以得出一个结论，《消防法》和《合同法》的规定之间存在着一个冲突。从预防公共安全事故的角度来讲，为了保护承租人的生命健康安全，《合同法》的规定需要修改。《合同法》应该修改为，出租人明知住房存在严重安全隐患，可能危及承租人的生命健康安全的，不能出租该住房。易言之，出租人出租明知存在严重安全隐患的房屋的合同无效，而不是有效。

其次，从保护承租人权益的角度看，有些部门规章规定的禁止出租的房屋的范围有点过大。例如，公安部的《租赁房屋治安管理规定》第5条规定："出租的房屋，其建筑、消防设备、出入口和通道等，必须符合消防安全和治安管理规定；危险和违章建筑的房屋，不准出租。"危险的房屋不能出租，符合法理。但是，禁止所有的"违章建筑"出租，范围过大。因为从公共安全的角度来看，违章建筑可以分成两类，一类是存在着安全隐患，可能危及承租人的生命健康安全的，另一类是没有安全隐患的。如果一刀切，禁止所有的"违章建筑"出租，就将一部分没有安全隐患，可以出租的房屋排除在外了。

最后，从保护承租人权益的角度看，地方性法规和地方政府规章规定的禁止出租的房屋的范围有点过大。例如，有些地方性法规或者地方政府规章将以下房屋列为禁止出租的范围：无房屋所有权或房屋所有权人未授予经营管理权的；未依法登记取得房地产权证书或者无其他合法权属证明的；共有房屋未取得其他共有人同意的；房屋所有权或使用权权属有争议的；在依法发布房屋拆迁公告范围内的。从公共安全的角度来看，出租这些房屋不会危及承租人的生命健康安全，禁止出租这些房屋没有意义。从公共安全的角度看，禁止出租危险房屋或有其他重大安全隐患的以及不符合房屋消防安全标准的房屋是合理的。如果有些房屋包括不危及公共安全的房屋，一刀切地禁止出租并不合理。这些房屋包括：司法机关或行政机关依法裁定、决定查封或者以其他形式限制房地产权利的；改变房屋用途，依法须经有关部门批准而未经批准的；违章建筑及超过期限的临时建筑。

综上，新制定的行政法规只需要规定，违反安全、卫生和防灾等强制性标准，存在严重安全隐患，危及承租人生命健康安全，需要及时处理的房屋禁止出租。其他的不危及承租人生命健康安全的房屋，即使存在违法事实或者存在引起纠纷的可能性，都可以用来出租，以增加出租房屋的供给，充分利用已有的房屋资源。至于违法人应该承担的责任，有权机关可以依法追究其应该承担的责任。至于房屋所有权人、管理权人或者使用权人之间的纠纷，则由当事人依法解决就可以了。不涉及公共安全的违法责任和权利人之间的争议并不是禁止所涉房屋出租的充分理由。

(四)完善保护城市承租人权益的制度

1. 建立促进城市租赁住房供给的制度

为了大力促进城市租赁住房的供给，可以考虑采用以下制度。

(1)完善土地使用制度，促进城市租赁住房的供给。在各地城市确定年度用地计划时，可以根据租赁住房建设的需要，在办公密集、工业园规模较大区域的商业用地、工业用地中，配建一定比例的租赁住房，要求新建商品房项目配建一定比例的租赁住房，将其作为土地出让条件。还可以考虑在符合城市规划的情况下，允许村集体经济组织通过自建、合作开发、作价入股等方式，利用闲置的城中村改造产业用地、集体用地建设租赁住房，并由其自主经营管理或委托住房租赁企业出租经营。

(2)完善房屋用途调整制度，允许商业用房改为租赁住房。根据市场需求，在不影响城市功能和城市整体风貌的前提下，经规划审批允许将部分宾馆、酒店、写字楼等商业用房改建为租赁住房，土地使用年限和容积率不变。

(3)允许客厅作为独立的房间出租。从保障承租人的人格尊严和身体健康来讲，单套住房内的原来设计为厨房、卫生间和储藏间的部位不能作为房间出租。对于单套住房内使用面积足够大的客厅经过适当处理后可以作为独立的房间用于出租。建议单套住房内使用面积 12 平方米以上的客厅，可以作为一间房间单独出租使用。

2. 建立平等对待城市承租人的“租购同权”制度

人口资源是城市发展的重要资源，甚至可以说是第一资源。随着我国人口出生率的下降，未来城市之间将在争夺人口资源方面展开激烈竞争。建立平等对待承租人的“租购同权”制度可以有效地吸引外来人口落户本地城市。为此，建议允许承租人通过登记备案租赁合同，领取《住房租赁备案证明》后，将其作为合法稳定住所的凭证，可以在本地城市申领居住证，并依据相关规定享受义务教育、医疗、就业、法律援助等基本公共服务。还可以考虑允许承租人申请住房公积金用于支付住房租金。

3. 建立城市租金管制制度

西方学者对是否应该建立城市租金管制制度存有争议。

许多经济家反对实行租金管制，认为租金管制制度存有很多弊端。(1)租金管制必然减少供应，造成住房短缺。租金管制的结果导致出租住房变成无利可图的投资，从而阻碍了新的私人投资用于修建出租住房。(2)租金管制导致出租住房资本价值降低，最终损害了城市贫民的利益。租赁住房的出租人在租金管制的背景下，为了节约成本，获得尽可能多得收益，有可能降低维修水平，导致出租住房的资本价值降低。出租住房资本价值的降低会减少城市的房地产税，会导致城市税基遭受侵蚀的恶果。由于城市贫民从税收支出中受益最多，最终对他们的伤害大于对其他群体的伤害。(3)租金管制往往助长住房空间的不当分配。主要原因在于，许多城市为了防止租金管制影响新的私人投资，往往对新建住房实施了豁免制度，即在租金管制制度实施后修建的住房的租金不受管制。由于建筑费用增长很快，新的小面积住房的租金可能与受管制的大面积住房的租金相当，旧住房的性价比远远超过新住房，面对这种结果，居住在受管制的大面积住房中的租户没有动力更换住房，出现老租户占用超过自己居住需要的住房的不良后果。(4)租金管制是一种低效的补贴制度，造成承租人之间的不平等。在实施租金管制制度的许多城市中，居住在租赁住房中的承租人并不是中低收入的穷苦人，反而是高收入的富裕人，这些人根本就不需要租金管制制度给予保护。(5)住房租金控制制度对出租住房的业主不公平。因为它只挑出一种行业来监管。它不是以受管制者的财富或收入为基础，而是强迫有限阶层的私人资助其他个人。①

也有一些学者支持租金管制制度。理由是：(1)租金管制可以保护人们的基本生活需要。住房就像食物和衣服，是生活的基本必需品。它的成本正在迅速上升，超出了许多家庭的承受能力，通过租金管制，可以防止许多家庭将过多的收入用于支付住房租金，而减少其他生活必需品的消费，生活水平的下降。(2)租金管制可以防止出租人获得不应有的收益。在住房短缺地区，出租住房的业主之所以能够获得巨额利润，只是因为它们的住房位于住房短缺地区，与住房的改善没有关系，不应该获得巨额利润。(3)租金管制可以为更全面地解决社会住房供给不足问题争取时间。即使从长期的角度来看，租金管制制度存在着一些缺陷，但是从短期的角度来看，租金管制都是处理住房短缺引发的租金上涨过快问题的必不可少的短期工具。通过实施租金管制制度可以为更全面地解决社会住房供给不足问题争取时间。(4)适度的租金管制制度并不一定会减少新建住房的供给。如果采用适度的租金管制制度，允许受管制的租金随着通货膨胀和经营成本的增加而上升，使得出租住房的业

---

① Richard A. Epstein, Rent Control and the Theory of Efficient Regulation, 54 Brooklyn Law Review(1988), pp. 741-774.

主能够获得合理利润。同时豁免新建租赁住房，新建租赁住房的租金可以按照市场供求上涨，可以吸引建筑商修建新的租赁住房，增加租赁住房供应量。①

虽然学者之间存在着争议，但是美国、德国、澳大利亚和加拿大等资本主义国家都建立了租金管制制度。这个事实为我国建立城市租金管制制度提供了强有力的实证论据。

我国当前的城市住房租金上涨速度很快。据房天下的数据显示，2017 年 2 月—2018 年 5 月，17 个热点城市房租年均上涨超过了 8%，上海上涨 19. 5%、深圳上涨 15. 5%，北京更是大涨 25. 9%！2018 年 6 月，许多城市的住房房租收入比已经超过了学者公认的可以接受的 25%的比例。例如，北京达到了 58%，深圳达到了 54%，三亚和上海达到了 48%，武汉也达到了 32%。共有 38 个城市超过了 25%。诚如人们公认的，高租金比高房价更可怕，危害更大。因为高房价导致人们买不起房的情形下，如果我们能够租得起房，我们还是有房可住，如果高租金导致我们连住房都租不起，这个后果将是许多人成为居无定所的人，有可能沦为流民，这些人将成为危害社会稳定的可怕力量。

表 2　**2018 年 6 月全国 50 个城市的房租收入比②**

城市	房租收入比	城市	房租收入比
北京	58%	贵阳	31%
深圳	54%	大连	30%
三亚	48%	成都	29%
上海	48%	西安	28%

① Michael J. Mandela, Does Rent Control Hurt Tenants? A Reply to Epstein, 54 Brooklyn Law Review(1989), pp. 1267-1274.

② 正解局：《失控的高房租，比高房价更可怕》，载新浪网，https://finance. sina. com. cn/china/2018-08-15/doc-ihhtfwqr8987883. shtml，2019 年 3 月 1 日访问。

续表

城市	房租收入比	城市	房租收入比
海口	41%	昆明	28%
兰州	40%	乌鲁木齐	27%
哈尔滨	38%	合肥	27%
郑州	38%	石家庄	27%
广州	38%	南昌	27%
湛江	37%	温州	27%
杭州	37%	青岛	27%
厦门	36%	张家口	26%
福州	36%	济南	26%
中山	36%	保定	25%
天津	35%	长沙	25%
南宁	35%	北海	25%
重庆	34%	佛山	25%
肇庆	33%	东莞	24%
太原	33%	宁波	24%
珠海	32%	沈阳	23%
南京	32%	银川	23%
西宁	32%	呼和浩特	21%
武汉	32%	苏州	21%
惠州	32%	嘉兴	20%
长春	31%	无锡	19%

鉴于我国当前的租金上涨速度和许多城市房租收入比超过了25%的事实，我国非常有必要借鉴西方资本主义国家的城市租金管制制度，建立我国的城市租金管制制度。

4. 建立城市押金管制制度

西方资本主义国家的城市押金管制制度主要有三种模式。

第一种是私法的模式，美国的许多城市采用的是这种模式。在这种模式下，法律规定了押金的限额，如果出租人不能按期足额返还押金，将向承租人承担民事赔偿责任。截至1994年时，美国有37个州颁布了返还租赁住房押金的法律。虽然不同州的法律各不相同，但是绝大多数州的法律规定，当出租人错误地扣留全部或部分押金时，承租人有权获得惩罚性赔偿金额。这些损害赔偿金是被错误扣留的押金的两倍或者三倍，同时许多州的法律还规定，承租人有权获得律师费和诉讼费用。①《新泽西州押金法》规定，出租人不能分别索要普通押金和宠物损害押金，二者的总和不能超过1个半月租金的法定限额。② 如果出租人用于出租的住宅在10套及其以上时，出租人必须将10套及其以上住宅的押金进行投资，购买有担保的货币市场基金的份额或者同等价值的银行股份。如果出租人用于出租的住宅少于10套时，出租人必须将10套以下的押金存入银行有息账户。如果出租人未将钱投资于有息账户或货币市场基金，则承租人有权获得押金并加上年利率7%的利息，承租人可以用这笔钱缴纳即将到期的租金。承租人没有义务再交押金，出租人也不能再要求承租人交押金。③ 租赁期满后，出租人需在30天内退还押金及其利息，同时可以根据租约条款扣除已经承担的任何费用。但是，如果承租人因灾难或政府行为而流离失所时，出租人必须在5个工作日内退还押金。另外，如果家庭暴力受害者援引法定权利，提前终止住宅租

① Billie L. Snyder, Refunding Residential Tenant Security Deposits: A Legislative Proposal for West Virginia, 96 West Virginia Law Review (1993—1994), pp. 551-552.

② Brian R. Lehreral, Security Deposits: The ABCs of the SDA, 261-DEC New Jersey Lawyer(2009), p. 49.

③ Brian R. Lehreral, Security Deposits: The ABCs of the SDA, 261-DEC New Jersey Lawyer(2009), p. 49.

赁协议的，出租人必须在15个工作日内退还押金。[1] 如果出租人违反法律规定，不能按期足额退还押金，将受到处罚。《新泽西州押金法》规定，如果承租人胜诉，可以获得两倍押金，所有的诉讼费用由出租人承担，同时，根据法院的自由裁量，还可以获得合理的律师费。[2]

第二种是押金补偿基金担保的公法模式。《加拿大曼尼托巴省住房租赁法》规定，出租人要求承租人支付押金时，必须遵守以下规定：(1)押金数额不能超过租赁协议规定的第一个月的租金的1/2；(2)出租人不能要求承租人缴纳押金，除非在签订租赁协议之前，出租人已经通知承租人需要缴纳押金，以及在承租人转让之前，出租人已经告诉潜在的承租人需要缴纳押金；(3)如果承租人租赁的住房是受补助的住房，在计算押金的限额时，作为计算标准的租金应为扣减补助之前的数额；(4)出租人收到租金后，应该开具收据，载明金额、收款日期和押金用于担保的租赁住房的门牌号码。[3] 出租人允许承租人饲养宠物的，可以另外向承租人收取宠物损害押金，不能按照动物数量收取，只能一套住宅收取一次押金，押金数额不能超过一个月的租金，且以后不能涨价，还需要在签订租赁协议之前事先声明需要收取宠物损害押金，动物为承租人提供必需的生活协助的工作宠物，不需要缴纳押金。出租人收到租金后，应该开具收据，载明金额、收款日期和押金用于担保的租赁住房的门牌号码。[4] 出租人在收到押金后，可以根据法律的规定自己保管，也可以将押金提存给监督者。出租人自己保管的，需要向监督者提供债券、金融凭证或者其他担保以保证能够根据行政法规的规定按时足额支付押金及其利息。如果出租人既没有向监督者提供债券、金融凭证

---

① Brian R. Lehreral, Security Deposits: The ABCs of the SDA, 261-DEC New Jersey Lawyer(2009), p. 50.

② Brian R. Lehreral, Security Deposits: The ABCs of the SDA, 261-DEC New Jersey Lawyer(2009), p. 50.

③ Sec 29, The Residential Tenancies Act 1990 of Manitoba of Canada.

④ Sec 29.1, The Residential Tenancies Act 1990 of Manitoba of Canada.

或者担保，也没有按照法律的规定按时足额支付押金及其利息的，由押金补偿基金(security deposit compensation fund)根据监督者的命令支付给承租人。出租人提存给监督者的押金及其利息，以信托的方式进行管理。当出租人将押金提存给监督者时，监督者可以按照行政法规的规定向出租人收取行政服务费。根据出租人的请求，监督者可以将出租人提存的押金及其利息返还给出租人。① 承租人缴纳的押金从缴纳之日起至返还之日期间，计算利息，利率由总理制定的行政法规规定。押金产生的利息超过支付给承租人的利息的余额，属于出租人或者监督者所有。②

第三种是押金系统托管的公法模式。《澳大利亚南威尔士州住房租赁法》规定，主管部长需要提供押金(rental bond)保管在线服务。③ 主管部长提供的在线设施或者系统应该具有以下功能：(a)向主管部长提存押金；(b)要求支付押金；(c)支付一定数额的押金；(d)发出押金管理规定授权或要求的任何通知；(e)执行或者协助执行押金管理规定授权或要求的事务。④ 出租人及其代理人不能强制承租人及其代理人使用押金保管在线服务。否则，出租人将承担 20 个单位以下的罚款。⑤ 出租人或其授权的代理人向承租人或者其授权的代理人收取的押金总额不能超过租赁协议约定的 4 个星期的租金。出租人或者其授权的代理人不能向承租人或其授权的代理人收取押金，除非(1)出租人或者其授权的代理人已经在根据本法第 157A 条建立的押金保管在线系统上注册成为用户，而且(2)邀请已经是押金保管在线系统用户的承租人提供一个账户，承租人可以通过该账户向主管部长提存押金，而且(3)如果承租人提供了这样的账户，出租人或者其授权的代理人已经邀请承租人使用在

---

① Sec 30, The Residential Tenancies Act 1990 of Manitoba of Canada.

② Sec 31, The Residential Tenancies Act 1990 of Manitoba of Canada.

③ Sec 157A, Residential Tenancies Act 2010 of New South Wales of Australia.

④ Sec 157A, Residential Tenancies Act 2010 of New South Wales of Australia.

⑤ Sec 157A, Residential Tenancies Act 2010 of New South Wales of Australia.

线系统向主管部长提存押金，同时承租人已经获得了通过该系统向主管部长提存押金的合理机会，或者承租人明确拒绝了出租人或者其授权的的代理人的邀请。在双方当事人签订租赁协议之前，出租人或者其授权的代理人不能向承租人或者其授权的人收取押金，承租人或者其授权的人同意在协议签订之前通过在线系统向主管部长提存押金的除外。收到押金的人应当向承租人或者其授权的人开具收据，双方当事人签订的租赁协议已经详细地载明了押金支付方式的除外。违反以上规定的行为是犯罪行为，将被追究刑事责任，可以处以 20 个单位以下的罚金。① 除了依法收取的押金之外，出租人或者其授权的代理人不得向承租人另外收取任何费用作为双方签订的租赁协议履行的担保，法律另有规定的除外。违反者将被处以 20 个单位以下的罚款。② 如果收取押金的当事人是出租人或者出租人授权的代理人以外的主体的，应当在 10 个工作日内将押金提存该主管部长，并按照规定的方式通知主管部长；如果收取押金的当事人是出租人授权的代理人的，应当在收到押金的当月结束后的 10 个工作日内将押金提存该主管部长，并按照规定的方式通知主管部长。③ 出租人或者承租人必须按照规定的方式向主管部长提出押金支付请求。除非出租人和承租人共同提出，或者出租人提出将押金支付给承租人，或者承租人提出将押金支付给出租人，否则，在租赁协议到期之前，任何人不能向主管部长提出押金支付请求。④ 当双方当事人或者第三人对押金的支付发生争议时，有权在规定的期限内向有管辖权的行政法庭提出请求，由行政法庭就押金的支付作出决定。⑤

本文认为，《澳大利亚南威尔士州住房租赁法》规定的押金系统托管的公法模式适合我国国情，而且我国当前也具备了采用这个押金系统

---

① Sec 159, Residential Tenancies Act 2010 of New South Wales of Australia.

② Sec 160, Residential Tenancies Act 2010 of New South Wales of Australia.

③ Sec 162, Residential Tenancies Act 2010 of New South Wales of Australia.

④ Sec 163, Residential Tenancies Act 2010 of New South Wales of Australia.

⑤ Sec 175, Residential Tenancies Act 2010 of New South Wales of Australia.

的物质条件。我国当前的国情是：(1)人们的法治意识不是很强，导致陌生人之间的相互信任度比较低，将押金托管给政府建立的信息平台，出租人和承租人都能够接受。(2)发生纠纷后，通过诉讼途径解决问题的意愿不强烈，因此采用美国的私法模式不可行。手机和电子支付技术已经非常普及，绝大多数人都能够借助手机进行电子支付，具备了通过政府建立的信息平台提存和接受押金的物质条件。因此，本文认为，我国可以考虑在限制押金数额的基础上建立押金系统托管制度。

5. 建立保护城市承租人长期承租权的制度

为了建立稳定的城市住房租赁市场，资本主义国家采用了与租金管制相配套的制度：允许承租人自动续期，且不允许出租人私自采用暴力或者威胁使用暴力措施驱逐承租人，而只能由执法机关通过必要的程序驱逐承租人。

除了前述的德国和美国纽约州采用了保护承租人长期承租权的制度之外，澳大利亚和加拿大的一些州也采用了这种制度。例如，《澳大利亚南威尔士州住房租赁法》规定，有固定期限的租赁协议到期后继续适用的，有固定期限的租赁协议可以继续适用：(a)协议的期限变成了一个无固定期限的协议；同时(b)协议的条款与固定期协议结束前的条款相同。[①] 任何人不得为了占有租赁住房，在住房租赁协议到期之前或者之后进入租赁住房，除非：(a)该人是根据行政法庭的恢复出租人占用租赁住房的命令或者法院的判决和命令授予的占有令状或者许可证行事，(b)承租人已放弃或空置租赁住房。违反该规定的最高处罚限额是200单位的罚款数额。在出租人主张承租人已经空置租赁住房的情形下，出租人需要向行政法庭申请一个宣告租赁住房已经空置的命令。[②]《加拿大曼尼托巴省住房租赁法》规定，有固定期限的租赁协议，出租

① Sec 18, Residential Tenancies Act 2010 of New South Wales of Australia.

② Sec 120, Residential Tenancies Act 2010 of New South Wales of Australia.

人应在协议到期日之前的最少 3 个月通知承租人是否按照现有协议的期限和除了租金之外的权利义务续约，如果承租人对出租人的通知不予回复的，就意味着承租人同意续约。如果出租人通知承租人签订一份新租赁协议，而承租人对出租人的通知不予回复的，就意味着承租人不同意新协议，现有协议到期后，协议终止。① 除非承租人已经腾退或者放弃租赁住房，否则，出租人只有根据恢复占有租赁住房令状才能重新占有租赁住房。② 当监督者签发的出租人恢复占有租赁住房的命令没有得到遵守时，该命令复制件经监督者确认并登记于法院，立即获得法院命令的执行效力，法院的书记官应该据此签发一份出租人恢复占有租赁住房的执行令状。③

为了建立稳定的住房租赁市场，实现“住有所居”的目标，我国非常有必要采用保护城市承租人长期承租权的制度：允许承租人自动续期，且不允许出租人私自采用暴力或者威胁使用暴力措施驱逐承租人，而只能由执法机关通过必要的程序驱逐承租人。

---

① Sec 21, The Residential Tenancies Act 1990 of Manitoba of Canada.

② Sec 80, The Residential Tenancies Act 1990 of Manitoba of Canada.

③ Sec 157, The Residential Tenancies Act 1990 of Manitoba of Canada.

城市房屋拆迁补偿的法律问题分析

谭家超*

【摘要】 城市房屋拆迁涉及国有土地使用权收回和房屋所有权征收两方面问题。按目前"退还出让金""适当补偿"的土地法补偿规范与"保护权利人物权"的物权法补偿规范，在规范体系的理解上存在较大问题。同时，在政府层面又重新建立的一套市场化补偿机制，使得整个城市房屋拆迁补偿标准都比较混乱。另外，关于城市房屋拆迁补偿从立法到实践都忽视了土地增值分配的要素。据此，可以采取两种方案：一是按法教义学，建立以《物权法》第148条为中心的补偿规则体系；二是在退还出让金基础上建立一种土地增值的补偿标准。

【关键词】 城市房屋拆迁　土地　补偿　土地增值

一、问题的提出

一般而言，城市房屋拆迁涉及国有土地使用权（建设用地使用权）回收，以及房屋所有权征收补偿这两方面问题。从法律规范层面来看，涉及城市房屋拆迁补偿的有四种规定：一是，依《土地管理法》第58条的适当补偿方式，主要从土地使用权角度建立收回制度。二是，依《物

---

* 谭家超，男，土家族，湖北恩施人，武汉工程大学副教授，法学博士，中国社会科学院法学研究所博士后。

权法》第 148 条退还出让金和依照集体土地房屋征收的补偿方式。如果城市土地使用权收回涉及房屋拆迁，则补偿方案可以简单表述为：物业补偿+保障居住+退出让金。三是，依《城市房地产管理法》第 20 条和《城镇国有土地使用权出让和转让暂行条例》第 42 条，根据建设用地使用权人使用土地的实际年限和开发土地的实际情况给予相应的补偿。四是，依《国有土地上房屋征收与补偿条例》第 17 条，补偿涉及被征收房屋价值补偿、安置补偿和实际损失补偿三方面，采取市场化机制的补偿标准。上述补偿规则实际上以土地和房屋二元为基础，分别建立了补偿规则，在城市房屋拆迁实践中缺乏可操作性。因为实践上很难将建设用地使用权和房屋所有权隔离开来，房地一体化导致补偿也需一体化，让具体补偿标准变得十分复杂。据此，这引发了以下两方面的问题：

第一，由于城市房屋拆迁房地一体化的现状，需要对现有的四种补偿方案进行体系化解释。也就是，需要对现有依照土地和房屋二元化的法规范进行教义学建构，让“退还出让金”“适当补偿”的土地法规范与“保护权利人物权”物权法规范得到一致性、体系化理解。唯有此，才可能从法律规范层面达成对被拆迁者采取何种补偿力度的共识。

第二，关于被征收房屋的价值补偿急需进一步澄清和细化。按《国有土地上房屋征收与补偿条例》建立的市场化补偿机制存在逻辑错误。现有房地产市场的高价值并不指向于房屋本身，而指向于建设用地使用权。按土地使用权依循退出让金+适当补偿的法律机制，那么关于建设土地使用权收回是否也需要依赖市场化的对价补偿？而《国有土地上房屋征收与补偿条例》的市场化补偿机制混淆了所有权和使用权的补偿差别，某种程度上助长了拆迁漫天要价的行为。

就研究现状而，学界专注于集体土地房屋征收，而对城市房屋拆迁补偿问题关注度严重不够，但也有少量学者关注建设用地使用权提前收回的问题。例如，就有主张认为建设用地使用权提前收回补偿规则应借鉴《城市房地产管理法》第 20 条规定，但仍然没有关注到土地与房屋二元化规则与一体化的现实问题。[①] 还有学者主张建设用地使用权被征收应采取市场化机制[②]或者将土地使用权极差地租提高而产生的增值利益返还给社会[③]，但没有完全论证清楚为何要这样做。据此，本文在对相关法律规范法教义学建构的基础上，试图采取一种新的理论来解释建设用地使用权“适当补偿”的内涵。

二、城市房屋拆迁补偿规则的法教义学分析

(一)城市房屋拆迁补偿法律规范的空中楼阁

在问题提出部分我们讲到了在城市房屋拆迁补偿有四种补偿规定。实际上，这四种补偿规定是因为角度不同而导致对象有所不同，因而导致在房地一体化的现实中出现混乱、宽泛的问题。更重要的是，由于对城市房屋拆迁补偿的法律规范没有体系化和核心化的认识，导致在法律规范层面出现较大矛盾。在城市拆迁中“自焚”“暴力”经常见诸网络和报纸。最终，政府层面不得以在2011年按照市场化逻辑制定了一部《国有土地上房屋征收与补偿条例》，以此缓解城市房屋拆迁补偿在法律依据上的矛盾。就这样，现行城市拆迁补偿的核心依据变成了《国有土地上房屋征收与补偿条例》。

一般认为，让城市房屋拆迁补偿法律规范变成空中楼阁的主要原因在于：法律层面规定针对土地使用权的补偿方案，即适当补偿、退还出让金的方式存在补偿力度低、标准不明确等问题，同时，依据集体土地

① 参见高飞：《建设用地使用权提前收回法律问题研究——关于〈物权法〉第148条和〈土地管理法〉第58条的修改建议》，载《广东社会科学》2019年第1期。

② 参见朱广新：《论建设用地使用权的提前收回》，载《华东政法大学学报》2011年第4期。

③ 参考张先贵、金俭：《因公益需要提前收回国有土地使用权的补偿制度》，载《社会科学辑刊》2012年第3期。

房屋征收规则也存在力度低、赔偿范围窄等问题。在现实矛盾突出的背景下，《国有土地上房屋征收与补偿条例》一定程度上缓解了现实困境。一是，这部条例对所谓的“公共利益”进行了相对明确规定，采取描述、列举加兜底的模式使政府行为受到一定限制；二是，补偿标准采取市场对价方案，更加注重对被拆迁人的权益保障。通过这两方面的突出改变，使政府与被征收人之间的矛盾大大缓解。或许有人认为，《国有土地上房屋征收与补偿条例》(第三章)是对《土地管理法》第58条、《物权法》第148条、《城市房地产管理法》第20条的具体制度建构。然而，这种基于市场逻辑的补偿标准某种程度上是架空了相关法律规范，本质是从政府层面重新设置了补偿规范。

《国有土地上房屋征收与补偿条例》第19条规定对被征收房屋价值的补偿采取市场价值，这种补偿价值严格采取房地一体模式，混合了房屋所有权和土地使用权市场价格。实际上，在现代商品房模式下，房地产市场价值的核心是建设用地使用权。因为房屋作为建筑物，其本身价值随着时间推移不断下降，而增值的核心部分是土地使用权。实际上，《国有土地上房屋征收与补偿条例》第19条的核心是建设用地使用权的补偿机制。那么，这种市场化方案无疑架空了退还土地出让金的补偿方案。同时，虽然《物权法》第148条规定涉及土地房屋及其他不动产的补偿需要采取集体土地房屋征收进行“补偿+退出让金”，但在集体土地房屋征收采取“物业补偿+保障居住”的模式下，《物权法》第148条的补偿方案是“物业补偿+保障居住+退出让金”。这样，法律所设定的补偿方案是土地和房屋二元区别，从行政法规上设定房地一体化的市场模式实际上是法外突破。某种程度而言，《国有土地上房屋征收与补偿条例》是土地供需矛盾激化的产物，由于市场环境，开发商和政府都为了让拆迁行为实现而不惜花重金，这也造成了被拆迁人的“一夜暴富”和失业现象。

(二)城市房屋拆迁补偿法律规范的阿基米德支点

以实践逻辑创设的《国有土地上房屋征收与补偿条例》第19条虽然

起到一定效果，但要从根本上解决城市房屋拆迁补偿问题还得回归到法律规范层面，也就是需按照《土地管理法》第 58 条、《物权法》第 148 条、《城市房地产管理法》第 20 条建立补偿规范。就这三种法律规范而言，《土地管理法》第 58 条和《城市房地产管理法》第 20 条实际上都具有收回建设用地使用权的补偿规范，涉及了土地补偿问题。可以认为，《城市房地产管理法》第 20 条规定“使用土地的实际年限和开发土地的实际情况给予相应的补偿”实际上是《土地管理法》第 58 条“适当补偿”的具体化表述。就三者而言，《物权法》第 148 条构成整个城市房屋拆迁补偿的核心规范，我们可称之为城市房屋拆迁补偿法律规范的阿基米德支点。① 理由有三：一是，《物权法》第 148 条针对城市房屋拆迁采取“物业补偿+保障居住+退出让金”关注到了房屋所有权和建设用地使用权两种权利类型，并且从规范上很好地对接了其他两个法律条款；二是《物权法》第 148 条针对其他两条规定而言是新法，需按新法优于旧法原则；三是《物权法》第 148 条更接近财产权保障的价值立场，由于城市房屋拆迁是基于公共利益让财产权人丧失了相应所有权和土地使用权，国家应该依据公平原则建立合理的补偿机制。何谓“合理”，很大程度上就是“充分”，只有得以充分补偿才能显示公平。那么，从物权角度建立补偿机制是基础的法制保障，也是近代以来宪法的核心价值。

据此，以《物权法》第 148 条作为整个城市房屋拆迁补偿法律规范的支点，再连接其他两个法律条款就比较清楚。首先，就《土地管理法》第 58 条，其适当补偿就可以理解成在退出让金的基础上进行适当补偿，即针对土地使用权的适当补偿就可以理解成高于退出让金的补偿方案。其次，就《城市房地产管理法》第 20 条，可以理解成在退出让金

---

① 阿基米德支点是主要是指一种能够支撑起法教学的一种概念工具，通过这一支点可以建构某种规范体系的教义体系。这种论述多见于法理学和行政法学，可参见鲁鹏宇：《论行政法学的阿基米德支点——以德国行政法律关系论为核心的考察》，载《当代法学》2009 年第 5 期；刘风景：《法治的阿基米德支点——以法的一般性为中心》，载《法学论坛》2013 年第 5 期。

的过程中应充分考虑实际年限和实际使用情况。由于《物权法》第148条上的城市房屋拆迁补偿可表述成：物业补偿+保障居住+退出让金。那么，按照逻辑体系建设，城市房屋拆迁补偿可表述为：物业补偿+保障居住+(按实际情况退回土地出让金+适当补偿)。这样一来，城市房屋拆迁补偿的法律标准就比较明确。不仅明确了房地一体中的二元构成，而且确定了不同类型的补偿方案。

三、城市房屋拆迁补偿严重忽视土地增值分配

(一)城市拆迁补偿的核心是土地增值要素

在城市房屋拆迁领域当中，政府基于公共利益的需要对房屋所有权及其土地使用权进行征收。这种征收既要针对土地，也要针对房屋所有权。按照《物权法》的“物业补偿+保障居住+(计算实际情况的土地出让金退回+适当补偿)”的补偿标准，实际上就是将房屋所有权价值与土地使用权的价值采取二元划分的补偿方式。那么，对于房屋补偿主要采取保障生活和房屋所有权价值的方案，这种补偿方案一般来说比较好计算。就房屋所有权而言，其核心价值在土地增值的情况，房屋的折旧情况实际上是很容易计算的，加之有生活保障，对地上所有权的价值计算也相对来说比较简单。但以现有房地产市场化的情况，土地价值的增值才是核心要素。显然，在城市房屋拆迁领域，政府与私人之间关于财产利益的平衡点在于土地增值的分配。这里的合理补偿实际上是在土地不断增值的前提下，对增值部分进行合理的分配。马克思认为，土地价值是土地自然价值和土地资本价值的耦合①。在土地开发和利用的过程中，土地增值取决于市场化的投入和外部环境的变化，由于在城市拆迁

① 洪银兴、葛扬：《马克思地租地价理论研究》，载《当代经济研究》2005年第8期。

的过程中土地普遍意义上会发生价值增长，客观上会诱发更多的市场主体不断要求政府进行拆迁。

一般而言，城市土地增值的原因主要有三个方面：一是，土地利用者对土地的投资，包括对土地本身以及劳动带来增值；二是，由于政府行为，如整体的开发、规划和布局、公共设施的投入、改善生态环境、投境环境等吸引更多的市场资金导致土地增值；三是，通过改变土地的性质，让原有的土地承载着更多的职能来获得土地增值。

如果仅仅将原有土地的出让价格退回给土地使用权人，那么这种分配方式无疑是单一的，也是极不公平的。在被拆迁人与公权力的力量对比关系中，被拆迁人都处于弱势地位，只有有效地将土地增值收益向财产权人分配才符合现代物权保护以及宪法价值的理念。据此，在《物权法》“物业补偿+保障居住+(按实际情况退回土地出让金+适当补偿)”的补偿标准下，将土地增值的那部分适当予以补偿是核心要素，那么，问题就变得单一起来，即如何将土地增值部分进行公平分配?

(二)现行法律规范忽略土地增值

现行的城市房屋拆迁，实际上源于改革开放后的城市建设，这个时期的相关法律制度在社会变革中都在不断发生变化。那么。在城市建设过程中，政府投入是关键，这关系到如何培养产业和发展城市经济增长点，土地利用就成了城市建设的一种手段。这样一来，对城市拆迁所需要的土地成本也很少顾及，对公民土地财产权利保障也变得不那么重要。同时，商业拆迁模式兴盛，城市快速发展，城市规模和经济聚集效应不断扩大，迫使政府需要对旧城区不断进行改造和升级。一方面政府迫于财力有限，新的财政支撑难以形成，不得不吸引开发商参与城市拆迁改造，最终形成开发商和政府共同分配土地增值收益的现状。所以，整个国有土地收回制度旨在建立一种以退还出让金为核心的补偿标准，这种补偿方式实际上置土地所有权人的财产利益于不顾。这种局面直到《物权法》出台才有所缓解，但《物权法》着重从被征收人的物权和生活保障角度进行补偿，也忽视了土地增值价值的分配。

随着城市房地产市场化的不断成型，在城市土地征收领域也逐渐开始考虑土地增值和农业生产停滞所需要的补偿，于是就在在政府层面形成了新的拆迁条例，即《国有土地上房屋征收与补偿条例》，其中采取的市场化补偿的逻辑，实际上就蕴含了土地增值的一种分配思路，一定程度上突破了房屋拆迁的地上物补偿的范围，标志着土地使用权开始得到重视。当然，这也成为城市房屋拆迁补偿法律规范被架空的重要原因。但问题在于，《国有土地上房屋征收与补偿条例》的市场化机制并没有完全考虑土地增值的分配，而是将城市房屋的建材成本和建造成本作为拆迁补偿的核心部分。对房屋价值折价补偿的标准基本上采取货币补偿和产权调换的方式，即"拆一补一"的原则，但这种补偿对象主要是针对个人房屋，而并没有考虑到土地使用权增值的额外补偿。

据此，随着城市经济功能的不断加强，加之土地市场化的现实状况，城市房屋拆迁补偿不得不单独考量土地增值收益的分配。只有这样，才能让财产权益得到更公平的分配，让公民物权在现代社会得到更好的保障。同时，通过土地增值分配，也可以让房地一体化的征收补偿标准更加明确，在国家所有权的大背景之下，反而可以有效抑制"漫天要价"的行为。

(三)公共利益机制忽视土地增值分配

在目前的城市拆迁过程中，对土地增值收益分配呈现出一种市场为导向的特征。具体表现为政府不再是唯一的力量，政府作为中坚力量积极引导被拆迁人与市场力量。尤其在政府缺乏资金的情况下，借助市场流动资金可以推动城市的拆迁改造。这种政府参与和引导的市场运作体系，在广大地区逐渐展开并成熟，于是，市场力量就成为城市拆迁改造的重要因素。据此，拆迁补偿逐渐形成由被拆迁人、开发商和政府三者之间形成调配体系，尤其开发商从一开始就成为一种重要力量参与城市增值收益分配过程。另外，以市场为导向的城市房屋拆迁，表现出城市土地供求市场化，进而反推城市土地增值。尤其在拆迁改造后将房屋或者物业放入市场，无论是原土地使用权人、政府还是开发商都可以获得利益。以目前的国家所有权机制，这种以市场为导向的城市房屋拆迁已经让政府掌控力不断下降，市场经营、运作已经让国有土地增值收益某种程度淡化了公共利益的色彩，完全以市场为导向的土地增值分配并不符合公有制的要求。这种市场操作模式使土地增值收益几乎完全遵循市场化逻辑，导致市场力量最终获得了绝大部分收益，政府只获得较少的土地增值收益。就是说，政府在国有土地增值回收过程中应当获得大部分利益，以便维持公共利益的分配机制。

同时，我国自分税制改革以来，地方政府大多采取城市土地征收、拆迁改造的方式，通过出让国有土地使用权获得一定的土地增值收益。但在政府职能设置方面并没有相应的土地增值收益管理机制，反而是积极地干预拆迁行为，导致政府公共服务职能弱化，并且政府也会进一步思考如何通过经济外部性再一次形成土地增值。例如，采取招商引资建设城市广场、商场、公共设施等的行为，试图进一步扩大城市建设的外部性因素，虽然市民可以从这些行为中获得部分利益，但没有在制度上享受到土地增值分配。

四、城市房屋拆迁补偿纳入土地增值分配要素

（一）土地增值收益分配基本理念的确立

在城市房屋拆迁补偿法律规范及其实践过程中，由于缺乏土地增值收益分配的动机及其有效利用机制。尽管大量的研究表明土地增值，收益分配着重于公民个体。但事实上，城市房屋拆迁是一个非常复杂的系统，立法者、政府、开发商、被拆迁人，甚至包括银行在内都没有对土地增值分配形成一个理念，造成城市房屋拆迁补偿缺乏到底是基于所有权，还是基于土地使用权的认识，自然也对土地增值补

偿缺乏清晰的认识。就被拆迁者而言，他们坐地起价，希望在城市拆迁中能一夜暴富，这事实上增加了城市房屋拆迁的难度，不利于城市公共建设；就政府而言，他们希望按照退还土地出让金的方式开展，也就是土地增值收益分配完全偏向于公共利益，也就是政府收益；就开发者而言，他们希望所有的城市房屋拆迁补偿都能在政府层面得以解决，要求政府不断地向被拆迁者施压，使他们与被拆迁者之间有一定的谈判资本。作为以公有制为主体的国家，城市土地增值收益本身源于全民利益，理应归为全民所有，就应该满足绝大多数人的根本利益。问题在于，政府虽然代表着公共利益，但以目前的财政体系，政府经济人身份凸显，必然导致其在土地开发中看中部门利益和地方利益，公共利益很多时候成为挡箭牌。当然，开发商更是看重政府这一点，通常与政府合作一起来侵蚀全社会的土地利益。所以，在城市房屋拆迁过程中，法律机制的核心理念必须要基于物权的理念，让公民个体直接参与分配土地增值。

不得不承认，现有的立法理念远没有关注到城市房屋拆迁、土地增值分配的复杂性和多维性。就现在和未来而言，立法者要着重考量土地增值分配的公共利益机制，一方面要站在有利于城市发展进步的角度，建立一种人们普遍认同的可持续利用价值观；另一方面需要考量在政府、市场以及被拆迁人之间建立何种土地增值分配的机制。本文认为，一个科学、公平的土地增值分配理念在城市拆迁补偿，甚至城市建设过程中都将发挥着极其重要的作用。

(二)建立公私兼顾的土地增值分配方案

土地增值收益如何进行分配，主要存在涨价归公、涨价归私和公私兼顾论三种观点。涨价归公论是英国经济学家约翰·穆勒的主要观点，他在《政治经济学原理》一书中，阐述了土地价值上涨本质上是社会进步的结果，而国家是社会利益的代表，也是社会进步的主要推动者，因此应当将土地增值归国家所有。主张把地价增值部分视为不劳而获的收入，由国家通过土地税收加以调节。[①] 美国著名经济学家亨利·乔治于19世纪后半期也提出了相似观点，认为土地所有者并不对土地增值产生作用，土地增值带来的地租的增加，应该归全社会所有。[②] 我国民主革命先驱孙中山先生的“平均地权”思想，主张地价增涨的部分收归国有，土地涨价归公是“平均地权”的核心。[③] 可以看出，涨价归公论的基础是认为土地增值是社会发展的结果，而个人不能对此作出贡献，该论实际上是否定了劳动价值理论，因而并不能客观揭示土地增值的本质，也就不能实现真正意义上的“涨价归公”。以周天勇、蔡继明、刘正山为代表的我国学者，则主张“涨价归私”，即全部土地自然增值归原土地所有者所有。[④] 涨价归私在我国存在一定的难度，主要是土地公有制度的原则不能被突破，这实际上指明由土地所有权决定土地增值必然有一部分归公共所有，体现的是对财产权的保护。结合我国的国情和现阶段发展实际，以周诚教授为代表的学者们，提出“公私兼顾”的分配理论，认为土地收益和土地增值的分配应当体现对土地使用权的尊重，主张优先对被拆迁人进行公平补偿，政府获得部分剩余价值，用于公共设施建设。[⑤]

另外，我国正处在社会转型期，城市房屋拆迁补偿标准必须考量到目前的经济社会发展水平。现行物业化的补偿标准由于忽略了土地增值分配，从而让土地收益没有达到公平合理的利益分配标准。没有土地分配增值分配的具体标准，缺乏涨价归公或涨价归私分配机制导致政府与被拆迁人之间矛盾凸显。在现有的城市拆迁补偿过程中，应持有公平分

---

① ［英］约翰、穆勒：《政治经济学原理及其在社会哲学上的若干应用：上卷》，商务印书馆1991年版。

② 陶大墉：《亨利·乔治经济思想述评》，中国社会科学出版社1982年版。

③ 夏良才：《论孙中山与亨利·乔治》，载《近代史研究》1986年第6期。

④ 严诗露：《土地租税（费）体系与土地增值收益分配问题研究》，华南理工大学2013年硕士学位论文。

⑤ 刘霓：《城市土地增值及其收益分配研究》，重庆大学2009年硕士学位论文。

配土地增值的原则，一并将原有的贫富等级差别消除。而目前的补偿标准既能让所有权人获得衣食无忧的处境，同时也增加了被拆迁人坐地起价的情况。

据此，本文建议在土地增值分配中确立政府行为与市场行为界分的分配方案：一是从城市房屋拆迁改造的成本来源出发，按市场化资本比例占比大小确立合理的补偿标准，如果政府公共财政支出较大则应当相应降低补偿标准，因为政府的支出代表着公共财政利益。如果市场资源参与较大则应该提高相应的补偿标准，因为市场化会进一步增强土地增值的收益，那么就应该通过提高补偿的方式提前分配土地增值收益。二是，对土地增值的外部性①进行分类，区分政府行为与市场行为引起的外部性增值。这种分法可以有效地解决土地增值如何公平分配的问题。凡是基于政府规划、市政建设等政府行为引起的经济聚合或经济增长，那么土地增值分配应偏向于公共利益，那么被拆迁人的补偿价值要相对减少；如果土地增值现象是因为市场行为，例如商场、商业投资等行为引发了新的供求关系，那么被拆迁人的补偿价值要相对增多。

(三)以《物权法》第148条为核心确立土地增值补偿标准

按目前《国有土地上房屋征收与补偿条例》的实践操作，城市房屋拆迁补偿中一直采取物业价值补偿为主，通过货币和居住保障等方式进行征收补偿，这种补偿标准缺乏针对土地增值收益的补偿。在现有的法律体系下，政府以公共利益的名义将国有土地收回，那么针对土地从原

---

① 外部性是经济学研究的重要课题。古典经济学家亚当·斯密在论述个人追求效益最大化的时候，注意到个人在追求自身利益的同时，也会促进社会的利益，具体参见亚当·斯密：《国民财富的性质及其原因的研究》，商务印书馆1997年版。首次注意到了这种经济现象，但他没有进行深入探讨。外部性理论的正式提出，是英国经济学家、剑桥学派的奠基者西奇威克。其在《政治经济学原理》一书中阐述了个人经济行为与社会经济行为并不等价，“个人对财富拥有的权利并不是在所有情况下都是他对社会贡献的等价物”。具体参见许云霄、麻志明：《外部性问题解决的两种方法之比较》，载《财政研究》2004年第10期。

出让到未来确定的增值部分都据为己有，严重损害公民的利益。现有的方案是整个城市房屋拆迁要回归到《物权法》第 148 条上来，即补偿标准回归“物业补偿+保障居住+(按实际情况退回土地出让金+适当补偿)”，其中，需要在退还出让金的过程中增加对土地增值分配的内容，就是说针对土地“适当补偿”的标准需要纳入一种土地发展权，以此对接土地增值分配性补偿。本文认为，土地发展权需要基于两方面的考虑，一是要考量从原出让日期到被征收之日期间的土地增值情况；二是要考量土地被征收后在未来一段时间内确定的增长价值。同时，基于公私兼顾的土地增值分配方案，需要对《物权法》第 148 条“退还相应的出让金”进行修改。具体而言，可以将《物权法》第 148 条中的“并退还相应的出让金”修改成“并在退还相应出让金的基础上给予土地增值补偿，但需考虑政府、市场的占比”。除此，政府层面需全面修改《国有土地上房屋征收与补偿条例》，增加土地增值的补偿标准，确立以政府行为与市场行为界分的补偿标准。

结语

目前收回国有土地使用权或者城市房屋征收补偿的制度缺陷非常明显，由于立法上采取土地和房屋二元的立法模式，并没有考虑到房地一体化的征收实践，所以政府在实践层面产生了新的《国有土地上房屋征收与补偿条例》，但这种规范完全采取了土地和房屋一体化的模式，又忽视了土地价值的重要性，导致在法律规范层面并没有一个清晰的逻辑。据此，本文的研究及其对策是重构性质的。

从 2018 年《民法典各分编(草案)》第 151 条，2019 年生效的《中华人民共和国土地管理法》第 58 条来看，都没有充分考虑到土地增值收益的补偿。这对市场化建设和物权保护都不利，也无法从根本上解决房屋城市房屋征收补偿的困难与矛盾。本文最后两个部分着力解决该问题，由此提出了两个问题。在解决适当补偿标准这个问题的时候，试图采用外部性理论建构一种全新的补偿标准方案，这种方案是否成立则需要更加充分的研究，受限于时间和专业的限制，本文深感不足，但这种方案值得深思。

【城市治理法治化研究】

提高设区的市人大立法质量的基本路径与保障机制研究*

陈焱光　杨宇熙　尹鸿涛　朱　达**

【摘要】如何提高立法质量，是设区的市人大立法面临的一项十分重大、迫切的理论和实践课题。但当前设区的市的人大立法存在着对人大主导立法工作的认识和作用机制的发挥还不充分、立法能力尚不足以为立法质量提高提供充分支撑、立法调研不够深入、立法内容过度集中某些方面，特色不鲜明、公众参与立法过程的积极性不高等主要不足，需要全面深入推进人大对立法工作的主导，采取多种措施提高立法能力，加强立法调研的制度化和规范化，立足地方问题的特色性，提升内容的科学性，健全公民有序参与立法的机制，建立立法后评估机制，推动立法质量的稳步提升。

【关键词】设区的市人大　立法质量　基本路径　保障机制

如何提高立法质量，是设区的市的人大立法面临的一项十分重大、迫切的理论和实践课题。绝大多数设区的市经过几年来的立法实践，已经初步掌握地方立法的流程，制定和实施了一些法规，取得了一定的效果，但也暴露出许多问题，存在一些立法短板，其中比较突出的问题是

---

* 本文为2019湖北省人大课题《提高设区的市人大立法质量的基本路径与保障机制研究》（课题编号：HBRDYJKT2019115）的阶段性成果。

** 陈焱光，湖北大学政法与公共管理学院教授，法学博士。杨宇熙，湖北大学宪法学与行政法学专业硕士研究生。尹鸿涛，湖北大学民商法学专业硕士研究生。朱达，湖北大学宪法学与行政法学专业硕士研究生。

立法质量普遍不尽人意，这与党中央要求的提高立法质量存在很大距离。十八大以来，习近平总书记在一系列讲话中，阐述了推进全面依法治国进程中坚持科学立法的重要性，指出“不是什么法都能治国，不是什么法都能治好国；越是强调法治，越是要提高立法质量”。2019 年 2 月在中央全面依法治国委员会第二次会议上，习总书记强调要完善法治建设规划，提高立法工作质量效率，为推进改革发展稳定工作营造良好法治环境。栗战书在深入学习贯彻习近平总书记关于坚持和完善人民代表大会制度的重要思想交流会上的讲话中指出，要抓住提高立法质量这个关键，推进科学立法、民主立法、依法立法，遵循和把握立法规律，使每一项立法都符合宪法精神、反映人民意志、得到人民拥护。相较于中央和省级地方人大，设区的市人大在立法机构、人才队伍、立法能力和立法经验等方面存在着严重的短板，十分迫切需要从理论和实践上探索出行之有效的提升立法质量的对策。本文基于党中央的要求和设区的市人大立法的实际进行对策研究。

一、当前设区的市的地方人大立法存在的主要不足

依法赋予所有设区的市地方立法权是全面推进依法治国的重要举措，也是我国地方法治发展的一个里程碑。2015 年 3 月，十二届全国人大三次会议修改《立法法》，赋予所有设区的市地方立法权。通过四年多的实践，除省会城市及少数此前获得地方立法权的市之外，对新取得立法权的设区的市来说，普遍开局顺利，取得了一定成效。① 但立法

---

① 有实务专家和学者统计《立法法》修改后，截至 2017 年 12 月底的三年立法情况，经统计，274 个被新赋予地方立法权的设区的市、自治州、不设区的地级市共制定地方性法规共计 595 件。这对设区的市的城市治理法治化起到了积极作用。参见闫然、毛雨：《设区的市地方立法三周年大数据分析报告》，载《地方立法研究》2018 年第 3 期。随着各地立法经验的积累和技术的提高，数量和质量都会上升。

作为一项最复杂、最考验治理智慧①的工作，是一个逐步发展完善的过程，按照科学立法、提高立法质量的总体要求审视，当前设区的市的地方立法存在一些不足，主要表现在以下几个方面：

(一)对人大主导立法工作的认识和作用机制的发挥还不充分

党的十八届四中全会通过的《中共中央关于全面推进依法治国若干重大问题的决定》强调，“健全有立法权的人大主导立法工作的体制机制，发挥人大及其常委会在立法工作中的主导作用”。《立法法》第51条规定：“全国人民代表大会及其常务委员会加强对立法工作的组织协调，发挥在立法工作中的主导作用。”党的十九大报告指出，要积极发挥人大及其常委会在立法工作中的主导作用。但在一些地方人大对主导作用的认识还不全面，甚至有偏差，如何通过完善机制，强化人大立法主导作用的发挥，尚未探索出有效路径。主要不足表现为：一是对人大主导作用的认识还有些偏差。一方面，有些政府及部门认为立法是人大的事，对立法工作的重要性认识不足，立法的积极性不高、参与度不够。一些新取得立法权的设区的市的立法实践也表明，很多时候靠人大一己之力艰难推动立法，政府的呼应和支持不够。另一方面，人大工作的部分同志将人大主导立法理解为人大全权负责立法，从项目选择到草案起草、审议、实施都由人大一手包办，不善于调动和发挥政府、有关职能部门及社会组织和专家的作用。二是一些设区的市人大对“主导立法”在立法全过程的贯彻实施缺乏系统谋划和具体运行机制的构建，借鉴上位法的立法程序或其他同类立法主体的立法流程的现象比较普遍。

(二)立法能力尚不足以为立法质量提高提供充分支撑

新取得立法权的设区的市开展立法工作时间还不长，虽然立法机构

① 习近平总书记谈立法的重要性时指出，小智治事，中智治人，大智立法。中共中央文献研究室编：《习近平关于全面依法治国论述摘编》，中央文献出版社2015版，第12页。

迅速成立，人员调配基本到位，但队伍整体的立法理论水平、立法技术能力、立法实践经验等尚不能完全适应立法工作的需要。一是政府法制机构力量薄弱。政府法制机构人员少，任务重，机构层级较低，九个设区的市除厦门有专门的政府法制机构外，其余的在上一轮机构改革中，均已和政府办公室合并，专职立法人员不足。二是立法机构缺人更缺人才。新组建的立法机构工作人员主要从各机关抽调过来，有文字功底的不一定会立法，学法律的也不等于懂得立法。立法所需要的复合型、专家型立法人才非常缺乏。三是立法实践经验不足。目前新取得立法权的设区的市立法工作人员，大多缺乏立法实践经验，相关制度机制的建立、人员的培训及业务熟悉、实践经验积累，需要一个较长的过程。地方立法的质量、可行性、可操作性与地方人大的立法经验有关。立法经验不足导致一部分有立法权的市人大没有契合本地区的实际情况，通过立法破解急需解决的事务，反而把立法资源浪费在一些不必要的立法事项上。同时因为经验不足，立法的针对性、操作性不强，易导致部分法律在实施过程中出现执行难的问题。“地方性法规审批数量快速增加，立法能力仍待提高。595 件地方性法规出台的背后，还存在着立法积极性高涨与立法能力不足之间的矛盾。”①

（三）立法调研不够深入

在开展立法调研方面做得还不够深入细致：一是对立法需求的调研不足，对本地迫切需要立什么法、人民群众迫切要求立什么法缺乏深入的了解，满足于听听意见，收集汇总，没有对其作进一步的论证和分析研究；二是调研重点不够突出，对立法中需要解决的问题和如何解决问题的调研不足，流于形式，缺乏针对性，没有找准、找好立法的重点难点问题；三是调研对象的选取尚欠广泛性和代表性，尚未做到多角度、

---

① 闫然、毛雨：《设区的市地方立法三周年大数据分析报告》，载《地方立法研究》2018 年第 3 期。

多层次选取调研对象听取各种利益诉求，存在以偏概全的现象，以致未能通过调研掌握较为全面客观的情况；四是调研方式单一，主要采取座谈会、论证会等方式，多样化特色化调研方式缺乏。①

(四)立法内容过度集中某些方面，特色不鲜明

按学者的统计分析，近四年来，设区的市的地方立法，在内容上十分趋同规范内容。如根据《中华人民共和国行政处罚法》(以下简称《行政处罚法》)第 11 条的规定，地方性法规可以设定除限制人身自由、吊销企业营业执照以外的行政处罚。地方性法规可以设定行政处罚的种类有：警告；罚款；责令停产停业；暂扣或者吊销许可证、暂扣或者吊销除企业营业执照外的其他执照；没收违法所得、没收非法财物的行政处罚，不能够设定限制人身自由、吊销企业营业执照的行政处罚。但通过对 398 件设区的市的法规统计发现，在处罚手段上，罚款仍然是地方性法规设置法律责任条款时采用的主要手段，“罚款”一词共出现 4862 次，平均每件地方性法规正文出现罚款 14 次，罚款事项在设区的市地方立法中具有重要作用。② 发现罚款和警告分列行政处罚种类的前两位，没收违法所得、责令停产停业及暂扣或者吊销证照在设区的市地方性法规中使用频次较少。绝大部分设区的市在设置法律责任条款时仍然倾向于选择罚款、警告等手段，甚至只选择了罚款一种手段。③ “贪大求全”现象仍有存在，地方立法简易体例结构有待推广。统计显示，398 件除立法条例以外的地方性法规中，体例在 6 章及以上的法规件数为 216 件，占总数的 54.2%；“不分章”的条例共 76 件，仅占总数的

---

① 王玉友：《对进一步提高设区的市立法质量的分析和思考》，载亳州人大，http：//www. bzrd. gov. cn/index. php？ r = default/news/content&id = 6664，2019 年 10 月 24 日访问。

② 这是否说明设区的市的法规在城市治理法治化上存在着某种“以罚代法”的立法偏好，是否在规避某些影响政绩的因素。

③ 闫然、毛雨：《设区的市地方立法三周年大数据分析报告》，载《地方立法研究》2018 年第 3 期。

19%；60件地方性法规正文超过8000字。部分设区的市立法存在“贪大求全”的现象，对立法项目“门面”的关注超过了对解决本地实际问题的追求，有的地方性法规过多引用甚至照搬照抄上位法，一定程度上存在重复立法问题，造成立法资源的浪费，也影响了地方立法的质量。对比《佛山市机动车和非道路移动机械排气污染防治条例》(以下简称《佛山条例》及其上位法《广东省机动车排气污染防治条例》，《佛山条例》多了非道路移动机械的规定，看上去比上位法的体系、内容更有特色，其实不然。删去非道路移动机械的规定，二者在体系章节设置、防治原则等方面都有很大的相似性；尤其是法律责任一章，《佛山条例》的第32、33、34条分别与其上位法的第34、37、39条一致，这属于不必要的重复立法事项。重复立法未解决本地区突出而上位法没有解决或不宜解决的问题，且造成了立法资源的浪费，与《立法法》下放地方立法权的目的相悖。除了重复上位法，设区的市在立法过程中针对同一事项直接“引用”外地类似条例的问题也十分突出。例如，佛山、长沙和西安的机动车或者非道路移动机械污染防治条例，删去西安该条例在体系上单独设置“非道路移动机械”这一章，在体系上都设置总则、预防与控制、检测与治理、监督管理、法律责任、附则这六个章节，在体系设置方面有很大的相似性。① 另外，在制定过程中往往过分强调体例完整、面面俱到，但会导致法规多数是照抄上位法的相应条款。当然“创造改编”上位法的陈述方式也是常态，来规避抄袭嫌疑，但却丧失了地方立法的主体性优势和特性，没有紧密结合地方性的公共利益。②

(五)公众参与立法过程的积极性不高

设区的市人大立法应当坚持民主立法，广泛的公众参与既是实现

① 于群、叶昌艺：《设区的市地方立法中须关注的问题》，载《中国人大》2017年第8期。

② 苏海雨：《设区的市人大立法的问题与对策》，载《重庆理工大学学报(社会科学)》2018年第12期。

立法民主的重要途径，也具有比更高位阶的立法更便利的条件。但现实中存在一些不足，主要是：其一，公众参与流于形式。公众参与地方立法主要通过在网上征求意见和召开论证会、座谈会的形式，而诸如问卷调查、实地走访、网络调查等直接性参与的方式不多。征求建议意见的对象也通常限于已公布的条例草案文本，公众缺乏对立法过程中第一手资料的收集与了解。另外，公众参与地方立法也没有专门的法律规定，也欠缺详细的参与时间、参与内容、参与形式等规范。其二，公众参与的积极性不高。征求建议意见的范围是面向社会公众，但是实际参与人员是有限的，有能力提出建设性意见的人则更是少数。原因是多方面的，主要是与市民利益无涉、能力不够或激励机制欠缺。

二、提高设区的市人大立法质量的基本对策

(一)全面深入推进人大对立法工作的主导

首先，准确理解人大主导立法的科学内涵。有学者认为，人大主导立法是统揽性和纲举目张式的提法。人大主导立法的针对性主要基于：立法的综合性很强；立法引领推动改革；为解决部门问题(主要表现为部门争利益、争权、诿责、权力边界不清、难以配合协调，核心问题实际还是部门利益问题。为克服这些问题，需要发挥人大主导作用。但要区分部门正当利益和不正当利益)；为提高立法效率、节约立法资源；为防止地方保护主义等。① 按照全国人大法工委国家法室编写的我国《立法法》的释义一书所表述的：“人大及其常委会的主导作用应当体现

① 刘松山：《人大主导立法的几个重要问题》，载《政治与法律》2018 年第 2 期。

在法律法规的立项、起草、审议、修改、表决等各个环节。”①可以确定其内涵就是，人大要在各个环节发挥主导作用，也可以说是要主导立法的全过程。

其次，充分认识人大机关的性质和职能。人大是代议机关，代表人民的意志和利益行使立法权，通过主导一定的立法程序制定地方性法规，能够及时、准确反映人民的利益和诉求。但是人大主导立法工作并不是人大包办立法工作，更不意味着人大独揽立法起草工作。当前，贯彻以人民为中心的发展理念首先要体现在立法中。要彻底改变过去的以“管”为本、以“权”为本的理念，从便于政府管理的“管理型立法”转向注重规范政府行为，保护行政相对人合法权益的“维权型立法”，概言之，就是要体现出宪法所要求的“尊重和保障人权”的精神。人大主导立法过程，是充分调动各方面积极性，建立多元化参与起草机制、民主讨论机制、主动听证机制、专家咨询机制、三读表决机制、全面宣讲机制等，把控立法动议到通过全流程，做到人民意志、社会稳定、经济发展、政治清明和良法效率的有机统一。

再次，建立健全体制机制，积极探索设区的市人大及其常委会在法规立项、起草、审议各阶段发挥主导作用的路径和措施。一是做好立法全过程的政治审查。立法是政治性和科学性的统一。毛泽东在主持制定新中国第一部宪法——1954 年宪法时就强调指出，搞宪法就是搞科学。人大发挥立法主导作用，首先要把好立法的政治关。坚持党的领导是做好立法工作的根本。加强党对立法工作的领导要贯穿于立法工作全过程，主动将立法工作上报纳入党委工作大局，及时将立法重大事项、重要法规、法规中重要制度设计、重大政策调整或重大争议协调情况，及时向党委报告；人大对法规草案中的政治立场、政治站位等进行认真分析研究，确保立法的正确政治方向。二是完善立

① 全国人大常委会法工委国家法室编著：《中华人民共和国立法法释义》，法律出版社 2015 年版，第 162 页。

法项目征集、论证制度以及立法规划、立法计划项目落实制度。通过多种途径广泛征集各方面的意见和建议，组织集中研究论证，筛选出必要且成熟的立法项目。需要注意的是，在引领推动改革的立法中，人大被动一些比过于主动要好。① 人大不能为实现某一改革目标，在缺乏动议者的情况下，主动去寻找动议者，或者干脆自己既当动议者，又当审议和表决者。三是积极探索建立多元化法规起草制度。在充分发挥政府及其相关部门作为法规起草承担者作用的同时，逐步增加由人大常委会组织起草法规草案的比例；对一些综合性的、社会影响面较大的重要法规，则采取公开招标、委托第三方起草或采取一方主导多方参与协同的方式，防止针对性、规范性、可操作性等不能兼顾的情形。② 四是把控好立法进程，做到环环相扣，提高效能。人大的主导作用就是牵住"牛鼻子"，加强立法过程中的组织协调工作，把握立法进度和节奏，充分调动各方积极性，做好各环节跟踪督促和检验工作。对立法中的重大矛盾分歧，通过联席会议、专题协调会议等多种形式，协商解决。五是把好审议的最后质量关。审议既是对前期的质量的评估，更是对最后文本质量的把关和提升。人大应当在"程序性审议与技术性修改"的基础上，重点对涉及公民权利、义务的规定，执法主体权力、职责的设置，以及具体法律责任条款的设定等内容，进行实质性审议。对法规草案中涉及的部门职责以及许可权、处罚权、强制权等的设定等要依据上位法和当地实际进行严格审查。在涉及修改公民权利义务的条款时，要

---

① 刘松山：《人大主导立法的几个重要问题》，载《政治与法律》2018 年第 2 期。

② 依据笔者近些年来参与的省市立法实践和讨论咨询情况的观察分析，发现一个带普遍性的问题，主要是单一的起草主体提出的法规草案都带有明显的知识缺损现象，由专家起草的法规案在注重规范性、逻辑性的同时，存在找准找全问题方面的不足；由政府职能部门起草的法规草案，有较强的问题意识，但条文的表述和逻辑性与科学立法的规范、逻辑和语言表达相距较远。这些不可避免的知识和经验缺陷必须采取协同机制方可较好解决，单纯的招标和单个主体的委托难以化解这一困局。设区的市的人大立法尤其需要注重立法人才短缺和素质普遍不满足立法基本要求情况下协同起草机制的建构。

严格遵循上位法的规定，不得擅自增加当事人应当履行的义务，减少上位法赋予的权利，调整上位法规定的行为、种类、幅度。总的原则是，权利可以增加，义务谨慎增设。六是主导实施过程及实施后的评估。法律的生命在于实施，法律的权威也在于实施。人大应当定期对法规实施进行督查，在法规实施一段时间后进行评估，通过评估检验立法中各项制度设计的程序规定是否合理、可行，权利义务条款是否加大了公民、法人或其他组织负担，执行机关是否依法履行了职责，难以尽责是否与立法规范的不合理不科学有关等，将评估结果作为法规立、改、废的重要参考依据，以此推动立法质量稳步提高。

(二)采取多种措施提高立法能力

习近平总书记曾重提毛泽东 1939 年在延安的讲话，“我们队伍里边有一种恐慌，不是经济恐慌，也不是政治恐慌，而是本领恐慌!”并强调当前部分党员干部在工作中面临着“老办法不管用、新办法不会用、硬办法不敢用、软办法不顶用”等问题，出现了不同程度的“知识恐慌”“本领恐慌”，反映在社区的市人大立法领域，主要是面对立法权的新增，对人大工作范围与职责不够明确，知识储备不够，如何组建队伍、尽快增加队伍素质办法不够等。优秀的立法队伍是立法质量的核心保障。可以从内部升力和外部借力两个方面改进：一是全面加强立法队伍自身能力建设。首先要做好立法人员的选配工作。通过挖掘人大和法规部门已有存量资源，选配综合文字能力强、有法律专业素养并熟悉业务工作的复合型人才充实到立法机构中，确保当下的基本运行，主要包括以下五个方面：第一，要做好引进新人的编制规划，每年有目的录用优秀的法科大学生，加大专业化的武装力度。第二，要加强对立法人员定期培训和实践锻炼。开展常态化、专题性培训，改进培训方式，将理论与实务培训结合起来，增加交流互动和实践问题研讨等。采取请进来和走出去相结合的人才锻炼模式，通过问题导向，迅速提高立法的实战水平。第三，要建立网上交流平台，促进同级人大间相互交流经验和研讨问题，及时互助解决平时立法工作中遇到的困难和问题，在经常性互动中共同提高立法能力。第四，要加强文字修养，扩大知识面，应对城市治理出现的传统文化保护和新兴科技带来的术语、内涵和普及度等立法规制的基本前提性问题。“法与时移则治，治与世宜则有功”，立法当随时代，知识的爆炸要求立法者紧跟时代，熟悉时代的纠纷特点和市民的行为模式。一些新的名词和称呼会出现在立法中，如海上丝绸之路史迹保护、朱子文化遗存保护、楚文化保护、土司文化保护等，“史迹”“遗存”“遗迹”“遗物”“留存”等词语进入法规首先需要明确其法律含义。所以，法规名称越精准，调整对象就越明确，针对性就越强，实施就越顺利。第五，要严格立法规范和建立问责制度。无规矩不成方圆，严肃的立法和具有权威性的规范是经过标准化的体例和细节展示出来。从早期的书同文车同轨，到今天的立法概念、术语和技术的标准化，是人类思维文明发达的结果。省人大法工委制定常见立法不规范范例和立法技术规范指引汇编的辅导资料，供设区的市立法工作者学习参考。针对设区的市立法中经常出现的结构逻辑不清晰、文件规章味道浓，条文交叉重复多，表述方式不规范，顺序排列无章法，强调省略不合理，文字表述口语化、标点符号随意点、格式排版不规范等各种问题，进行考试式学习和过关，以达到规范效果。同时，要有严格的问责机制，对屡错屡犯的立法工作人员，建议出台一定的惩戒措施，确保法规的统一性、规范性、严肃性和高质量。二是积极引进法律共同体的专家和具体立法领域的实务专家，共同把脉地方法规草案。高质量的法规，既是高质量的规范文本，也是具有高度针对性、适宜性、可读性、可操作性和普惠性的宣言和行动纲领。多一些视角的审视，多一份民主的渠道，多几场真实的广大市民参与的听证和充分的专家论证，既是对立法的智力支持，也是以人民为中心的立法理念的生动体现。

(三)加强立法调研的制度化和规范化

立法质量的高低首先取决于立法问题掌握的全面性、真实性，唯有深入、科学的调研才能实现这一目标。完善调研程序的实质要求是解决设区的市的立法质量提高的有效路径。制定统一立法调研规程，对地方立法中各种调研主体的调研和立法不同环节中的调研进行规范。同时，强化对调研报告和成果的甄别、使用、保存和分析的规范，明确不合规范的立法调研的处理方式和应当承担的法律责任。① 注重在调查研究基础上进行政策和法规制定是我们党的优良传统和成功理政的经验。毛泽东同志就强调指出："没有调查，没有发言权。"②"不做正确的调查同样没有发言权。"③调查的直接目的和益处就是提供面临的疑难问题的行之有效的解决办法，正如毛泽东同志指出的，"你对于那个问题不能解决吗？那末，你就去调查那个问题的现状和它的历史吧！你完完全全调查明白了，你对那个问题就有解决的办法了。"④俗语说"巧妇难为无米之炊"，调查是立法中的"备米"过程，只有这一步落实好了，良法的产生才有好的基础。对此，毛泽东同志把它生动地比喻为"调查就像'十月怀胎'，解决问题就像'一朝分娩'"。⑤ 在做调查和做决策的关系上，强调调查的先导性和主导性，决策只是及时跟进，前者花费精力应当更多，而不是相反。正如陈云同志明确指出的："我们做工作，要用百分之九十以上的时间研究情况，用不到百分之十的时间决定政策。所有正确的政策，都是根据对实际情况的科学分析而来的。有的同志却反过来，天天忙于决定这个，决定那个，很少调查研究实际情况。这种工作方法必须改变。"⑥由此可见，如果没有经过正确的调查研究，就不会正

---

① 陈焱光、张耀方：《地方立法调研规范化研究》，载《江汉大学学报(社会科学版)》2016 年第 5 期。

② 《毛泽东选集》第 1 卷，人民出版社 1991 年版，第 109 页。

③ 中共中央文献研究室编：《思想方法工作方法文选》，中央文献出版社 1990 年版，第 14 页。

④ 《毛泽东选集》第 1 卷，人民出版社 1991 年版，第 110 页。

⑤ 《毛泽东选集》第 1 卷，人民出版社 1991 年版，第 110 页。

⑥ 转引自李培传：《论立法》，中国法制出版社 2004 年版，第 61 页。

确制定出国家和人民需要的法律、法规。[①] 从立法过程看，每一项法律议案的提出，一般需要有与之相联的法律(草案)为依托，而法律(草案)的起草和形成，需要做大量的调查研究和科学论证工作，提案人如果对实际情况不了解、不熟悉，就难以提出法律议案。[②] 其中有的问题尚未论证清楚或是其实施的社会条件尚不成熟，难以列入会议议程；有的法律议案由于前期的调查研究、科学论证等基础工作做得不深不细，造成法律议案缺少较好的合理性、科学性和可行性。[③] 因此，首先要明确地方立法调研的基本原则：一是立法机关主导原则。党的十八届四中全会的《中共中央关于全面推进依法治国若干重大问题的决定》中明确指出，要健全有立法权的人大主导立法工作的体制机制，发挥人大及其常委会在立法工作中的主导作用。只有人大主导立法调研，才能有效避免立法工作中部门化倾向、争权诿责的现象，才能全面反映客观规律和人民意愿，制定出具有针对性和可操作性的地方性法规。二是立法部门、政府相关部门、利益相关方及专家相结合原则。立法调研以洞悉不同利益诉求、找准立法的重点和难点为目的，只有全面听取利益相关方的意见，才能在权利的赋予和义务的设定等方面实事求是，符合立法所要调整的社会关系及其发展规律，也具有程序的正当性。三是直接调研与委托调研相结合原则。无论从我国立法法的规定还是各地方立法条例看，立法调研一般是常务委员会的具体工作机构负责具体执行和落实，

① 法律从广义上讲就是一种以国家权力形式通过的各种规则，按照美国法学家德沃金的观点，法律包括原则、政策和一般意义上的法律。制定政策和法律都需要深入调查研究才会有好的政策和法律。狭义上说，政策是未经立法程序通过的“法律”规则，政策在试行一段时期证明成功后可以通过一定程序上升为法律或作为立法的依据或转化成法律。一般认为政策与法律相比具有原则性和灵活性的特点有一定道理但并不十分准确，有些政策是非常具体的，具有很强的操作性，我们常常落实某政策实际上是比较具体的规定。在有些方面也可以说法律是政策的法律化的结果。

② 李培传：《论立法》，中国法制出版社 2004 年版，第 168 页。

③ 李培传：《论立法》，中国法制出版社 2004 年版，第 171 页。

基于我国各地方立法任务密集、工作机构人员的限制和调研任务的繁重等实际情形，由专门机关一家完成调研有时存在困难。因此，有必要将立法调研的任务委托给相关地方(市、县等)人大的工作机构、基层立法联系点进行。只要事先明确委托调研的总体要求、基本内容、方法、记录和结果的反馈、时限等，这种方式也会取得同样的效果。当然，为了保证调研的权威性、全面性和可信度，应当以直接调研为主，委托调研为辅，同时对委托调研进行必要的监督，保证立法调研的质量。四是点与面相结合原则。“点”既指典型性、代表性，也指重点和针对性；“面”是指立法规制的所有直接对象和有密切联系的非直接对象。由于立法除了直接要规范的对象和社会关系之外，无直接利害关系的第三人(方)有时也会因法律法规的规定和实施而间接受到规制和影响，这不仅会涉及其利益的正当、有效的保障，而且还会影响到其事实上附加的法律义务和法律法规实施的效果。五是线上调研与线下调研相结合原则。互联网改变了人们的生活方式，也丰富了国家机关的工作方式，丰富了公民参与政治生活的方式。在立法调研领域，既可以实地调研、召开座谈会、听证会等面对面的形式进行调研，也可以在立法机关官网上列出需要调查和征询意见的内容，采取一定的认证和表达方式进行意见和建议的采集。其次，制定统一的地方立法调研规程，指导和规范各种形式的立法调研。明确和完善立法调研的指导思想、基本原则、主导机构、适用范围、调研类型、组织实施、调研报告、成果使用、法律效力和责任等基本结构等。最后，以调研报告为中心建构立法调研规范化的规则体系。好的调研报告，既是对调研统一规程的充分落实，严格按规程调研的结果，也是科学立法、民主立法的决定性环节和重要体现，更是彰显公民立法知情权、参与权、表达权的文本载体，是市民建议权和民主权在立法方面重要体现。

(四)立足地方问题的特色性，提升内容的科学性

深入理解和用好“设区的市的人民代表大会及其常务委员会，可以

对城乡建设与管理、环境保护、历史文化保护等方面的事项制定地方性法规”这一《立法法》的规定是立法特色的源泉。尽管这三方面在全国体现出一定的共性，但更多的是独特性。从哲学上讲，世界上都没有两片相同的树叶，每一个设区的市的自然、资源、历史、文化传统和风俗都有不同，立法保护就更有特色文章可做，这是认识论的前提。如何把握特色？笔者认为首先应该是问题特别，以煤炭、干旱为特点的城市和以渔业、江河密布为特点城市，其管理和城市建设的规范必然大不一样；其次是调整方式特别，实施路径不同等。所以，立法一定要紧盯现实针对性。要充分反映本地区的经济水平、地理环境、历史传统、法制环境、人文背景、民情风俗等状况，因地制宜，重点解决地方经济社会发展中一些尚无法可依的状况。二要深究具体操作性。找准现实性的问题，发挥法律规范调整社会关系的功能，要制定创制性的法规规范，结合本地实际，尽可能增加一些超前性的、创新性的法规条款。三要有补缺性。设区的市地方性法规可以对不属于国家专属立法权且国家尚未制定法律或者行政法规的事项进行先行先试，通过突出地方差异性及可行性来体现特色性。

在内容设置上，尤其是调整手段和责任设定方面，实现从社会管理向社会治理的转换，都要求合理运用立法技术配置法律责任方式。法律责任条款的设置需遵循一定的原则和规律，体现过罚相当、惩戒与教育相结合的精神。① 在内容繁简和体系性上，根据全国地方立法工作座谈会会议精神，地方立法不追求大而全、小而全。地方立法因为解决的问题相对比较单一，应当提倡简易体例结构，少一些原则性、纲要性的条款，多一些细化、量化的规定，坚持有效管用的原则，重在能解决实际问题。②

---

① 闫然、毛雨：《设区的市地方立法三周年大数据分析报告》，载《地方立法研究》2018 年第 3 期。

② 闫然、毛雨：《设区的市地方立法三周年大数据分析报告》，载《地方立法研究》2018 年第 3 期。

（五）健全公民有序参与立法的机制

"立法为了人民，立法依靠人民""依靠人民群众立善法"。只有在公众普遍参与下，才能实践民主所欲实现的一些基本价值，如：负责、妥协、个体自由的发展、人的平等。① 因此，第一要培养市民的立法参与意识。从域外立法及公众参与经验来看，公众积极主动参与立法的行动与公民立法参与意识有关。在设区的市人大立法过程中，对于贴近自己日常生活事项作出立法规定时，公众不应该仅仅是被动的立法活动的接受者，而更应该是立法活动的积极参与者，要意识到只有通过自己的积极参与，才能够表达相关的利益诉求，才有实现自己主张的可能，才能获得自己作为城市主人翁的认同感和自豪感。而公民的参与意识来源于其公民意识，"公民意识和公民的基本素养，决定了其政治参与的程度"。② 第二要发挥社会组织在公众参与立法中的作用。个人的力量有较大的局限性和自利性，而一定数量的社会团体代表了一定范围的民意和一定程度的普遍性，符合立法的普遍利益原则。所以，人大可以主动邀请有一定规模的社会组织代表进行意见征集。第三要不断完善立法公开征求意见制度，立法程序的每一阶段、每一步骤都以社会外界看得见的方式进行，向社会公开。比如每一次审议的草案都向社会公布，征求社会公众的意见，对公民提出的意见建议作出及时和负责任的处理，对于合理的建议尽可能地吸纳到法规之中，有效转化为具体的制度设计。在强调大多数人利益的同时，要注意倾听社会上"被沉没的声音"，防止立法成为"多数人的专制"。第四要善于利用专家资源和基层立法联系点，充分发挥法学专家和实务专家的作用，善于通过基层立法联系点获得较为真实可信的"第一手"资料。第五要完善立法听证、论证机制，多种方式提供公众参与的便利。立法听证会、论证会是比较正式的公众

---

① 王锡锌：《公众参与和行政过程——一个理念和制度分析的框架》，中国民主法制出版社 2007 年版，第 11 页。

② 黄洪旺：《公众立法参与研究》，福建人民出版社 2015 年版，第 276 页。

参与形式。同时，还需要更主动地深入市民中间，采取非正式形式更多地召开相关不同群体的听证会，社区民情讨论会，举行专项论证、联合论证等不同形式论证会和信息采集会，增强立法的群众性、民主性、科学性。

(六)建立立法后评估机制，推动立法质量的稳步提升

尽管绝大多数新取得立法权的设区的市人大立法尚未经过五年的期限，但立法后评估作为检视法的实施效果、提高立法质量的重要机制，务必建立起来。为立法“体检”，需要制度先行。一般规定法规实施五年(部分地方规定三年)后，可以进行立法后评估。制定法规评估办法，首先需要明确评估主体是谁？如果主体是复数，他们的权重如何配置会相对科学合理？这是一个十分复杂且决定质量结果公信力的关键因素。广州市人大代表曾经撰文提出广州准备出台《地方性法规评估办法(草案)》中评估主体的合理性和权重合理性的双重质疑，该代表指出：“据报道，评估分数中，由人大组成的评估组打分占总分一半、专家占三成、法规实施部门占两成这样打出来的分数，客观吗？”法律是什么？法律实际上是一种契约、规则，是社会全体成员共同参与制定的社会契约、规则的最高形态，其目的是为了保护每个人的权利不受侵犯。“由谁来评判公众的权利有没有得到保护？除了公众自己，还能有谁呢？但看这次广州的打分办法，我们的确没有发现公众的身影。”①诸如此类的问题，在一些地方性法规评估中并不鲜见，因此需要完善相关规则。

建立立法后评估机制，应注意以下方面：

一是明确评估的主体和权重。人大主导评估，权重不超过40%，相关管理部门、专家的参与，权重不超过30%，任选市民和直接受影响的市民参与，权重不少于25%。非常住居民和流动人口的随机问卷，

---

① 曾德雄：《立法质量高低谁说了算?》，载南方网评，http：//opinion.southcn.com/o/2012-09/27/content_55547526.htm，2019年10月20日访问。

权重5%左右。由于城市内通外联的必然性，一个城市的法规必然影响外地人在本地的短暂或长期的工作或生活，忽视他们的存在和感受，既不客观公平，也不利于立法质量的提高。

二是注意对象法规的选择。不是所有的法规都需要立法后评估，否则会造成公共资源不必要的浪费。选取法规的参考标准可以设定为，直接关系人民群众切身利益或者对经济社会发展有较大影响的，相关单位、市人大代表、社会公众对法规的内容和实施情况提出较多意见的，或者执法检查发现较多问题的，与法规所调整事项相关的经济社会情况显著变化，显著影响实施效果的法规，可以作为立法后评估对象。

三是明确立法后评估的范围。立法后评估可以对整部法规的立法目的、制度设计、实施绩效、立法技术等情况进行全面评估，也可以对一部法规中的部分内容、个别条文和制度设计进行评估。其中评估的指标体系和衡量优劣的权重需要特别注意。

四是确定立法质量的衡量标准。主要包括：(1)技术标准。主要涵盖评估法规规范表达的明确性、无矛盾性、“法言法语”和专门概念的规范性和一致性、规范的可操作与可执行性(对法律适用者而言，具有可操作性；对调整对象而言，具有可执行性)、逻辑自洽性、权利义务一致性、权力职责匹配性、合理的规范及章节结构等。(2)程序标准。主要涵盖立项规划的必要性、立法动议现实需求性和回应程序的合法性、立法调研的依规性、代表性和充分性、公众参与的广泛性(是否畅通多种立法诉求表达和参与渠道)、便利性和真实性、立法草案提出的科学性、立法听证、论证与咨询、评估、协调、审议等工作机制与程序的合理性、适应性、完备性等。(3)实质标准。主要涵盖法规是否体现社会主义核心价值观、良法的实质标准、由调整的领域的属性产生的必然关系、体现党的政策、个人利益、他人利益、国家和集体利益的兼顾；权利保障、利益平衡与协调、授权与限权；法规内容的精准性，是否准确反映当地经济社会文化的可持续、开放性的发展要求等。(4)实践标准。主要涵盖法规得到遵守和执行的程度、达到预期目标程度、主体(调整对象和受益对象等)的满意度、制度廉洁性、行为调控的有效性、社会福利的增加度(如市民的安全感、获得感、幸福感)等。

五是立法后评估结果的法律效力。立法后评估结果的直接效力包括法规的继续适用、修改和废止三种基本后果。除此之外，还应该产生向社会公布、形成正式文件、警示和奖励的效果(效力)。对于法规制定质量特别优秀的可加以奖励，或在以后的立法委托或招标中予以优先考虑；立法质量低劣导致实施中问题频发，群众诟病甚多的，要追溯法规起草主体，限制进一步合作。这样，形成正向激励和劣质退出机制，真正保证立法质量的稳步提高。

城市规划法治化研究

——贝利《比较城市化》及其对我国的启示

尹鸿涛　陈焱光*

【摘要】 城市化是20世纪对人类社会产生最大影响的社会进程。布赖恩·贝利的《比较城市化：20世纪的不同道路》是西方国家20世纪80年代前城市化研究最重要的研究成果。该著作通过世界不同国家和地区城市化过程的比较研究，认识到在20世纪快速城市化过程中，各国城市化的道路各不相同，产生了多样化的人类后果。西方学者提出的城市化理论，虽不完全适合中国国情和城市化研究的现实，但对构建中国特色的城市化研究理论框架具有重要借鉴价值。基于此，笔者从城市规划法治化的角度切入，分析城市规划的基础理论，探讨北美、欧洲城市化进程中城市规划发展及法治化特色，分析我国城市化进程以及城市规划的不足，提出若干完善建议，以期对我国城市规划法治建设有所裨益。

【关键词】 城市化　城市规划　法治化　公众参与

党的十八大以来，习近平总书记对城市治理予以高度重视，规划先行的理念始终贯穿于总书记的思路中。2013年12月召开的中央城镇化工作会议上，习近平总书记指出，城市规划"要保持连续性，不能政府一换届，规划就换届""要一张蓝图干到底""要多听取群众意见、尊重

---

* 尹鸿涛，湖北大学政法与公共管理学院2019级法学研究生。陈焱光，湖北大学政法与公共管理学院教授，法学博士。

专家意见”“要实事求是确定城市定位，科学规划和务实行动，避免走弯路；要体现尊重自然、顺应自然、天人合一的理念，依托现有山水脉络等独特风光，让城市融入大自然，让居民望得见山、看得见水、记得住乡愁；要融入现代元素，更要保护和弘扬传统优秀文化，延续城市历史文脉；要融入让群众生活更舒适的理念，体现在每一个细节中”。“建立空间规划体系，推进规划体制改革，加快规划立法工作。城市规划要由扩张性规划逐步转向限定城市边界、优化空间结构的规划，城市规划要保持连续性。”①2014 年 2 月，习近平总书记考察古都北京，第一站选择了北京市规划展览馆。在他看来，考察一个城市首先要看规划，“规划科学是最大的效益，规划失误是最大的浪费，规划折腾是最大的忌讳”。②

2017 年 2 月，习近平在考察北京城市副中心行政办公区和大运河森林公园后指出，北京城市规划要深入思考“建设一个什么样的首都，怎样建设首都”这个问题，不断朝着建设国际一流的和谐宜居之都的目标前进。③ 2018 年 11 月上海考察时，习近平总书记来到上海中心大厦 119 层观光厅，东方明珠、环球金融中心、金茂大厦、杨浦大桥、世博园区……一处处经典建筑铺展成一幅壮美长卷。他强调，“上海要借鉴世界大城市发展经验，着力打造社会主义现代化国际大都市”。④

在全面依法治国的过程中，将城市规划工作纳入法治轨道，推进城市规划与建设的科学立法、严格执法和全面实施体制机制，具有重要的

---

① 《中央城镇化工作会议在北京举行》，载共产党员网，http：//news.12371.cn/2013/12/15/ARTI1387057117696375.shtml，2019 年 11 月 20 日访问。

② 《走进习近平心中“那座城”》，载新华网，http：//www.xinhuanet.com/politics/2015-12/20/c_128549102.htm，2019 年 11 月 20 日访问。

③ 《习近平在北京考察：抓好城市规划建设　筹办好冬奥会》，载新华网，http：//www.xinhuanet.com/politics/2017-02/24/c_129495572.htm，2019 年 11 月 20 日访问。

④ 《习近平在上海考察》，载新华网，http：//www.xinhuanet.com/politics/2018-11/07/c_1123679389.htm，2019 年 11 月 20 日访问。

法治实践意义。在世界城市发展史上，一些学者对城市发展进行了深入研究，他们的思想对于我们今天的城市建设具有重要的启示意义。其中，布赖恩·贝利是20世纪中期以来最有影响的美国地理学家和城市研究学者之一，代表作是20世纪70年代出版的《比较城市化：20世纪的不同道路》。该著作是西方国家20世纪80年代前城市化研究最重要的研究成果。在该著作中，布赖恩·贝利首先运用社会理论的常规知识对19世纪的工业城市化进行评判，描述了城市的社会转型、人口社会运动以及城市规划对城市健康和社会生活的负面影响。之后深入分析北美、第三世界国家和欧洲部分国家的城市化经历，认识到尽管城市化存在很多共性，但是城市化的道路各不相同，其对应产生的人类后果也大不一样。之后试图诠释20世纪70年代的城市化过程，认为北美的城市化过程既是技术进步驱动的结果，也是社会变革驱动的结果。最后，结合20世纪70—80年代的状况，发现世界不同国家和地区的城市形态和过程的差异化在进一步扩大，再次证实集聚假设存在明显不妥之处。布赖恩·贝利在该著作中总结了宝贵的城市建设经验，提出了诸多建议对策，尤其对后发的国家的城市建设具有重大的参考和借鉴意义。我国的城市化进程尽管在中华人民共和国成立后就开启，但直到20世纪70年代改革开放之后才正式步入快车道，其间走过了曲折的发展历程，许多方面都还处于探索性阶段。近年来我国不断重视城市的规划和建设，但基于世界城市比较视角的理论供给依然不足。基于此，笔者希望对域外城市规划法治化进程予以借鉴，以期对中国特色的城市化法治建设建言献策。

一、城市规划的基础理论

（一）19世纪工业城市化

阿德纳·费林·韦伯在《19世纪城市的成长》中提道："当前最为

显著的社会变化是人口在城市的集聚……在西方世界，向心或者集聚现象成为普遍的趋势。”①随着社会经济和生产力的高速发展，劳动分工逐渐细化，专业化程度不断提高，这成为城市人口集聚的驱动力。与此同时，传统经济就业结构逐渐发生变化，新型外部经济逐渐建立，传统经济体制发生相应的变革，这个过程是互为因果、相辅相成的。但随着城市集聚发展，日益出现一些问题，如城市过于多元化，可能出现极端等。但是，“事实上，不能忽略城市带给我们的益处，正如我们正视城市给我们带来灾难一样”②，韦伯认为城市的增长，不仅仅是促进国家经济发展的驱动力，而且加速了国家的变化。

（二）城市规划的渊源

城市规划始于对工业城市的不满。20 世纪上半叶，社会科学家和社会活动家等逐渐认可了从传统的小社会到现代的主流社会的社会变化理论。这种社会变化理论为专家研究城市提供了理论框架，鼓舞社会活动者不断创新探索，导致城市规划师这一新职业的出现。之后随着城市规划师这一职业的发展，他们开始对城市病提出处理意见。

美国城市规划的渊源主要体现在进步党主义中。进步党的知识分子理想化地认为小城镇是具有共同意识的社区，亲密的直接接触、友好的邻里关系是其典型特征。他们认为，随着城市化和工业化的不断发展，小城镇这种紧密联系的小群体将逐渐走向分化，小镇上邻里之间的共同目标将逐步缺失。进步党主义因此认为，需要迫切匹配社会自然整合和更高层次的精神和道德层面的整合。自 19 世纪 90 年代以后，进步党主义观点讨论了产业立法、商业条例和政治组织，体现了他们支持美国为了使资本主义运作更加规范而进行的改革。进步党主义者努力保护地方

---

① ［美］布赖恩·贝利：《比较城市化：20 世纪的不同道路》，顾朝林译，商务印书馆 2010 年版，第 2 页。

② ［美］布赖恩·贝利：《比较城市化：20 世纪的不同道路》，顾朝林译，商务印书馆 2010 年版，第 9 页。

的完整性，因为这些能够激发市民的归属感，努力强调地方政治的重要性，因为它能够鼓励市民及政治参与。此外，景观建筑学、城市美化运动以及对于住房改革施压对城市规划的产生也有着重要影响。奥姆斯特德是美国第一位景观建筑师，他反对城市的高密度和拥挤，赞成“田园城市”①的构想，发展了美国郊区的原型。城市美化运动的理念，指出规划的作用就是使城市变得更加美丽。出于公众健康的考虑，居住及建筑相关规章和环境控制要联系起来。此外，不断完善提供低成本住房供给的有效方法，比如在市政府引导下的贫民窟清除和住房计划。

(三)城市规划的类型

“城市规划的类型主要包括以下四种形式：应对性的问题解决型、分配趋势调整型、开发机会寻找型以及常规的目标导向型。”②作为城市未来发展的决定因素，这些规划形式涉及在一个更大的封闭和控制系统中能够取得的进步成就。

第一种是问题解决型，这是最常见的规划形式，当问题出现或者存在时，采取纠正或修改行动。即集中关注目前存在的问题而忽视对过去已经发生过程的持续关注，通过缓解问题来解决，但是维持过去主流价值观。第二种是分配趋势调整型，实质是对问题解决型规划形式的升级。当前的趋势是面向未来的，问题是大体上可以预料到的。在规划程序中，通过设计调整机制来修改发展趋势，避免可预料到的未来发生的问题。第三种是开发机会寻找型，寻找新的增长机会是其着眼点，紧随的行动追求那些在可行性与风险方面罪有利的机会。在这种情况下，企业家们共同规划。第四种是常规目标导向型，基于对未来预期设想设定目标，政策设计和规划实施用于引导系统朝着目标发展，当目标难以实

---

① [美]布赖恩·贝利：《比较城市化：20 世纪的不同道路》，顾朝林译，商务印书馆 2010 年版，第 22 页。

② [美]布赖恩·贝利：《比较城市化：20 世纪的不同道路》，顾朝林译，商务印书馆 2010 年版，第 195 页。

现时，就对现有系统进行调整。四种规划形式相应有不同的发展结果，且他们往往交叉重叠适用，因此，在不同社会决定其未来发展时对关键角色的假定，存在明显不同的过程。

（四）城市规划的重要性

在城市的建设和发展中，起着决定性作用的就是城市规划。它不仅预先确定了城市的性质、发展目标和发展规模，而且对生活在城市中的广大普通市民有着重要影响。“城市规划是国家宏观调控手段、政策形成和实施的工具、未来城市空间构架。”①首先，城市规划是国家宏观调控的手段，其作用主要体现在：保障城市必要的基础设施和基本城市公共服务设施的建设需求，在保证土地利用效率的前提下，实现社会公平，保证在社会总体利益下进行分配、利用和开发，符合社会公共利益的属性。其次，城市规划是政策形成和实施的工具，其作用主要体现在：通过政策引导，帮助城市各部门在面对未来发展决策时，克服未来发展的不确定性可能带来的损害，提高决策的质量。城市规划可以协调同类型、不同性质、不同层次的规划决策并统一到与城市发展的总体目标相一致。最后，城市规划形成城市未来的空间架构，其作用主要体现在：城市规划以城市土地利用配置为核心，建立城市未来发展的空间结构，限定了城市中各项未来建设的空间区位和建设强度，在具体的建设过程中担当监督者的角色，使各类建设活动都成为实现既定目标的实施环节。

二、域外国家城市化进程及城市规划法治化

（一）城市规划法治化的理论基础

法治，是指以民主为基础，以制约权力为关键的一种社会管理机制

---

① 转引自朱晖：《土地开发视角下的武汉城市总体规划实施效果评价》，华中科技大学2007年硕士论文。

和社会秩序状态。朱苏力认为，“法治是整个社会有序的生活状态。就是有规矩，方方面面都要有规矩……社会方方面面有合乎情理的可行的规矩，社会有序，我们就可以大致称之为法治。法治并不等于国家把方方面面都用法律管起来。”①笔者对此种观点表示赞同，认为城市规划的法治化不仅仅体现在固定的法律中，还散见于城市化进程的方方面面。

探讨城市规划法治化的理论基础，可从城市规划的属性着手。城市规划具有以下三方面属性：

1. 城市规划具有公共利益属性

城市规划所针对的对象是城市的公共建设事务，相应必然体现公共利益的属性。城市规划的公共利益属性决定了其与市民生活、工作息息相关。例如，依照城市规划建立相应的行政聚集区、商业区、居民区等，体现了公共利益属性，也体现了城市规划对城市的功能的重要调控作用。城市规划正是追求公共利益的实现，体现正义原则，体现法治精神。《城市规划法》第 1 条规定：“为了确定城市的规模和发展方向，实现城市的经济和社会发展目标，合理地制定城市规划和进行城市建设，适应社会主义现代化建设的需要，制定本法。”该规定确立了制定该法的依据就是实现城市经济、社会发展、现代化建设等公共利益。

2. 城市规划具有保障自由属性

法治以自由为基点，以法律为保障。不存在绝对的自由，法治中的自由是以法律为中介的权利和义务的统一，是依法而为。权利是自由的具体化，是权力运行中必须遵守的法律义务。城市规划不能影响其他各方受法律保护的自由行为，不能阻碍其合法行使其权利的自由。以规划行政许可为例，它既是在规划许可范围内自由实施建设行为的保障，也

---

① 朱苏力：《在社会转型中平衡改革与法治》，载《社会科学报》2015 年 4 月 30 日，第 3 版。

是行政相对人实施建设的法律依据。其自由仅限于规划许可的范围及法律法规所不禁止的行为，应遵循如下原则：一是客观化原则，规划许可应有公开、明确的限制及其标准；二是限制自由的非目的性原则，限制自由本身不能成为规划许可限制的目的；三是最低限度的自由原则，规划许可应该有明确的限制内容。

3. 城市规划具有保障平等属性

平等，包括实质平等和形式平等。城市规划应体现对社会成员最大限度的平等，如基本生活条件、工作机会等方面的保障。以形式平等的标准来看，这并不公平，但是对于整个社会来说，这是为了保障市民的基本生存权、实现“居者有其屋”的目标，拉近贫富的差距，保障社会平等，是实质平等的体现。

(二)北美城市城市化进程及城市规划法治化

城市化一定程度上就是人口集聚的过程，体现了从集聚性较弱的状态到集聚性较强的状态的转移。20世纪60年代，美国城市化发展到大都市区。大都市区的界定如下：“拥有一个被认可的人口核心的经济社会一体化单元……标准大都市统计区包含一个中心城市以及周围的县，这些县具有都市化的特征，在经济与社会上与中心城市有着紧密联系。”①美国现实的发展速度非常快，更大人口规模的大都市区产生，建设连续的高楼林立的城市化地区的“城市”，新的名词“日常城市体系”产生。随着美国新政的不断推进实施，国家开始重视城市中出现的一系列负面问题。因而，对住房问题的解决、贫民区的清除以及城市复兴等方面给予重点关注。20世纪60年代，针对解决城市问题的联邦措施出现的新的整合趋势，美国当局也作出了社区更新计划、示范城市计划等

① [美]布赖恩·贝利：《比较城市化：20世纪的不同道路》，顾朝林译，商务印书馆2010年版，第32页。

尝试。

20 世纪的美国城市化转型过程中，美国的城市规划方式也趋向于支持私有化和马赛克文化。马赛克文化是包含众多并行的但差异较大的生活方式的社会，也可以称之为文化熔炉。马赛克文化同时是亚文化强化的结果。亚文化强化的一个重要形式是犯罪亚文化的出现。将不轨行为看作是从社会中心价值观中偏离出来组成亚文化的部分。例如，伊利诺伊州将罪犯划分为四个类型的次团体：社会悲剧型、不成熟型、神经病型和团伙牵连型。同样的强化过程也会对其他的非正常的亚文化起作用。马赛克文化的兴起对美国的城市规划有着重要影响。根据 1968 年《住房法案》，美国成立房屋管理局，并实施了消除贫困区方案，创造就业机会，促进经济发展，消除破旧住房，并向穷人提供公共住房，体现了政策法规对于城市规划的执行保障。科技的发展立足于降低地理密度和聚居的成本，现代交通以及通信工具的发展使得每一代人可以居住得更远并能获得遥远地方的信息。美国城市的主要特征包括规模扩大、流动率增长以及人口密度降低等，通信科技的发展、后工业经济的出现、社会与空间流动联系的增强等是造成其成为主要特征的重要原因。

(三) 欧洲城市化进程及城市规划法治化

1. 英国

从 18 世纪以来，发展中的英国规划实践就得到贵族和慈善家的关心。但是在工业城市化早期，滋生着许多肮脏污秽，如恩格斯所描述的那样："任何一个地方的工人住房都规划、建造得很差、条件非常糟糕，通风不良，既潮湿又不健康。"①从伊丽莎白时代到 19 世纪末，整个伦敦都处于持续动荡之中，当局深度关注社会难题和穷人住房，非常

① 参见[美]布赖恩·贝利：《比较城市化：20 世纪的不同道路》，顾朝林译，商务印书馆 2010 年版，第 143 页。

想找到解决问题的办法。例如，埃比尼泽·霍华德关注过度拥挤的城市和快要吞噬完的农村地区所面临的困境，他认为可以有除城市生活或农村生活之外的第三种选择，即完美结合的在乡村的城镇生活。但在此期间，第一次世界大战发生，英国在战后面临住房短缺问题，私人公司为追求利润在沿城郊道路两侧投机开发，助长了城市蔓延。为了应对该情况，当局产生一连串城镇规划法。

1940 年，巴洛报告出版，它建议要控制伦敦的增长，要对拥堵不堪的城市进行再开发，鼓励开发现有的小城镇和偏远的区域中心。1943 年，大伦敦规划出炉，这是由于伦敦在“二战”中遭受了严重的损坏所提出的城市规划方案。帕特里克·阿伯克龙把伦敦规划为同心圆形态，内环疏散人口和工业，郊区环周围不进行开发，减缓城市的增长。

鉴于维多利亚城市里的工人的贫穷困顿，在全国范围内建立公共卫生服务网络的卫生立法呼声很高，慈善住房协会也为穷人寻求较好的住房。与美国进步运动相并行，但英国有一股创造更加人性化和市民化社区的强大力量。1843 年，成立关注城镇健康的皇家委员会，1848 年通过《公共卫生法》，以及 1872 年及 1875 年在《公共卫生法》的要求下通过强制力量进行改革。环境标准逐步得到改善，出台并执行了住房标准，建设了下水道，垃圾处理也得到控制。此外，在欧洲城市历史中，公众参与一直存在。自由主义创立了自治社区立法程序，市议会逐步增加了管理职能。地方社会主义的基础就是他们所提供的许多非盈利的服务政策以及福利计划。

2. 瑞典

瑞典国土面积不大，但生活水平很高，有忠于福利国家原则的非常强势的中央政府。其在规划中设定的目标如下：减缓斯德哥尔摩、哥德堡、马尔摩等城市的增长；引导工业转移到落后地区；维持经济上合理的小镇，但能支撑完善的社区服务要求。“二战”以来，斯德哥尔摩就在这样的框架下进行，建造了地方设施完善的卫星式的社区，并以绿带隔离，且通过公交系统融入拥有150万人口的相互依赖的大都市区整体中。斯德哥尔摩体现了明确的规划改变城市物质景观方面和在改变能使有效的公共控制盛行的条件方面取得了成就。与此同时也是产生了矛盾的，规划实理论与市民的居住偏好存在冲突，规划师偏好市中心的高密度住宅区，但市民更偏好低密度的独立式住宅和满足私人需求的更完善的设施。

规划成功的关键在于：瑞典的中央政府控制住房建设和土地利用。斯德哥尔摩待开发的土地是公共所有，90%～95%的住房都是在政府的财政支持下建造的，政府控制城市开发的时间和地点。此外，对卫星城的中心进行统一建设。美观建筑与自然景观相结合，在其内部，行人和机动车流分离。

（四）社会主义国家城市化进程及城市规划法治化

1917年的共产主义革命，标志着起初在俄国、后来在东欧城市发展出来的另一条道路，即社会主义国家城市化道路。不同于西方缓和渐进的工业革命，苏联采取的是对整个经济实行国家所有和国家管理来实现社会目标和加速工业化。西方在思想启蒙的影响，信仰人有能力通过理性思考和科学实验来改善自身和社会，并能统治世界万物。而共产主义革命更加相信党和政府的能力，通过科学和工业化来改造社会和社会关系，并创造一个理想的共产主义世界秩序。

在苏维埃时期，苏联通过同时工业化和城市化过程，把乡村社会转变为一个有影响力的城市社会，这是一系列五年计划的结果。苏联城市化所呈现的特点如下：忠实信奉单一的规划标准；发展最基本的只注重数量而不注重质量的工业化建造技术；在投资分配上，忽视住房、城市发展和服务设施的投资，重视重工业的投资。中央政府的作用和国家经济目标的优先权表现在各级城市化中，下至已建成的新城市开发的具体自然特性。国家委员会确定城市的经济标准和基本劳动力数量，规划师的任务是执行现有规范。此外，苏联的规划和建设过程的机械化是其本质特征。由于工业化是当务之急的结果，或由于战争的破坏导致需要提供大量的住房和服务设施，标准化的主要目标是使住房建设工业化，既降低成本，又加快建设的速度。

三、我国城市规划法治化的不足和完善

(一)我国城市化进程

1949年中华人民共和国成立后，城市规划经历了从无到有的过程，取得了一定的进步。由于形势需要，当时普遍重视实践，基于毛泽东思想，认为中国重建的关键在于规划的愿望、明确的目标以及中央政府的力量。总的来说，中华人民共和国成立初期对城市规划建设的认识相对简单，以服务工业化为主要目标，存在一定程度的反城市倾向。“文化大革命”时期，对城市规划持全盘否定的态度，直到改革开放阶段，才意识到城市规划的重要性，城市规划的发展进程迎来春天。

改革开放以来，我国社会经济发展水平不断上升，城镇化水平不断提升，城乡规划建设大规模推进。城镇化的快速发展，城市规划发挥了很大的作用，城乡面貌也得到了根本性的改变，城乡人居环境取得实质性的改进。① 当然，在这过程中也存在一些问题，如发展速度过快、片面追求政绩工程、破坏生态环境等问题，对城市及其规划的综合性、复杂性的认识较为不足。

近年来，我国进入中国特色社会主义新时代发展的重要时期，城市规划的发展重点转变为促进国家治理体系和治理能力现代化、加快形成绿色生产方式和生活方式、推进生态文明建设、建设美丽中国等。城市是国家文明传承创新和现代化发展的重要依托，也是资源环境保护的重

---

① 参见吴良镛：《七十年城市规划的回眸与展望》，载《城市规划》2019年第43卷第9期。

要区域。中央城市工作会议明确，努力把城市建设成为人与人、人与自然和谐共处的美丽家园。习近平总书记强调，“必须坚持以人民为中心，不断实现人民对美好生活的向往”“前进道路上，我们必须始终把人民对美好生活的向往作为我们的奋斗目标”。①

(二)我国城市规划的不足

只有使城市规划走向法治化，才能使相关法制更为完善，才能减少城市规划的失误。目前，我国城市规划方面虽已形成一定的机制，但仍然欠缺完善的规范体系，常常导致决策失误，造成社会资源的巨大浪费。

1. 城市规划法治化的规范体系尚未完善

目前，城市规划虽然在规划编制、规划管理、行政审批及实施管理等方面已形成一定的法律规范，但都不够具体和细致。2008 年《城乡规划法》实施，标志着新的城市规划主干法形成，但是与之配套的相关地方性法规和规范却迟迟未能出台。城市规划的地方性和可操作性要求很高，因此不能仅仅依靠“粗线条”的《城乡规划法》，要建立和完善地方性法规和规章等城市规划法规体系。以广州市为例，1997 年实施《广州市城市规划条例》，1992 年实施《广东省实施〈中华人民共和国城市规划法〉办法》，2010 年施行部门规章《广州市关于贯彻实施〈城乡规划法〉的意见》，体现了相关地方性法规的制定的严重滞后。除了综合性的地方性法规外，城市规划法治化需要相关程序性和实体性规范的支持。比如目前我国欠缺规划编制项目的准入机制，城市规划项目的编制主要由领导确定。但是领导有任期，易出现新规划覆盖原有规划的情况，城市规划意见不统一。因此需要通过程序性的规定予以规范，体现程序正义

---

① 转引自肖北庚、彭雁冰：《习近平“以人民为中心”法律思想的理论逻辑及实践展开》，载《湖南师范大学社会科学学报》2018 年第 3 期。

性，保障公共利益的实现。

2. 制约行政决策权力的机制尚未形成

城市规划包括规划编制、规划管理、规划决策及实施管理等方面，其中城市规划决策占据重要地位，城市规划决策的不完善对于城市规划的整体运行存在严重影响。法治，意味着法律应约束和支配权力。但在城市规划决策领域，由于需要面对各个城市自身不同的复杂情况，城市规划决策难以有统一的说法，这导致容易滋生决策权力的滥用和违法乱纪行为。其次，在处理政府与相关单位或个人的利益冲突的时候，政府往往更重视政府立场和地方经济的发展，将公共利益和部分受政策影响的市民个人利益置于相对次要的位置，从而使规划决策难以体现应有的公平性和正义性。① 因此非常有必要形成制约城市规划决策权力的机制。但我国制约城市规划决策权的机制尚未形成，主要体现在城市规划决策权力过分集中及决策部门的双重角色等方面。城市的主要领导拥有城市规划决策所需要的人权、事权和财权，而领导有任期，为实现其任期内的所谓政绩，可能使规划屈从于政府的行政目标，集中于解决当前问题，而不顾城市的长远利益和可持续发展。政府既是城市规划的制定者，又是城市规划的执行者，这意味着存在政府的左手监督右手的情况。决策部门的双重身份无可避免地存在以下危害：一是容易造成政策多变，给城市的建设和经济的发展带来危害；二是难以进行有效监督，容易产生官僚主义和腐败现象。

（三）我国城市规划法治化的完善对策

政治权力应以保护个人自由权利为目的，应依据公开的、明确的、有效的法律来行使，而不能依靠临时的命令或政策。城市规划的法治化

---

① 参见陈达良：《城市规划决策法治化思路及策略》，载《规划师》2015 年第 12 期。

必然贯穿城市规划的组织编制、规划管理、规划决策和规划实施的全过程。通过借鉴域外国家的城市化进程以及城市规划法治化发展，笔者拟通过完善城市规划法治化的规范体系来促进我国的城市化发展和城市规划的法治化，主要包括以下四方面：综合性的法律规范体系、城市规划组织编制方面的法律规范体系、城市规划管理方面的法律规范体系和城市规划实施方面的法律规范体系。

1. 综合性的法律规范体系

贯穿城市规划全过程的重要法规不仅包括主干法，还包括相关地方性法规，包括城市规划组织编制、规划管理和实施等相关阶段。这些综合性的法律规范，粗线条地规定了规划组织编制、审批、实施等过程的相关要求，是城市规划法治化的重要框架。综合性的法律规范体系的完善，是城市规划走向法治化的重要体现。

2. 城市规划组织编制方面的法律规范体系

(1) 建立规划项目的立项预审委员会制度

城市规划可分为总体规划和详细规划，总体规划包括城镇体系规划、近期建设规划和分区规划，详细规划包括修建性详细规划和控制性详细规划。规划项目编制这方面的法律法规是一个真空地带，笔者建议建立规划项目立项预审委员会制度，对需要开展的规划项目进行论证，以期对城市规划的法治化进程有所助益。科学、合理地组织编制规划是城市规划法治化的首要要求。预审委员会可从城市各职能部门、规划专家、广大市民等群体挑选组成人员，当市民和专家达到一定比例，可以联合提出编制规划的提案，让广大市民和专家都可以参与到选择城市规划编制项目的决策之中。城市政府领导虽然最终决定规划方案，但通过这种以市民和专家为主导的规划项目的准入机制，可控制规划编制的数量，又能保证开展一些真正有利于公众利益实现的规划项目。

(2) 制定和完善城市规划管理技术标准与准则

在地方城市规划管理的相关法规和规范中，除了省实施办法和地方的规划条例外，主要是地方城市的规划管理技术标准与准则。仅依据粗线条的地方性法规进行规划管理是远远不够的，还需要根据地方实际情况制定城市规划管理技术标准与准则。城市规划技术标准与准则的科学性决定了城市规划决策法治的科学性。因此根据城市发展的实际情况，结合城乡规划法的相关规定，适时制定或完善相关技术标准与准则是很有必要的。

3. 城市规划管理方面的法律规范体系

城市规划管理是指城市政府及城市规划管理部门审批、批准相关规划，并依法进行日常行政许可管理、行使行政权力的过程。

(1) 公众参与制度

在整个欧洲城市历史中，公众的角色一直存在，我国可以从中吸取经验，推行公众参与制度。城市规划的服务对象是广大市民群众，其在城市规划决策中应当最有发言权，推进城市规划的广泛公众参与是城市规划走向法治化的必由之路。① 由于编制城市规划项目的相关法律法规的空白，加之当前公民权利意识、法治意识提高，公众参与制度应当纳入考虑之中。《城乡规划法》有明确规定，城乡规划报送审批前，应当依法将城乡规划草案予以公告，并采取论证会、听证会或者其他方式征求专家和公众的意见。近年来，很多城市都制定了城市规划的公众参与制度，使市民享有决策的法定权利。一般而言，公众参与制度中，公众在城市规划中应享有知情权、表达权、决策权和监督权。具体而言，城市规划的知情权对应城市规划中的政府以及相关主管部门的信息公开义务；城市规划的表达权指公众能够主动表达其自身的意见和看法；城市规划的决策权是指公众享有不同程度的、部分的决策权；城市规划的监督权是指对城市规划中的政府权力实行监督。但这种法定权利还须通过

① 参见付健：《城市规划中的公众参与权研究》，吉林大学 2013 年博士论文。

实际的环节转化为主体的现实权利，才意味着权利的最终完成。这需要对公众参与制度进一步完善，落实到市民的现实权利之上。

对此，笔者认为可从公众的四种权利着手，对公众参与制度加以完善。首先，完善城市规划中政府的信息公开制度，保障公众的知情权。例如建立信息公开平台、完善信息公告制度等。其次，完善城市规划中的公众意见表达制度，保障公众的表达权。例如丰富城市规划中公众意见表达制度的类型，出台操作性强的指导性法律规范，合理配置各种公众意见表达方式，包括论证会、听证会等。再次，建立城市规划中的协商决策制度，保障公众的决策权。城市规划中的协商决策制度，是城市规划中公众参与权最为直接的实现途径。最后，完善城市规划中的监督制度，保障公众的监督权。批评、建议、检举、申诉和控告等形式，是公众在在城市规划过程中行使监督权的重要制度渠道。

(2)明晰相关职能部门分工

明晰规划部门与其他职能部门的职能分工，才能有效推进城市规划法治化。由于城市规划的综合性，所以城市规划行政管理部门与其他相关职能部门的关系较为密切，许多协调事项都需要规划部门牵头负责。若不能明确各部门分工，职能重叠，则会出现多头管理的现象，城市规划法治化就无从谈起。

(3)专家咨询制度

城市规划对技术性有所要求，对于政府难以决策的复杂问题可求助于专家。通过建立专家咨询制度，使进入政府审议范围的重大决策先经过专家审议评价、提出相关问题和建议，有利于进一步完善规划方案。这是城市规划法治化、科学化的基础。在实践中，可明确规定专家咨询意见成为送审下一阶段的必经程序，并细化咨询的内容和范围，为城市规划服务。

4. 城市规划实施方面的法律规范体系

城市规划的实施管理主要包括监督检查工作，依据《城乡规划法》

的相关规定，规划部门有查处违法建设的职责。但是仅仅依靠城市规划法去履行职责是远远不够的，还需要制定相应的地方性法规或规章。同时，应注意违法建设的查处涉及众多的部门，如工商管理局、城管执法局、环保局等，其他部门执法的相关规范应与城市规划相应的规划相统一和对应，避免权责不分的现象。

结语

笔者通过对布赖恩·贝利《比较城市化：20 世纪的不同道路》的研读，对不同国家的城市化进程以及城市规划的法治化过程深有领悟。笔者以城市规划法治化的角度切入，分析城市规划的渊源、类型和重要性，探讨北美、欧洲、社会主义国家城市化进程中城市规划发展及法治化色彩，了解到我国城市化进程的变迁与发展中，存在城市规划法治化的规范体系尚未完善、制约行政决策权力的机制尚未形成等不足，建议完善城市规划法治化的规范体系。笔者从以下四方面加以描述：综合性的法律规范体系、城市规划组织编制方面的法律规范体系、城市规划管理方面的法律规范体系和城市规划实施方面的法律规范体系，以期对我国城市化进程以及城市规划法治化建设发展有所助益。

湖北省城市社区多元共治若干问题研究*

岳云云　燕如菁　刘培森　阿依尼尕尔·艾沙**

【摘要】我国城市社区治理模式正在从政府主导模式、市场主导模式向多元共治模式过渡，社区治理主体越来越多元化。近年来党中央提倡在城市社区治理工作中坚持“共建共治共享”和“三元互动”的法治理念，这为解决湖北省城市社区治理过程中遇到的以下困境提供了解决思路：例如多方治理主体职责分工不合理，社区矫正工作虽有法可依但执法不严，社区纠纷化解机制难以兼容法和道德两种社会规范。要想建立符合时代特色和法治原则的社区治理模式，一方面要推动社区治理法律规范的立法工作，从而依法规定各方主体权利、义务以及责任，另一方面也要充分挖掘民间自治资源，完善民间法体系，让社区矫正工作和社区纠纷化解工作实现法治和德治的双重效果。

【关键词】城市社区治理模式　多元共治　社区矫正　社区纠纷治理机制　社区公约

---

* 本文为湖北省教育厅重大项目《城市社区治理现代化基本法律问题研究》(项目编号：15ZD020)的阶段性成果。

** 岳云云，女，湖北大学政法与公共管理学院法学硕士研究生。燕如菁，女，湖北大学政法与公共管理学院法学硕士研究生。刘培森，男，湖北大学政法与公共管理学院法学硕士研究生。阿依尼尕尔·艾沙，女，湖北大学政法与公共管理学院法学硕士研究生。

绪论

社区是城市的“细胞”、社会的缩影。社区治理是社会治理的重心，同时也是推进和完善国家治理体系的重要组成部分。自党的十八大报告首次把“社区治理”的概念写入党的纲领性文件开始，城市社区治理作为社会治理不可或缺的一环，受到社会各界的普遍关注，关于该主题的相关理论和实践研究也是层出不穷。湖北省作为中部地区大省，城市现代化水平在全国范围内名列前茅，在城市社区治理工作方面，积累了很多值得借鉴和反思的社区法治工作经验。虽然湖北省对社区治理进行了有益的探索，实现了社区治理的整体蜕变，但是仍然存在许多瓶颈问题亟待攻克。本文立足湖北省四市十社区，结合法律法规政策和实践数据，综合运用概念分析、实证分析、规范分析、历史分析等方法，剖析湖北省城市社区治理过程中反映的法律问题，以期提出具有说服力和可操作性的法律对策。

一、中国城市社区治理模式演进之检视

“社区”在如今的中国，尤其是对于生活在城市社区的人们来说是非常熟悉的词语，但是该词语背后的渊源和含义却鲜少被深入普及。其实“社区”并不是中国本土概念，而是西方社会学的一个基本概念，最早源自 1887 年德国社会学家滕尼斯出版的著作 *Gemeinschaft Und Gesellschaft*（译为《社区与社会》）中的“Gemeinschaft”（那些具有共同价值取向的同质人口组成的、关系密切、出入相友、守望相助、疾病相抚、富有人情味的社会关系和社会团体①），后经美国学者翻译成英语“Community”（过去翻译成“社会”），19 世纪 30 年代费孝通等一批青年

① 李会欣、刘庆龙：《中国城市社区》，河南人民出版社 2002 年版，第 1 页。

学者，为了区分“Community”和“Society”(均译为“社会”，基于美国社会学家帕克的人际关系理论：“Community”强调利害关系，“Society”是指痛痒相关、荣辱与共的道义关系)，对“Community”创立了一个新的词义“社区”。后来这个译名在中国学界沿用至今。

中华人民共和国成立70年以来，随着对外开放和国家经济体制改革的深入推进，我国各省市城市的市民人口显著增加，社区已经成为人们的基本生活场所，也成为政府管理和居民自治的重要领域，城市社区治理更是成为社会治理乃至国家治理的基础单元，对维持社会秩序稳定和人民生活安定具有重要意义。在整体把握和归纳城市社区治理模式演进脉络的基础上，若能结合历史和社会环境背景检视其背后法理，则对研究湖北省城市社区治理法治化具有重要意义。

(一)政府主导模式(1949—1978年)：“社会控制”和“社区权力精英论”

中华人民共和国成立后，国家基层社区治理百废待兴，受苏联模式和战争遗留的治理困境影响，基层社区治理通过强化“社会控制”机制来维持社会秩序，对城市居民和集团组织进行管理。在城市基层社会逐步建立了以“单位制”为主体、以“街居制”为辅的管理模式，这种管理模式的核心就是发挥政府在社区治理中的主导作用。其中导致“单位制”模式出现的最主要决定因素是国家的经济体制，高度集权的政治体制的形成，国家成为社区管理的唯一主体，并通过行政体系对社区经济生活实行全权化管理。此时，单位作为国家实施社区管理最得力的代理，不仅负有提供工作场所的职责，而且“单位人”的社会管理、社会福利、社会保障乃至子女医疗福利、入学就业等也均由单位承担，使其对单位产生强大的人身依附关系。因而生活在单位制下的城市人，基本上就是以单位作为生存原点。①

---

① 康之国：《构建城市和谐社区与社区治理研究创新研究》，知识产权出版社2008年版，第46页。

在“单位制”管理模式逐步确立过程中，“街居制”也迅速发展起来。1954 年先后通过的《城市街道办事处组织条例》和《城市居民委员会组织条例》，确立了由街道办事处和居民委员会构成的“街居制”管理模式，通过政府部门将上级命令传达到街道，街道传达到居民委员会，再由居民委员会传达给居民的自上而下的管理方式，从而实现政府主导社会资源的再分配。在美国学者亨特的“精英论”看来，国家作为“权力精英”通过政治领导(政府)和社区领导(街道办事处和居民委员会)来统治社区生活。① 虽然在《城市居民委员会组织条例》中，将居民委员会定义为“群众性的自治组织”，但在实际运作中，居民委员会体现出很强烈的“政府主导性”，毕竟居民委员会是政府为了管理居民而设立的，并非居民自发形成的组织。

(二)市场主导模式(1979—2011 年)：“市民社会”

党的十一届三中全会以后，经济体制改革和改革开放等系列政策的出台，市场力量逐步活跃并在资源配置中占据主导地位，国企业事业单位改革带来的部分职能分离导致单位的承载资源配置和提供服务功能降低，户籍制度和人事制度改革吸引大量个体离开单位进入市场，社会流动加剧，政府在社区治理中的控制力和主导性削弱，并诱发了“单位制”的弱化。在治理理论上借鉴并运用黑格尔的“市民社会”理论中国家与社会彼此分离的观点，并创新性肯定国家与社会二者之间相互推动的作用，逐步建立“政府推进”和“社区自治”合作管理模式。

在“政府推进”方面，1986 年民政部首次提出开展社区服务，由此“社区服务”成为政府一项重要行政职能；1991 年民政部在社区服务的基础上进一步提出在城市基层开展社区建设工作，此后社区建设成为我国政府推进社区治理工作的核心，大致分为 3 个阶段：1991—1995 年：

① 张林江：《走向“社区+”时代：当代中国社区治理转型》，社会科学文献出版社 2015 年版，第 39 页。

民政部积极推进社区建设实践；1996—2000 年：社区建设实验成效显著；2001—2011 年：社区建设进入党政文件，在全国范围内整体推进。

在“社区自治”领域，1982 年通过的《中华人民共和国宪法》规定，城市和农村按居民居住地区设立的居民委员会或者村民委员会是基层群众性自治组织，这是从宪法上对居民委员会性质进行界定；1989 年通过的《中华人民共和国城市居民委员会组织法》(以下简称《城市居委会组织法》)则进一步明确：“居民委员会是居民自我管理、自我教育、自我服务的基层群众性自治组织”；2003 年国务院公布的《物业管理条例》为房地产业飞速发展迎来的城市商品化住宅社区的物业管理从行政法规层面进行规制；2007 年通过的《中华人民共和国物权法》(以下简称《物权法》)明确了业主的建筑物区分所有权，并从法律层面明确业主大会、业主委员会以及物业服务企业和业主间的关系。从社区服务到社区建设，政府推进和社区自治并驾齐驱，促使社区管理体制由“街居制”向“社区制”转变，部分政府权力下放社区，居民、非营利组织、辖区内单位在政策牵引和市场驱使下逐步参与到社区建设中来，我国社区自治能力正在逐步加强。

(三) 多元共治模式(2012 年至今)：“共建共治共享”和“三元互动”

自 2012 年十八大报告首次把“社区治理”一词写入党的纲领性文件开始，为推进社区治理体系和治理能力现代化目标，我国社区发展道路逐步从建设走向治理，社区治理实验工作在全国范围内如火如荼地展开。民政部分别于 2014 年 1 月、2015 年 7 月、2017 年 12 月、2019 年 3 月将全国共计 150 个单位确立为“全国社区治理和服务创新试验区”，以点带面推进全国社区治理创新，基本形成了“因地制宜，百花齐放”的社区治理局面。2017 年 1 月和 2018 年 12 月分别通过了 2014 年和 2015 年全国社区治理和服务创新实验区结项验收，社区治理创新探索取得了阶段性成果。

2017 年十九大报告中明确提出要“打造共建共治共享的社会治理格局”和“加强社区治理体系建设，推动社会治理重心向基层下移，发挥社会组织作用，实现政府治理和社会调节、居民自治良性互动”，更是对社区治理实验工作进行了系统性总结。城市社区治理将围绕“三共格局”和“三元互动”基本法理，在充分认识到政府、社会、居民等多元治理主体的重要角色后，在坚持政府主导和政社合作原则的基础上，为各种社会力量根据自身特点发挥作用建立制度及政策安排；同时让多元主体发挥各自力量协商互动共同参与治理；最后让治理成果惠及全体人民。① 自此，“多元共治”的城市社区治理模式正式确立，并随着社区治理创新工作全面推开而逐步深化推广。

二、湖北省城市社区治理多元主体性质的宪政分析

中共中央、国务院于 2017 年 6 月 12 日发布并实施《关于加强和完善城乡社区治理的意见》后，全国社区治理工作总目标明确为“到 2020 年，基本形成基层党组织领导、基层政府主导的多方参与、共同治理的城乡社区治理体系”。同年 12 月 30 日，中共湖北省委、湖北省人民政府印发《关于加强和完善城乡社区治理的实施意见》指出：“新时期湖北省城市社区治理将充分发挥基层党组织领导核心作用、有效发挥基层政府主导作用、注重发挥基层群众性自治组织基础作用，统筹发挥社会力量协同作用、积极发挥居民群众主体作用，基本形成基层党组织领导、基层政府主导的‘多元共治’模式。”②目前湖北省“多元共治”模式正处

① 肖丹：《共建共治共享的社区治理格局构建路径研究——以深圳市福田区为例》，载《中共成都市党委校学报》2018 年第 3 期。

② 湖北省民政厅：《城乡社区治理的纲领性文件——〈中共湖北省委、湖北省人民政府关于加强和完善城乡社区治理的实施意见〉解读》，载湖北省民政厅，http：//mzt. hubei. gov. cn/ywzc/jzcs/201807/t20180703_367978. shtml，2019 年 7 月 20 日访问。

于创新实验阶段，尚未形成科学完备的体系，主体在参与治理过程中还面临许多问题，亟待从宪政层面加以分析考究并提出可行性对策。

（一）“党务”与“政务”难分的基层党组织

长期以来社区党组织在思想、组织建设等领域发挥的作用不明显，党组织和居民委会治理职责和权限经常发生重叠，全国不少社区出现“居委会主任由社区党支部书记兼任”以及“居委会主任和党支部书记交叉任职”等党政不分的现象。① 笔者在走访社区居委会过程中，发现这种现象仍然存在。秦园路社区构建的是“党建引领”下的社区志愿组织管理领导机制，通过党总支搭建社区志愿服务组织机构，再下设志愿服务队管理社区志愿者服务项目形成志愿组织网格，站长和队长均由书记担任，副站长由 2 名副主任和 4 名物业公司经理共同任职。虽然在社区管理体系上存在创新，但是书记却仍是同时承担主任的社区事务管理职责。此现状的普遍存在，根结在于社区党建工作没有得到应有的重视，发挥基层党组织领导核心作用、“党支部建在社区”不是为了插手具体治理事务，而是以管理者的主观认识为调控对象，对治理事务在决策层面把关。② 党组织在社区的核心任务应该放在党建工作上来，除了宣传和组织学习中央和地方文件政策，提高社区干部和居民的党性以外，最重要的是密切联系群众，收集民情民意，督促各项政令在社区得以落实，协调各方力量以增强社区凝聚力。解决问题的途径在于确立党组织领导形式以及形成完备的党建工作体制。

一方面，在党组织领导形式确立方面，除了需在《中国共产党章程》对基层党组织的领导形式加以明确以外，也应当改变法律法规层面缺少相关正式条文规制的现状。可以借鉴《中华人民共和国村民委员会组织法》第 4 条的规定：“中国共产党在农村的基层组织，按照中国共

---

① 张林江：《走向“社区+”时代：当代中国社区治理转型》，社会科学文献出版社 2015 年版，第 95 页。

② 王怡丁：《城市社区治理的法治化研究》，西华师范大学 2017 年硕士论文。

产党章程进行工作，发挥领导核心作用，领导和支持村民委员会行使职权；依照宪法和法律，支持和保障村民开展自治活动、直接行使民主权利。”也可以在《城市居委会组织法》中增添相似条款，从法律层面明确党组织在城市社区的领导核心地位。

另一方面，在党建工作体制形成层面也应当有所创新。第一，工作方式从管理转向服务。为适应社区治理新形势需要，党组织需要从繁重“政务”中走出来，提高为社区服务的能力水平，借鉴四方堰社区党组织建设方式，以楼栋为单位建立党支部，方便党支部代表充分了解和联系楼栋居民，将社区治理中的问题化解在基层，维护居民的正当利益。第二，加强党组织自身建设。社区党员或者委员会根据《中国共产党基层组织选举工作暂行条例》第 16 条规定推举党支部书记和副书记候选人时，应当坚持任人唯贤干部路线和德才兼备的原则，推举政治素质好、工作能力强、业绩突出、群众威信高的社区党员干部。第三，重视党员队伍建设。有计划、分层次对社区党员进行培训，提高党员素质；科学分析党员结构，发挥社区老党员的带头示范作用，号召青年党员积极参与社区治理，优化党员队伍结构。第四，健全党建工作机制。建立党建工作责任制，社区党委认真履职，把社区党建工作摆上重要议事日程并做到分工明确，责任到人；建立目标管理机制，实行定岗定责定目标，强化社区党员干部的工作职责，增强工作责任心和主动性；建立激励机制，调动社区党员干部的工作积极性；建立考核机制，开展经常性的考核评比，并将考核结果与工资待遇挂钩。

(二)基层政府职能转变："放权"与"控权"的平衡

从改革开放始，基层政府为适应市场力量介入带来的社区社会消解与重新整合，摆脱集中计划经济体制下“全能政府”形象，开始向服务导向型转变，通过转变政府职能，简政放权，把社区中不应管、管不了、管不好的事情交给其他组织来承接，促使政府、市场、社区组织实现合理有序的分工与合作。① “放权”的过程就是政府转变职能的过程，基层政府放权于社区，在社区治理过程中逐渐实现身份转换，让社区自治落到实处。

“放权”理念的贯彻虽然使政府在参与社区治理过程中取得了阶段性效果，对居民委员会等社区组织的发展壮大贡献卓越。但在实际社区运转过程中，却也产生了不尽如人意的结果，基层政府名义上放权，实则将大量行政事务下放社区，导致社区行政事务多、检查评比多、会议台账多、不合理证明多等问题突出。例如环城东路社区协助政府开展的行政工作任务有治安综合治理、卫生、劳动保障、民政优抚、社区文化等多达200余项，其中最为烦扰的行政职务就是社区盖章，盖章是需要承担责任的，但银行、公安等部门推诿责任引导居民前往社区开证明章，加剧社区行政工作压力。可见，基层政府“放权”实则将行政任务推卸于社区，没有依法全面履行在社区治理中的主导职能。

现阶段为改变社区自治组织沦为基层政府附庸局面，避免政府推诿职责，应当重视政府在社区治理中主导作用的发挥，这不是意味着回到计划经济时代“强政府，弱社会”的社区治理形式，而是让政府加强对社区行政事务的管理负责力度，从而实现基层政府“放权”与“控权”的平衡，为社区减负增效。2015年中共中央、国务院印发的《法治政府建设实施纲要(2015—2020)》中建设法治政府第一要务就是“依法全面履行政府职能”；同年7月，民政部、中央组织部在广泛调研的基础上，印发了《关于进一步开展社区减负工作的通知》，提出“减负七条”，即依法确定社区工作事项、规范社区考核评比活动、清理社区工作机构和牌子、精简社区会议和台账、严格社区印章管理使用、整合社区信息网络、增强社区服务能力。但从此次湖北省社区调研结果来看，社区减负没有达到预期效果，制度性约束成为虚浮的宣传口号。究其根本在于这

① 邱梦华：《城市基层社会组织发展研究》，上海交通大学出版社2018年版，第32页。

些政策规约基本上以“规定”“通知”“意见”的方式印发，此类规范性文件缺少对政府和其他部门的强制约束力。① 因此，必须加强社区减负制度的权威性，即政府结合地区实际以更加权威的形式发布政府下放社区行政事务的负面清单，比如以地方人大发布地方性法规的方式出台相关规约，其中详细规定禁止政府及其相关部门下放于社区的行政事务类型，并设置违规成本和惩罚措施，以期有效遏制政府过度“放权”，回归“控权”，实现理论平衡，避免社区陷入行政化怪圈。

（三）处于“行政化”与“自治性”矛盾中的居民委员会

居委会“被行政化”一直是个不争的事实。虽然《宪法》和《城市居委会组织法》将居委会的法律性质定义为“居民自我管理、自我教育、自我服务的基层群众性自治组织”，在居委会和政府关系上也从法律层面规定为指导与协助关系，然而在实际工作中，这种定性暴露出含义模糊的弊端，导致居委会行政化色彩浓厚。居委会被行政化必然弱化自治功能，没有更多精力和时间来组织居民从事社区内部的自治事务。因而居委会一直处在“行政化”的实然状态和“自治性”的应然状态之间的矛盾中。

居委会被行政化从表面上来看具有一定的积极意义，减轻了政府的行政事务压力，在很大程度上实现了对基层社区的管控。然而，从根本上来看，居委会被行政化对上对下都不是好事。对政府来说，仅靠居委会基层力量按照传统行政方式开展工作无法担任当前繁重且富有挑战的基层社区治理工作；对居民来说，伴随着住宅商品化和公民意识的觉醒，居委会过度行政化容易造成居民自治意识弱化。② 但如果将居委会的行政属性完全剥离，眼下也不具有可行性，一方面政府需要依赖居委

---

① 张平、周立：《中国城市社区治理报告（2018）》，中国社会出版社2018年版，第36页。

② 邱梦华：《城市基层社会组织发展研究》，上海交通大学出版社2018年版，第55页。

会对社区情况熟悉度来加强对社区的管理；另一方面居民也需要通过居委会行政权力来刺激社区自治活力。因而保持“行政化”和“自治性”的平衡，并伴随社区自治程度提高，逐步“去行政化”是未来社区居委会发展方向。

笔者在社区调查中发现，居委会协助政府开展的工作任务非常之多，从政府部门下放的行政性事务占到居委会全部工作量的50%以上，用红星路社区喻副主任的话说：“居委会属于基层组织，是实际处理问题的主体。政府上传下达，工作任务下压到社区。社区行政任务繁重，这应该是所有基层居委会面临的共性问题。”根据《城市居委会组织法》第3条的规定，居委会基本职能包括三项：组织居民开展自治、协助政府做好相关工作和反映居民意见建议。可见协助政府开展工作是居委会法律层面分内之事，但是“协助”的具体事宜没有明确规定，只是概括性说明协作工作的性质为“与居民利益有关的公共卫生、计划生育、优抚救济、青少年教育等项工作”，导致现实中居委会协助内容过分扩张。为改变居委会承担大量行政工作，实际功能渐渐向行政组织靠拢的现状，有必要在组织法中兼以肯定式和否定式列举、概括式和具体式列举的方式详细规定居委会协助工作的具体类型。

此外，居委会虽然作为自治组织，但自身没有任何独立的经济来源，完全依赖政府。根据《城市居委会组织法》第17条的规定居委会的工作经费和来源，以及居委会成员的生活补贴费的范围、标准和来源都是依靠政府规定和拨付。政府为居委会提供了稳定持续的资金支持，保证了居委会的持续和稳定发展，这是社区其他组织难以比拟的。居委会虽然无法脱离政府资源，但是可以扩展资源来源渠道，根据《中华人民共和国民法总则》第96条和第101条的规定，居民委员会属于特别法人，可以从事为履行职能所需的民事活动，借鉴刘口社区居委会的做法，通过注册成立湖北省仙桃市刘口工贸发展股份公司，让居民参与集体资产经营，经营范围也主要围绕促进社区发展项目展开。

(四)"维权"与"自治"：业主委员会运作双轨并行

随着2003年《物业管理条例》、2007年《物权法》和2009年《业主大会和业主委员会指导规则》等规范性文件的陆续出台，业委会被相关法律法规赋予在物业管理活动中代表业主和维护业主利益的合法地位。业委会逐渐从民间维权组织上升为以维护私人产权为基础的自治组织，工作内容早期以"维权"为导向，与前期物业服务企业(由建设单位制定或计划更换的物业服务企业)围绕物业服务合同的确定以及执行展开博弈；后期则以"自治"为方向，以物业服务管理为核心开展日常自治工作，主要包括：协调物业公司、管理物业维修基金、管理辖区内部事务(如建筑结构、基础设施、绿化、周围环境及交通情况等)、管理业主委员会内部事务(如起草有关物业管理公约办法的草案；建立工作制度、会议制度和档案制度；做好办公用房的设置和管理工作；做好换届选举工作等)。① 现在承担着"维权"和"自治"双重职责的业委会作为社区治理工作的重要一环，对完善城市社区治理结构发挥着巨大作用，但社区治理工作的复杂性从来不容小觑，运作这两种属性过程仍然困难重重。

笔者在湖北省共10个社区收集了83份调查问卷，关于与物业公司发生纠纷后，采取何种途径维权问题(多选)上，数据显示：请求居委会进行调解有63人勾选，34人选择与物业公司进行协商，26人选择向业主委员会投诉，向房管局投诉和向法院直接提起诉讼各有11人和10人勾选，其他途径有5人。通过客观数据显示居民选择的维权途径多样，除了法律手段，居民选择最多的方式往往是较为柔和的调解和协商，其中得到居民认可度最高的是居委会调解，这暴露出业委会维权能力没有得到业主充分认可的现状，一方面由于维权途径多而限制业委会

① 邱梦华：《城市基层社会组织发展研究》，上海交通大学出版社2018年版，第96页。

“维权”功能，但最突出原因还是业委会自身建设存在问题，无力成为业主维权的首要选择。团队在向居民调查社区业委会尚存在哪些问题的过程中，反映最为强烈的是业委会管理运营机制不够完善。该情状在“自治”范畴同样出现，业委会在日常自治运作中并没有真正实现管理有效、运作良好、令业主感到满意，“贫弱的业委会”是作为“民主政治的试验场”的业主委员会现下最大的困境。① 因此完善业委会管理建设机制对提高其参与社区治理深度至关重要。

一方面需要留意改善的是人员选举体制，根据《物业管理条例》第11、12条的规定，选举业委会或者更换业委会成员应当经专有部分占建筑物总面积过半数的业主且占总人数过半数的业主同意。但是实际生活中业主参与选举的积极性并不高，如果剥夺消极业主的选举权，选择由基层政府或者居委会内定等更加高效的方法则会伤害业主参与社区治理积极性的同时侵犯业主自治权，因而为今之计应当着重提高业主在选举中的参与度，抛弃过往低效率的纸质投票方式，利用互联网技术打造更加便捷的投票平台，借鉴武昌地区为解决居民报事办事问题而打造微信公众号平台“武昌微邻里”的方式，推出业主委员会微信投票系统，既节约成本，减轻业主委员会负担，也便利业主投票，提高投票效率。

另一方面，在业委会人员构成上，呈现总体年龄偏大的状态，但是业委会工作对组织者的知识储备和管理能力的要求越来越高，年老业主往往缺乏与时俱进的才识，并且精力有限，这对业主委员会的良性发展构成挑战，所以吸引青年业主参与和扶持中老年业主发展须双管齐下。

（五）物业服务企业：从“市场化”到与“公益性”并存

物业服务企业作为专门从事商品住宅区物业管理服务的“市场化”营利组织，以提供专业性和灵活性的物业服务为导向，在降低管理成本

① 刘伟红：《社区治理——基层组织运作机制研究》，上海大学出版社2010年版，第161页。

的同时弥补了政府社区服务管理的不足，为业主提供了更加优质的物业服务，从而迅速介入城市社区并成为社区治理中不可或缺的重要一元。

前期物业服务企业因不是业主自主选择，《物业管理条例》第 26 条赋予业主重新选择优先权，只要业主委员会与物业服务企业签订的物业服务合同生效的，前期物业服务合同无论是否约定期限都无条件终止。但后期的物业服务企业是否能全然避免纠纷，从规范文件到现实中来看答案都为否。首先，在收费标准方面，《物业服务收费管理办法》规定物业服务收费实行政府指导价，具体收费标准由业主与物业管理企业根据规定的基准价和浮动幅度在物业服务合同中约定。即使最初达成合意，后期也因物业服务企业没有提供符合预期效果的物业服务而陷入收费争执。此外，在物业使用和维护方面，2008 年出台的《住宅专项维修资金管理办法》对共用部位和共用设施具体内容，以及专项维修资金交存作出了规定，但是关于应急维修却没有特殊规定，如果按照普通流程将耽误业主的物业使用，借鉴《湖北省物业服务和管理条例》第 64 条规定物业企业可采取应急措施，并向房产行政主管部门提出使用住宅专项维修资金的申请，房产行政主管部门收到维修申请后，应当即时核准并拨付住宅专项维修资金，其他各省人大可以就上述问题出台具体的地方性法规加以规制，维护住宅专项维修资金所有者的合法权益。

“市场化”是物业服务企业的本质，也是其赖以生存的基础属性，但是从上述内容不难看出作为社区治理市场力量代表的物业服务企业也存在着无法满足业主利益的状况。加之“多元共治”模式在社区治理工作中的深入推进，多元主体相互影响、相互融合的情况愈发明显，物业服务企业面临“市场失灵”情形亟待党政组织强有力支持来实现可持续发展，从“市场化”到或向“公益性”转化并存不失为一种物业服务企业参与社区治理的理念创新。自 2017 年武汉市第十三次党代会提出大力实施“红色引擎工程”开始，“红色物业”试点工作全面铺开并取得丰硕成果，通过党组织引领物业服务企业发挥市场力量的同时，强化其融入社区治理的公益性意识。团队在楚材社区汪书记的介绍中了解到社区辖下的胭脂山花园小区引入了武房管家“红色物业”，武房管家公司是2014年武昌区房地产公司旗下国有全资子公司，为响应武汉市委、市政府推进“红色物业”的号召，现已全面升级为公益性物业服务企业，以党建引领物业企业为核心，着力将物业打造为党的工作队伍，集中聘请党员大学生，建立高素质“红色物业”管理队伍。“公益性”物业企业的创新发展并没有完全杜绝物业纠纷，但是企业理念的改变和党政组织的扶持在一定层面上能够将矛盾纠纷化解在社区，未来法律法规的完善和企业管理理念的转变仍需结合推进。

（六）陷入“弱参与”状态的社区居民

伴随“单位制”退出历史舞台，城市居民从“单位人”向“社区人”转变，居民民主法治观念和自主参与意识有所增强，但全体居民的观念意识转变不是一个短期过程。从湖北省实地调研结果来看，居民参与处于“弱参与”状态，具体表现在以下三个方面：第一，参与主体不均。目前参与社区活动的人群除了楼栋长和楼栋党员骨干以外，主要还有三类人，即离退休老人、寒暑假学生以及在社区内享受过相关政策的居民，比如享受过灵活就业的，计划生育独生子女费的、低收入认定的等。由于人群类型的相对集中，社区筹建的活动也有意识地侧重这部分人群，比如环城东路社区组织的老年舞蹈队，四方堰社区的腰鼓、京剧团，秦园路社区为青少年学生开办的假期托管班，四方堰社区组织享受政策居民参加志愿者活动等，而作为中坚力量的中青年居民由于工作繁忙等原因无法或者不愿意参加社区活动。第二，参与内容单一。通过对居民委员会干事访谈的内容可以看出社区组织展开的活动类型主要为文体娱以及公益服务等，涉及社区重大事项的讨论决策除了担任社区居委会成员、社区议事机构成员等居民有相对多的机会参与以外，普通居民参与的政治性活动仅局限于社区居委会换届选举，这导致社区生活娱乐化和社区自治权利的虚化。第三，参与方式被动。除了居民自发成立的文体娱团队组织的活动以外，由社区居委会牵头的普法活动、志愿者活动乃至文体娱活动等居民参与主动性都很差，类似刘口社区给予参与活动居民奖励等采取劝诱说服做法的社区不在少数，主要是为完成上级政府下达的社区组织活动指标，对于增强居民权利意识和利益表达、提升居民自治能力似乎作用不大。

面对陷入“弱参与”状态中的社区居民，很有必要从这三方面入手考虑恰当的解决机制，以激发居民参与社区活动的热情。首先，若想摆脱中青年人群参与活动少且后劲不足的现状，可以参考户部巷社区的做法，针对此类人群的需求展开针对性活动。比如组织青年人感兴趣的就创业宣讲会、中年人在意的医疗卫生服务活动等，促进居民总体参与率的提高。其次，丰富居民参与活动的内容。居委会动员居民参与不要局限于非政治性事务，应当积极组织社区居民以居民会议、议事协商、民主听证等形式，参与涉及全体居民利益的重要事项的民主决策，发表对社区事务的意见建议，如制定和修改《居民公约》、审议社区居委会工作计划和工作报告、社区公益金使用、社区服务设施建设、兴办社区公益事业等。再者，居民积极主动参与对城市基层社区的发展起着基础性推动作用，因而发动居民参与社区治理工作是其他治理主体的重要追求目标。党政组织及其他基层群众自治组织应当重视居民主体地位，不要仅为了通过居民的参与来完成指标、传达政绩，而要以社区居民的需求为根本立足点，发挥居民参与的主动性，让居民真正融入社区治理工作中来，实现居民自治。

三、多元共治下的城市社区矫正工作的困境及对策

（一）社区矫正相关理论与历史沿革

我国刑法刑罚的正当化根据在于相对报应刑主义，刑罚的功能则在于预防犯罪。相对报应刑论认为，刑罚的正当化根据一方面是为了满足恶有恶报、善有善报的正义要求，同时也必须是防止犯罪所必需且有效

的，应当在报应刑的范围内实现一般预防与特殊预防的目的。[①] 社区矫正作为刑罚中的一种，一方面要实现刑罚的报应主义，另一方面也要达到一般预防和特殊预防的功能。不过主流观点认为社区矫正的主要功能在于对被矫正人员进行特殊预防，对社区其他居民进行一般预防。但是这并不符合刑罚的正当化依据，社区矫正仍然应当被视为一种施加痛苦和限制自由的方式，没有所谓"快乐的"和"自由的"刑罚执行方式，《社区矫正法》规定了这种刑罚仍然具有报应主义的基本功能，而且应当在实现报应行为人的前提下进行犯罪预防。当然，社区矫正侧重于预防是毋庸置疑的，必须对社区矫正定性，即它是刑罚；端正了态度后，社区矫正工作人员才能在主观上提升自己工作效率和效能的动力。

社区矫正是刑罚执行活动，目的是将犯罪人改造成守法公民，达到刑罚的预防目的。亦即，将罪犯置于社区内，在相关社会团体和民间组织以及社会志愿者的协助下，在判决确定的期限内，由专门的国家机关对罪犯的行为与心理进行矫正。[②]《刑法修正案(八)》正式规定了社区矫正制度，即被执行管制、假释和缓刑的罪犯应当接受社区矫正，从此以后我国刑罚制度转化为监狱矫正和社区矫正两种方式并行的模式。

其实社区矫正这一概念是从国外引进的。国外关于社区矫正刑罚模式的探索比较晚，这跟报应刑理论在人们的脑中根深蒂固有关。20 世纪 60 年代，随着监禁矫正模式的弊端难以解决和刑法学界对回归犯罪、预防犯罪理论的研究，以及法社会学的发展，美国司法机关开始探索通过社会治疗的手段减少乃至尽量消除顽固不化的惯犯以及重刑犯以外的服刑人员的再犯可能性、主观恶性以及对社会的危害性。这种社区矫正模式随即在美国各州得到了普及。而最早将社区矫正作为一种独立的刑种加以规定的，是英国 1972 年《刑事审判法》，该法创设了社区服务令

---

① 张明楷：《刑法学》，法律出版社 2016 年版，第 506 页。

② 张明楷：《刑法学》，法律出版社 2016 年版，第 524 页。

制度，用于代替短期自由刑。这一制度使本应受短期监禁刑的犯罪者不再被执行监禁刑，而在保护管束执行机构监督下无偿从事有益于社会的劳动服务工作。① 自此，从西方发达国家到其他发展中国家，社区矫正作为教育改造服刑人员的刑罚方式得到了广泛适用。

我国社区矫正制度的设立较晚，从 2003 年社区矫正工作试点，到《刑法修正案(八)》正式规定了社区矫正制度，到 2019 年全国人大常委会通过了《社区矫正法》，我国关于社区矫正的探索仍处于初步阶段。据官方统计，目前，全国累计接受社区矫正对象达到 478 万人，累计解除矫正对象 411 万人。②

《中华人民共和国社区矫正法》第 3 条规定，社区矫正工作坚持监督管理与教育帮扶相结合，专门机关与社会力量相结合。第 9 条规定，县级以上地方人民政府根据需要设置社区矫正机构，负责社区矫正工作的具体实施。司法所根据社区矫正机构的委托，承担社区矫正相关工作。第 12 条规定，居民委员会、村民委员会依法协助社区矫正机构做好社区矫正工作。第 13 条规定，国家鼓励、支持企业事业单位、社会组织、志愿者等社会力量依法参与社区矫正工作。通过这一系列规定可以看出，由专门机关与社会力量相结合的多元共治的社区矫正工作体系正式确立。社区作为社区矫正活动的主要场所，社区各方力量的协助工作对于社区矫正工作的成败至关重要。社区矫正是具有中国特色的刑事执行制度，是落实宽严相济刑事政策、实现惩罚与教育的刑罚目的，实现国家长治久安的生动的法治实践。③

---

① 赵娴：《社区矫正的中国式沿革》，载《法制与社会》2009 年第 3 期。

② 王鹏飞：《恢复性司法视阈下社会力量彩玉社区矫正问题研究》，载《人民法治》2020 年第 2 期。

③ 刘武俊：《社区矫正法彰显宽严相济》，载《中国审计报》2020 年 1 月 22 日，第 007 版。

（二）城市社区的社区矫正工作所面临的困境

1. 社区矫正人才匮乏

目前社区矫正工作主要由司法行政机关和基层司法所承担，普遍由司法行政机关工作人员兼任单个社区服刑人员的社区矫正工作小组组长，并且会同从社会招聘而来的社会工作者一起对服刑人员开展矫正工作。这种司法行政机关主导的模式面临一大困境，即社区矫正人才不足，因为司法所配备的社会工作者人数有限，往往出现一名社会工作者对应几个甚至几十名社区服刑人员。城市社区也缺少相关专业且具有丰富经验的矫正工作人才，往往是由服刑人员来社区报道、接受培训和参与社区劳动，而社区居委会缺少社区工作人员对服刑人员给出心理、行为上的指导、纠正等专业意见及建议。

2. 居民的报应论理念根深蒂固

“重刑主义”传统由来已久，居民心中的刑罚理念侧重于惩罚与报应，较少考虑如何利用社区矫正来减少罪犯的行为恶性和预防犯罪再次发生。在对社区服刑人员的管理教育过程中，包括社区居委会工作人员在内的社区居民都对其人身危险性存在过多隐忧，只不过形式上要完成对司法行政机关的协助工作。目前社区矫正的恢复性特点并未得到显现，矫正对象接受的教育改造大部分来源于机构的执法人员，社会力量的参与度微乎其微，更多的是走形式、走过场，谈不上矫正工作以社区参与为主导。① 缺少群众参与的社区矫正工作注定难以让社区矫正人员重新融入社区生活中，这也与社区志愿者力量难以参与到社区矫正工作相关。当社区服刑人员仅满足于在社区居委会和司法所之间来回奔波，

---

① 叶小琴、郁小波：《社会志愿者参与社区矫正模式的反思》，载《湖北警官学院学报》2017 年第 5 期。

而缺少与社区群众的接触，那么社区居民心中的偏见与过分的担忧反而会让服刑人员愈加难以重新融入社区，矫正工作便难以成功。顶着标签的服刑人员无疑是社区安全的定时炸弹。犯罪学的标签理论认为，当社会对行为人的不良行为给予消极反应时，该行为人在这种社会环境中会渐渐对这种消极的自我形象产生认同，进而按照这种自我形象实施行为，直至犯罪行为发生。①

3. 各职能部门缺乏协作配合

由于《社区矫正实施办法》仅对各职能部门在社区矫正工作中的角色和工作内容作出原则性规定，以及我国社区矫正制度仍处于初步发展阶段且不够成熟，故在实际情况中，基层司法所、派出所和社区居委会在社区矫正工作中配合不够到位和有序。有的社区居委会和司法所、派出所没有形成数据信息共享，对接工作也不够规范，有的形成居委会过多承担负责矫正工作，而司法所和派出所怠于管理和考核服刑人员的局面。然而社区居委会自身资源有限，当服刑人员不服从管理时居委会也没有强制其履行义务的权力，这时派出所和司法所应当站出来，让社区矫正发挥刑罚该有的惩罚目的。

(三)完善城市社区矫正工作的建议

1. 组建优质基层社区矫正工作队伍

仅仅靠当地司法所、派出所和社区居委会的工作人员来从事社区矫正，明显存在着人手不够而且矫正质量不尽如人意的不足。一方面应当在公务员考试和事业单位考试制度中建立和扩大社区矫正工作人员编制，减少和消除基层司法所、派出所、社区居委会工作人员兼职负责社区矫正时力不从心的现象，从而让具备矫正知识的专业人士主导社区矫

---

① 董方俊、王志祥:《犯罪学教程》，武汉大学出版社2016年版，第53页。

正工作；另一方面，社区矫正工作队伍需要公众的积极参与，通过吸纳和组建社区矫正志愿者服务队伍，让社区矫正工作更具有社会参与性和针对性。社区服刑人员对于政府工作人员带有天生的畏惧感，而志愿者的大量参与可以减少服刑人员的抗拒情绪和弱化社区矫正工作的权力外观，为其提供更贴近生活的多元化矫正服务，让其更好更快地融入社会生活中。社区矫正工作需要大量的社会志愿者的参与，政府组织和机构等应当提高志愿者的积极性，建立社会志愿者服务机制，对志愿者进行有针对性的专业培训，在社会上营造良好的自愿服务氛围，使更多的人参与到社区矫正工作中来。①

2. 及时向居民宣示社区矫正工作情况

居民对于社区矫正的不理解和抵触情绪主要来自两方面原因：一是根深蒂固地认为刑罚仅仅是惩罚性活动，二是社区居委会没有对社区矫正人员的矫正情况进行充分信息公示。解决这个问题的关键在于公众参与。社区居委会在组织居民开展社区活动时可以适当安排宣传社区矫正的节目，让居民在寓教于乐的过程中体会矫正人员的真实情感和矫正工作的重要意义，并且引导社区矫正人员参与到社区活动中去，开展社区服刑人员和居民之间的谈心交流活动。另外，居民委员会原则上应当把自身掌握的社区矫正工作进展情况通过宣传渠道进行公示，减少居民对服刑人员的疑虑和担忧，当然，涉及服刑人员个人隐私等不宜公布的信息除外。

3. 规范社区矫正参与主体的权利义务

《社区矫正法》规定了多方参与的社区矫正体系，重点突出了多元共治模式，承认了社会其他力量在社区矫正工作的重要性和地位。尤其

① 王喆、陈晓雪：《推进社会力量参与社区矫正工作》，载《吉林日报》2015年9月29日，第007版。

是将实践中社会力量参与社区矫正的有效做法及时上升为法律条款，以矫正小组为基础，利用社会资源、吸纳社会力量参与社区矫正，并注重矫正方式上与恢复性司法理念相结合，促进社区矫正过程中的社会关系修复。① 社区矫正工作的重心将要从改造教育服刑人员到修复服刑人员的社会关系上去，而要完成修复社会关系的工作，则不得不更加详细地规定多方社会力量具体的权利、义务、责任。《社区矫正法》虽然已经制定出来了，但是仅仅规定了司法行政机关、社区居委会、社会组织的权利义务，但是仍然需要出台法规对社区矫正法进行解释。

四、城市社区纠纷解决机制与社区公约

(一)城市社区纠纷解决机制与社区公约的现状

1. 社区公约

城市社区公约指的是由特定城市社区区域内全体居民自主制定，并且在日常生活中自觉遵守的行为规范体系，其内容包括道德规范和法律层面上的权利义务分配规范，属于民间法范畴。社区公约虽然不属于法的渊源，但是能够在化解社区纠纷的过程中起到不可忽视的作用。在我国，法的渊源基本局限于国家法，社区公约难以获得与成文法规范相匹敌的地位，处于比较尴尬的地位。

经过对湖北省十个城市社区的调研之后，本文归纳出社区公约的几项特征：(1)非强制性。相对于国家强制执行力保障的成文法规范，社区公约的执行并没有公权力强制保障，主要靠居民心理认同和自觉维护。(2)具体性。不同社区甚至不同的小区都有自己的社区公约，不同

① 王鹏飞：《恢复性司法视域下社会力量参与社区矫正问题研究》，载《人民法治》2020年第2期。

类型的社区所具备的社会经济条件、人口因素、历史传统因素等都深刻地影响了社区公约的内容和形式，例如村改居社区的社区公约需要具体规定村改居过程中的土地政策和补助条件。(3)在内容上道德内容居多：社区公约集中反映居民的传统道德意识，同时起到了宣传党和政府的方针政策的作用。

2. 社区纠纷解决机制

湖北省城市社区以老旧小区居多，非商品房比例较大，多为20世纪公房改革后获得私产权的城市社区房屋。本次社区调研发现，城市社区治理过程中出现了多种类型的纠纷，而且由于老旧小区硬件设施水平较差、居民年龄结构老化和房屋老化等，纠纷过多与难以解决已经成为社区稳定的较大影响因素。调研团队对湖北省武汉、仙桃、荆州、宜昌四地级市的十个城市社区居民进行了问卷调查，其中第8题的统计数据显示，接受调查的居民中有51.81%的人认为社区基础设施陈旧老化，有18.07%的居民认为社区纠纷解决不及时是所在社区当前所面临的问题。而调查问卷第12题(多选题)询问居民在社区中经常出现的纠纷，83名受访者中只有22人表示没有什么纠纷，而受访者选择的社区纠纷类型在频次上由高到低分别是环境卫生纠纷、家庭纠纷、高空抛物纠纷、噪声扰民纠纷、宠物纠纷、物业纠纷、公共场所占有纠纷以及形势纠纷。可见社区纠纷类型多样数量繁多，以日常生活纠纷和民事纠纷为主。

湖北省城市社区纠纷解决机制主要呈现多方互动与道德调解方式为主的特征。道德调解为主的调解方式具有浓厚的道德色彩，在老旧小区为主的城市社区的调解效果较好。在老旧型社区，老人和孩子居多，而多年来的普法教育并未让社区居民中的大部分人熟悉法律，人们所熟知的仍然是道德规范，往往只在启动诉讼程序时才会去学习或咨询法律知识。调查问卷第16题询问了社区居民关于社区普法宣传的效果，其中有36.14%的受访者表示“有，效果很好，增强了居民的法律意识”，

42.17%受访者认为“有，效果一般，居民参与少”，而有21.69%的居民表示没效果。另外调查问卷18题调查了社区居民对社区相关法律法规的了解程度，其中表示非常了解的受访者仅占22.89%，而表示“一般了解”和“不清楚”的受访者分别占45.78%和31.33%。

社区纠纷解决机制以调解为主，而调解工作又分为社区正式调解和邻里非正式调解两类。当社区纠纷发生后且纠纷当事人中有一方或双方有意愿进行调解，社区居委会会派出网格员和相关工作人员上门进行调解。当然在例外情况下，由社区里有道德威望且具有调解经验丰富的居民主持的邻里调解有可能产生比网格员上门调解更明显的作用。不过，社区调解不可能解决所有社区纠纷，这仅是纠纷解决的非公力救济途径，当纠纷当事人未选择通过社区进行调解或者少数纠纷无法通过调解解决，可能会选择公力救济方式。

（二）城市社区纠纷解决所面临的困境

1. 社区公约的利用率低

社区公约的制定遇到许多阻碍，例如居民大会和居民代表大会难以定期召开，社区公约更多的是由社区居委会意志的体现，也就是社区居委会主导并决定了社区公约内容的制定过程。除此之外，不少社区公约是应政府要求制定的，具有较强的宣传性，且存在大量空洞的道德说教内容，实际操作难度较大。这导致在社区纠纷解决过程中调解人员对于社区公约的利用率不高，社区居民对公约内容的认同度和熟悉度也容易被大打折扣。武昌区某社区居委会负责人在访谈调查中表示，“社区公约目前是管理和服务居民最常用的一种形式，是规范居民生活行为非常好的工具，但是我们运用得不是很熟练”。另外调查问卷第17题是关于社区公约的制定和执行效果的问题，调查数据显示，有33.73%受访者表示“制定了，效果很好，社区治理更加规范了”，有38.55%的受访者认为“制定了，效果一般”，而有27.71%的受访者表示“没有制定”。

可见社区公约并未成为居民真正认可的规范文件，而当下的社区工作需要深入发掘其中对于化解社区纠纷的德治、自治和法治资源。

2. 网格员工作负担沉重

虽然当前社区纠纷解决机制是一个多方互动的体系，但是社区居委会的作用被过多放大，导致名义上的一核多元纠纷解决机制的实际情况是代表一核的社区居委会在起实质作用。当前网格化管理模式被推行到全国范围，特定网格区域的网格员当然负责该区域的社区纠纷调解工作，网格员在社区居委会办公场所集中办公，并进行一日双巡的日常工作，力求将纠纷解决在萌芽阶段。然而，网格员自身工作繁忙，要应付社区多方面的事务，自然难以专门花时间去调解纠纷。而且网格员有任期变动的可能性，对于社区事务的了解熟悉程度不如社区老居民，对于许多涉及道德情感和复杂利益关系的纠纷难免力不从心。在访谈调查过程中，武昌区某社区负责人表示："现在网格员要负责网格内所有工作，不管是社区调解还是就业问题，这跟专门负责调解的治安委员不大一样。我认为每个网格员不可能什么都会，特长和能力都有差异，让他负责所有类型的工作很不现实。而且网格员会有人事变动的问题，对于开展调节活动很不利。"另外城市社区以上的街道办、区政府遵循"顶格管理"原则，即要求网格员在内的社区工作人员对上级下达的方针政策不折不扣地执行。顶格管理制度会过度耗费社区网格员的工作精力，文明评比、政策宣传、协助政府开展工作等工作事项堆积如山，让网格员难以抽出宝贵时间去从事社区矫正工作。

3. 物业管理主体未充分尽职

物业纠纷频发始终是城市社区居民心里的一道坎，在聘请物业公司的小区里，居民与业主委员会以及与物业公司之间的关系往往处于紧张状态。业主委员会对于物业公司的监督工作并没有起很明显的作用，除了因为业主委员会被社区居委会领导和控制，而且小区居民社会公共参与度普遍不高。83 名受访居民在回答调查问卷第 14 题(多选题)关于业主委员会自身存在的问题时，39 人表示业委会不存在问题，而 25 人认为“管理运营机制不够完善”，24 人认为“不能积极反映业主意见和代表业主权益”，21 人表示业委会“没有起到监管物业企业的作用”，11 人认为“没有依规审议决定物业管理重大事项”，9 人认为业委会成员“只是为了谋取自己私利”。可以看出社区居民对于业委会的满意度不高，业主委员会在社区纠纷解决机制和预防机制没有完全起到作用。同时调查问卷第 13 题调查了社区居民所经历的物业纠纷类型，50. 60%表示没有经历物业纠纷，31. 33%的受访者认为“物业公司的服务质量或态度让业主不满”，19. 28%的受访居民选择了“业主个人行为引起纠纷：如违规装修、恶意破坏公共设施等”，9. 64%的受访者选择了“物业公司擅自上涨物业管理费或者不实收费”，只有 3. 61%的受访者表示是“开发商遗留问题”。数据显示，大多居民对物业公司的管理存在不满，物业纠纷大多源于物业公司的服务态度、服务质量以及收费行为存在部分不合理现象。物业纠纷的解决工作离不开业主委员会和物业公司的参与，社区负责人需要改变业主委员会缺位而物业公司过于强势的现状，让多方互动的纠纷解决机制运行得更为顺畅。而小区治理和纠纷化解皆因居民而起，也与居民的日常生活息息相关，治理的过程与结果也都落到居民身上，因此在小区治理中居民是非常重要的治理主体，不可忽略。①

(三)完善城市社区纠纷解决机制的路径

1. 构建完备的社区公约体系

社区公约本质上属于居民公约或市民公约，是民间法的一种重要类

① 胡洁人、费静燕：《国家主导下的城市社区治理：四方互动及诉讼外的纠纷化解》，载《广西民族大学学报(哲学社会科学版)》2017 年第 4 期。

型。在社区纠纷解决机制中，对居民熟知且认同的社区公约仅仅从道德层面或法律层面进行说教，调解协商的效果必定事倍功半。社区公约的制定水平取决于一个社区内部公众的公共参与度和自治程度，如果社区公约仅靠社区居委会和少数居民代表出谋划策，那么这个社区公约就不能代表全体居民。首先，社区公约的制定应当经历正当程序，可以由政府部门出台行政法规或行政规章或者立法机关出台指导意见来指导社区制定公约，其中应当规定社区公约的制定应当经过小组起草、社区居民开展广泛讨论并进行民意调查、制定草案、交由居民大会或居民代表大会审议通过、公布和修改的步骤。这种社区公约制定的正当程序类似于法律法规的立法程序，不仅可以在社区公众范围内积极培育其公共性，而且可以有效提升社区公约制定过程的民主性和科学性。其次，社区公约在制定前要积极开展社区治理实践，深入探索社区治理经验，知晓民生疾苦，积极反映和思考社区居民生活所面临的主要纠纷，从而在积累、归纳和总结社区治理经验教训的基础上思考如何制定社区公约，目的是完成从感性认识到理性认识的飞跃。最后，任何社区公约都应当在宪法和法律法规之下规定居民权利与义务，尤其是触及居民财产权、人身权等重要法律权利时，应当以法律规范为指导，在不抵触宪法法律规范内容的前提下，遵循公平正义原则具体细微地调整居民权利义务。

2. 组建社区内部纠纷解决工作队伍

单独依靠网格员采用社区综合治理的方式上门解决邻里纠纷、家庭纠纷、宠物纠纷等生活及法律纠纷，是无法真正化解社区纠纷的。社区内部居住多年且有道德威望和调解经验的居民、退休法官、检察官、律师等法律工作者、热心且积极从事公益事业的志愿者都可以参与到社区纠纷调解工作中去。可以由这些人组成社区纠纷调解工作队伍，并由党员起到精神引领和先锋模范带头作用。社区决策者在必要时仿效有些社区设立治安委员、矛盾纠纷调解员的社区流动轮换岗位的做法，呼吁和吸引中青年人在休假时间参与进来。如果能够建立起这么一支由民间力量组成的调解队伍，纠纷当事人更容易在道德和人情方面接受调解结果，情感方面更容易得到满足，相比于网格员和居委会工作员苦口婆心的劝解说服工作更有可能起到立竿见影的效果。

3. 完善多方互动的社区纠纷解决机制

当具备合格的社区纠纷化解工作队伍和具有社区公信力的社区公约时，便需要建立系统整体且长效的社区纠纷解决机制，即在社区专门设立的调解协商场所，召开社区居委会、物业公司、业主委员会和居民等多方主体参与的调解会议，其他社区组织、志愿者等主体可以列席参加，当然对大多数较为简单的社区纠纷的调解会议只用召集其中部分主体。这种多方互动的纠纷解决机制避免了单一主体为纠纷化解工作的核心所带来的僵硬、低效和随意的缺点。两者之间最大的不同点在于，社区调解工作倾向于化解纠纷当事人的负面情绪，从居民的情感需求入手，积极修复其在社区中的人际关系，而司法程序更侧重于调查清楚法律事实和援引法律规范，即纠纷的客观性，司法实践中较少关注纠纷当事人的情感变化。基数更大的社区纠纷需要的是充满人性关怀和推己及人的讨论协商，这需要多方参与主体在宪法法律框架下灵活自如地思考哪种纠纷解决方法更符合居民对美好生活的需求。任何理性的妥协，都必须建立在情感沟通的基础上。良好的纠纷解决效果，最终必须依靠情感主体的相互同情、忍让与和解。无论城乡，社会生活中的大量纠纷都是以情感沟通方式，通过妥协互让得到化解。① 另外政府应当对社区法律纠纷多元机制实施政策和组织上的领导，并且提供物质支持和技术支持，在纠纷出现前就明确各方主体的责任和权利义务。解决纠纷是政府职责，为社区纠纷解决提供公共资助也是世界各国的通行做法。② 总体

① 廖奕：《面向美好生活的纠纷解决——一种“法律与情感”研究框架》，载《法学》2019 年第 6 期。

② 李德恩：《城市化进程中的社区纠纷解决机制：目标设定与系统优化》，载《广西社会科学》2012 年第 2 期。

来说，党和政府的领导是建立健全城市社区法律纠纷解决机制的保证。

结论

本文立足湖北省四市十社区实践资料分析问题，更具真实性和针对性；结合大量法律法规政策等规范性文件提出解决对策，更具科学性和可行性。在宏观层面，以城市社区治理模式为依托，从创新性地以国家政策和法理逻辑转换为视角检视我国城市社区治理模式演进过程，到结合新时期湖北省城市社区“多元共治”治理模式的新要求，分析多元治理主体的角色性质，以党组织、基层政府、居民委员会、业主委员会、物业服务企业乃至社区居民在社区治理中的职务定性为核心要素，以各方主体明确分工并完善自身发展机制为导向提出宪政层对策，实现多元共治模式发挥最大机能；在微观层面，重点分析在实践调研过程中发现的最为突出的社区矫正和社区纠纷问题，以城市社区矫正工作面临的困境为依据，提出三点完善建议，即建立与完善基层社区矫正工作队伍，广泛开发和利用社区人力资源；加大关于社区矫正工作的宣传力度，原则上应向居民公示社区矫正情况；完善社区矫正工作各参与主体的权利、义务以及法律责任内容。对于社区纠纷面临的问题，相关部门须得建立和完善社区公约体系；社区内部纠纷调解工作队伍等多方互动的社区纠纷解决机制，创新社区纠纷化解新方式与程序。

本文的主要目标是要分析科学合理的法治化城市社区治理模式。只有依靠各种规范性文件的保护，各方主体的联合参与，城市社区治理工作才能顺利地进行。期望本文在关于湖北省城市社区治理中的法律问题研究成果能够对我国城市社区治理的改革与发展起到一定的理论支持作用。但由于能力有限，实地访谈调研和收集资料工作均受许多主客观条件限制，而本文在宏观层面治理主体的划分上还有待细化，微观层面社区治理中的具体法律问题也仅就重点突出的问题进行分析总结。

大数据时代城市执法问题研究

邱本媛*

【摘要】我国已经进入了信息化的时代，城市管理者传统的粗放的管理手段越来越不能适应我国目前城市人口激增，城市社会矛盾尖锐等现实发展的需要。为了优化政府的服务，满足人们的期待，在信息化的背景下必须要将相关先进的技术手段运用到城市管理中，主要是通过以下几种方式：利用大数据来完善相关的执法监督机制，促进执法透明化，建设“阳光型”执法；建立统一的办案信息系统(案件信息库)；利用网络信息系统规范相关的执法的流程；注重相关网络平台的建设；网络平台监督管理建设，使得百姓投诉有门，充分保障人民的权利；建立自己的媒体系统以及对相关案件的应急处理方案。以达到资源最大化利用的要求，提高相关管理部门的工作效率，节约社会资源。自媒体时代人人都是信息的传播者，人们仅仅依靠一部手机，一根网线就可以获得相关的信息，城市管理者中的负面新闻通过自媒体被不断地曝光后，会降低政府公信力。在信息化的时代，怎样利用信息资源来改进和优化政府的服务，已经成为急需解决的问题。

【关键词】大数据　城市执法　城市治理

我国工业化、城市化发展的速度越来越快，城市人口的大量流动以及由于大量的人口流量带来的需求的多样化等各种问题，城市的管理者

---

* 邱本媛，女，湖北大学政法与公共管理学院法学专业硕士研究生。

在使用传统的执法方式进行管理时，越来越显得力不从心。在互联网高速发展的今天，一些新兴的科技也被广泛地运用到城市的相关管理中（如云计算、卫星定位系统等信息技术）。2015 年 12 月，中共中央国务院出台了《关于深入推进城市执法体制改革改进城市管理工作的指导意见》中指出："要积极推进城市管理数字化，精细化，智慧化，综合运用物联网、云计算、大数据等现代信息技术。"该指导意见肯定了数据化时代充分利用信息技术来提高工作效率的正面价值，改善传统城市执法的落后性，使得城市执法在大数据时代更好地服务于人民。

一、大数据的概念及特征

（一）大数据的概念

我们可以先来看来自中国互联网信息中心统计的数据：

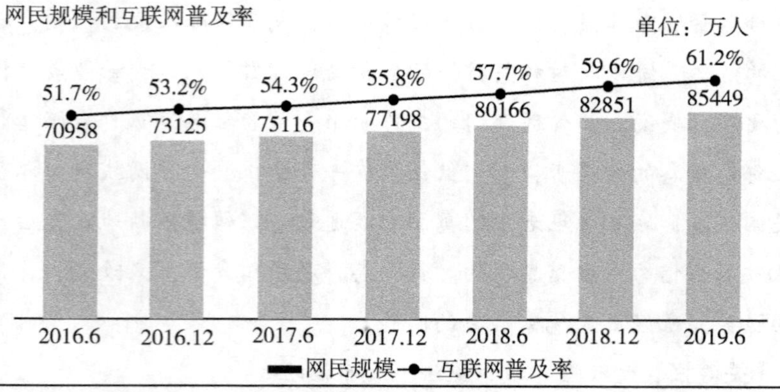

来源：CNNIC中国互联网络发展状况统计调查。 2019.6

截至 2019 年 6 月，我国网民规模达到 8. 54 亿人，较 2018 年底增长 2598 万人，互联网普及率达到 61. 2%，较 2018 年底提升了 1. 6 个百分点。截至 2019 年 6 月，我国手机网民规模达到 8. 47 亿人，较 2018

年底增长 2984 万人，网民使用手机上网的比例由 2018 年底的 98.6%提升到 99.1%。①

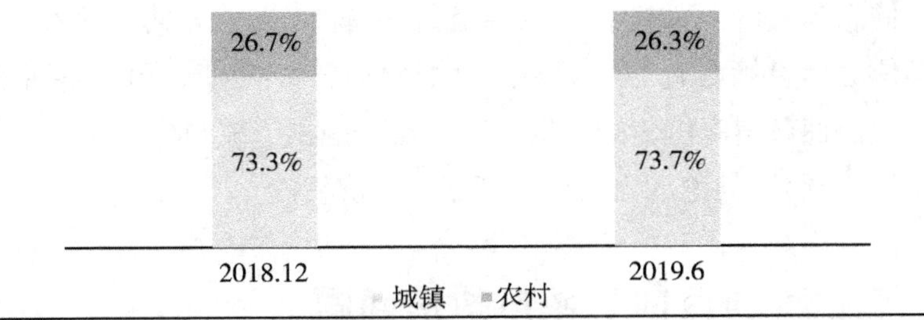

来源：CNNIC中国互联网络发展状况统计调查。 2019.6

截至 2019 年 6 月，我国城镇人口上网所占比远远大于农村人口。

我们从数据中可以看到，我国互联网的用户数依旧在持续上升，其中城镇居民占比较大，互联网改变了人们的生产生活方式，人们在使用互联网获得并且储存相关的知识和信息，互联网就变成了一个信息的集装箱，政府怎样去利用这种便捷的信息去更加有效的为人民服务，这就是大数据时代的城市管理的一个巨大的问题。

大数据是指无法在可承受的范围内用常规的软件进行补捉、管理和处理的数据集合。研究机构 Gartner 对大数据给出了这样的定义。“大数据”是需要新处理模式才能具有更强的决策力、洞察发现力和流程优化能力来适应海量、高增长率和多样化的信息资产。② 大数据的主要的适用范围为：BI、工业 4.0、云计算、物联网、互联网+。

笔者综合吸收了对大数据通常的概念解释和研究机构 Gartner 对其

---

① 《中国互联网发展研究报告》，载中国互联网信息服务中心官网，http：//www.cnnic.net.cn/，2019 年 11 月 2 日访问。

② 《大数据的相关概念》，载百度百科，https：//baike.baidu.com/item/%E5%A4%A7%E6%95%B0%E6%8D%AE/1356941? fr=aladdin，2019 年 11 月 3 日访问。

的释义认为：大数据就是对收集的海量的信息通过复杂的处理可以作出决策和判断的技术。

（二）大数据时代的特征

信息容量的巨大性，信息种类的多样性（网络日志、视频、图片、地理位置信息等等），获取数据的快速性（一秒定律，可从各种类型的数据中快速获得高价值的信息，这一点也是和传统的数据挖掘技术有着本质的不同），结论的真实性，低成本高价值性。

二、我国目前的城市执法问题

1. 执法机构设置问题

在中央和省级政府没有设立城管执法机构的主管部门。顾名思义，城管执法是对城市事务的管理执法。中央不是城市，省、自治区，只有市、县才是城市，市和县的城管执法机构就只归市政府、县政府领导，市政府、县政府是城管执法的主管政府，而在省、自治区乃至中央就没有设立城管执法的主管部门。① 这就造成各个地方的执法机构的不统一，甚至是相同管理范围执法机构名称的不一致。

2. 各部门职权划分不清

一是相关法律的不健全，城管执法仅仅在《行政处罚法》和地方政府的相关的规章等中能寻找到法律依据。

二是城市管理的范围广，其涉及市容环卫、城市规划、园林绿化、市政、环境保护、工商行政的无照商贩、公安交通的侵占道路的行政执

---

① 杨小军：《深入推进城管执法体制改革研究》，载《行政法学研究》2016 年第 5 期。

法事项，以及法律、法规、规章和政府确定的其他事项。① 各个管理部门之间的职责划分不清，在有些交叉领域甚至出现了相互矛盾和冲突的情况，城市的管理本身具有复杂性而且城市管理所涉及的部门较多，再加上相关的法律依据不足，往往在涉及交叉领域的时候形成相互推诿的现象。如食品安全问题就涉及食品安全技术检测、工商行政管理以及食品安全管理。在执法的过程中，涉及具体的执法事项时，相关部门很容易产生懈怠，并且会出现相互“踢皮球”的情况。

3. 各部门之间执法信息相对闭塞，没有形成及时有效的信息共享机制

城市管理的各个部门在各自的管理范围内，行使自己的职权。但各个部门之间对于案件信息的共享性几乎是很少的。在传统的城市执法的过程中，科技手段不足等是各部门信息交流闭塞的主要原因。因为我国主要是以部门为主的执法体制，权利和信息分散在各个执法部门的手里。

4. 执法人员执法的随意性

一是城市执法队伍法律素养普遍不高。城市执法队伍由于其准入的门槛相对较低，而且其一般都没有受过专业的法律知识的教育，法律认识素养相对较低，这造成的严重后果就是执法人员在执法时往往不能遵守法定的程序，具体表现如下：行为人在执法前没有出示相关的证明材料来证明自己身份的合法性，对行政相对人进行罚款以及扣押相关的物品时，没有出示相关的处罚依据，未向当事人告知行政处罚的依据及申诉救济途径。

二是执法带有很强的个人主观臆断的色彩。执法人员这种对程序的

---

① 杨小军：《深入推进城管执法体制改革研究》，载《行政法学研究》2016 年第 5 期。

忽视与不遵守，对行政相对人的利益的损害是不言而喻的，这也是近年来网络媒体频频曝出的在城市管理中发生暴力冲突事件严重的甚至造成死伤的不可忽视的重要因素之一。这种事件但经过网络媒体的加工展示出来，就会严重地损害政府的形象，长期以来还会造成政府公信力下降，相关的政策难以推行等社会问题。城市管理人员针对行政违法行为常用的执法手段主要有以下几种：对行政相对人的轻度的违法行为进行劝导和相关的思想教育，严重的进行暂扣相关的物品、罚款，这种方式应当在实际操作中慎用，避免引发不必要的争端。我国城市执法人员的执法态度和执法言语以及行为的粗鲁无礼也是造成冲突的重要的因素之一。

三、大数据时代对城市执法的积极作用与不足

根据我们前面对大数据的概念和特点的解读，我们知道大数据就是对收集的海量的信息通过复杂的处理可以作出决策和判断的技术。大型的数据平台的建立为打破各个执法部门之间的信息闭塞提供了切实可行的解决方案，而且云计算技术在执法过程中的大量运用也减少了执法人员的工作压力，提高了执法人员的工作效力。大数据在城市管理的过程中已经被广泛运用：例如洛杉矶警察局已经能够利用大数据分析软件成功地把辖区里的盗窃犯罪降低了 33%，暴力犯罪降低了 21%，财产类犯罪降低了 12%。①

1. 利用大数据来完善相关的执法监督机制，促进执法透明化，建设“阳光型”执法

(1)互联网媒体的快速发展使得越来越多的人开始了解到政府的相

① 王萌：《警务大数据案例：大数据预测分析与犯罪预防》，载 IT 经理网，https：//www. ctocio. com/ccnews/15551. html，2019 年 11 月 5 日访问。

关执法的程序，但是在传统的城市执法的过程中存在着很多的灰色地带，由于信息的闭塞，执法过程中常常会出现暴力执法，选择性执法等破坏社会公信力的行为。在互联网时代，相关部门机关的执法人员应当利用信息化的优势，进行相关的录音录像，并建立电子档案室和数据分析库，来避免出现冲突时的扯皮现象。

(2)规范城市执法监督，依托城市办案信息系统直接对全市各级各类城管执法工作业务实时有效地监督、指导与考核，将执法责任制落到实处，促进城市管理执法模式的升级和创新，保证达到五个统一，形成规范的、完善的城市执法体系。这主要包括统一执法标准、统一执法办案流程、统一法律文书规范、统一办案审批制度、统一人员效能监督。①

2. 利用大数据建立统一的办案信息系统

由于传统城市执法系统的粗放性，各级各类的城市执法部门的交流相对较少，部门之间相对独立，这就造成面对同一种行为，不同级别的执法机关会作出不同的处理措施。而在信息时代高度发达的今天，我们可以利用大数据对城市管理中的综合执法案件的信息以及处理结果进行收集，建立大型的案件信息数据库，实现相关的案件信息在各个部门之间的实时化以及动态化的流动。

3. 利用网络信息系统规范相关的执法的流程

当行为人出现违法行为时，相关执法人员的反应必须迅速，可以先采取相关的劝阻行为，即告知行为人行为的违法性，并责令其立即停止其正在进行的违法行为。如在执法人员的劝阻下行为人依旧继续其违法行为的，城市相关执法人员应当采用相关的移动设备对其执法行为进行

① 刘旺喜：《基于信息化的城市管理执法工作探析》，载《中国管理信息化》2018 年第 21 期。

全程的录音录像，如果行为人的违法行为严重，应当立即向上级汇报并申请采取下一步的措施。相关案件的音频视频文件应当即刻传输到办案系统，做到对案件及时有效的处理。城市管理执法监督平台主要包括网上办案系统、统计分析系统、执法人员管理系统、考评管理系统等，案件不同运用的模块不同，也可以进行综合运用。同时，上级执法机关应当对下级执法机关进行监督和指导，可避免因为下级人员执法能力差等因素造成的不公执法等。

4. 注重相关网络平台的建设

相关的执法部门应当充分利用网络媒体的优势，通过网络直播或者网络课堂来提高人民的法律素养，即充分利用好互联网媒体的信息共享和传播的快速性，可以通过制作生动有趣的典型的案例动画来引导人们正确的法治观。人们知道了什么事情该做，什么事情不该做以及为什么可以做或者不可以做，就可以降低城市违法行为。同时，网络平台可以制作一些免费的网络法律课堂，供广大的网民进行学习，也可以达到相关的效果。

5. 重视网络平台监督管理建设，使得百姓投诉有门，充分保障人民的权利

相关的城市管理部门应当重视对投诉平台的建设，使得市民投诉有门，主要可以通过建立相关的公众号以及专门的网站，同时要切实做好城市的相关便民的服务措施，使得网络媒体能够最大化，最优化地为提高人民的生活质量服务，人们仅仅通过手机就可以获取到日常所需要的信息。同时在收到市民的投诉问题后，应当深入调查落实，并及时地将反馈信息在公众号上进行公布，还应当通过手机或者电子邮件的方式对投诉着进行告知，做好保障工作，切不可流于形式。在执法过程中，从人民群众的实际情况出发，对相类似的案件，或者是人们普遍理解错误

的相关的问题，应当建立数据库，进行相关的数据分析，找到最优解决方案。

6. 建立自己的媒体系统以及对相关案件的应急处理方案

利用网络进行发酵的案件大体上会经过孕育期、扩散期、高涨期、衰减期四个阶段。在不同的阶段，相关的执法机关的应对措施应当不同。

孕育期主要是指在网络媒体上出现的相关事件的报道性的描述以及信息的发布者和传播者对事件所持的基本态度。在这个阶段相关的执法者应当及时关注相关的舆论的走向，排查网上所传递信息的正确性与否，及时止损。

扩散期主要是社会上相对有影响力的媒体开始介入报道，使得信息被大范围传播并引起人们的广泛关注。在这个阶段，相关的执法部门应当立即马上介入调查并将已经调查无误的事项通过网络媒体进行公布，防止被居心叵测的人利用相关的案件来引起社会的恐慌，进而威胁社会的稳定。

高涨期是指人们对事件的关注度和讨论参与度已经达到了最高峰。这个阶段是公民感情最为情绪化的时候，相关的管理部门应当切实加强同相关的有影响力媒体的沟通和交流，来引导积极健康的舆论导向。同时应当利用之前建设的相关的网络平台，做好案情的持续跟进，并发布相关的案件事实信息，让广大的市民了解真相，必要时可以采取公布一些案件的视频或者是采用直播等方式。防止市民因为对案件事实的相对不了解而作出过激的反应。

衰退期是指由于案件事实明晰或着其他的原因人们对案件的关注度下降，舆情衰减。在这个阶段，相关的执法部门应当做好相关的后续工作，安抚群众的情绪，防止其死灰复燃。

城市执法的范围广，任务重，种类多。将正在蓬勃发展的先进的信息技术引入到城市治理中，不仅仅对提高政府的工作效率是有利的，而且使得管理的结构更加合理化和精确化。同时，还有利于节约社会资源，促进社会资源的最优化的利用，从而更好地建设社会主义法治国家。